The Wahuanggong

Probing an Anthropological Paradigm of Writing Cultures

中国社会科学院创新工程学术出版资助项目

娲皇宫志

探索一种人类学写文化体裁

鲍江 著

社会科学文献出版社
SOCIAL SCIENCES ACADEMIC PRESS (CHINA)

无名，天地之始。有名，万物之母。故常无，欲以观其妙。常有，欲以观其徼。

——老子《道德经》

目　录

前　言

很少有人喜欢读方志，包括我自己。为什么不喜欢？主要原因是，方志通常是官修的，并且为官而修；当然，像我这样的平头百姓，读起来就索然寡味了。但是“方志”这个词本身，似乎有某种魔力，时常令我浮想联翩，激起“一方水土一方人”的不尽遐想。天长日久，我脑海里就形成一个念想，写一本有个性的“方志”。

《娲皇宫志》是由旧方志的一个词条扩张而成的一本志书。据嘉庆《涉县志》卷三祀典娲皇庙条：“娲皇庙，本邑南关河南店、王堡、北冈等处皆有，以在县西二十余里唐王峧者为盛，倚岩凿险，杰构凌虚，金碧灿然，望若霞蔚。岁以三月十八为神诞，远近坌集，先是印官往祭。因登陟甚艰，每至必于山下止歇，棚帐之类须附村供应。国初焦令绘乃于山麓建厅三间、茶房一间，名曰‘休沐厅’，典史王之英董其役，李知州四端为记之。”《娲皇宫志》里的“娲皇宫”即词条中的唐王峧娲皇庙。那么，这个扩张是如何实现的呢？融人类学入方志，融方志入人类学，两个路径相辅相成。

人类学象征论视角看，娲皇宫是一个象征，是一方意义空间。据旧方志词条，我们可以获得不少相关信息。第一，它与娲皇有关系；第二，它的建筑特征突出；第三，三月十八是（娲皇）神诞日；第四，神诞日举行祭祀，参与者从远近各地汇集这里，祭祀由地方官领头；第五，山麓新建厅房，工程主事者为州县官府，知州李四端、县令焦绘、典史王之英参与其事。从人类学视角看，这个词条存在明显的疏漏。第一，叙事主体单一，局限于官方视角，我们无从理会“远近坌集者”的所思所想；第二，官方举事目的不明，我们无从理会地方官领头祭祀（娲皇）神、主持建筑工程的用意。融人类学人方志，一方面，通过象征论视角，即象征的价值取决于其所处的系统，于是，我们有一个更全面地迫近娲皇宫意义的方式——厘清娲皇宫相关象征体系；另一方面，通过人类学田野工作，尤其是“观察电影＋影片放映交流”的影视人类学方法，娲皇宫相关者的思想得以自如呈现。

融方志入人类学是《娲皇宫志》内在个性的另一个维度。人类学的学科职志是探讨人与文化。它的基础研究路径有两种：一为“文化的人”，二为“人的文化”。前者以人为落脚点，以文化为人的根本属性；这个路径以人群门类为研究对象，人群门类的边界通过文化来界定；族群研究、民族研究，以及与它们密切相关的文化功能论、文化特殊论、文化相对论、文化解释学等理论流派属于这个路径。后者以文化为落脚点，强调文化的人类主体性；这个路径以文化门类为研究对象；文化进化论、文化传播论、亲属制度研究、神话研究、结构人类学等属于这个路径。《娲皇宫志》属于后一个路径的研究，即研究宗旨是探索一般文化原理。方法上则摒弃此路径惯用的以现代学科化的文化门类为纲的跨文化比较方法，而是立足具体田野，以方志为津梁，迈向一般文化原理的思考。换言之，《娲皇宫志》的学理取向，与其说是“文化理论”注“具体田野”，不如说是“具体田野”注“文化理论”。

《娲皇宫志》从三个层面提出某种跨象征体系的相处之道——“圆融”。首先，本书打开娲皇宫的几扇窗户，透视人们投影其上的诸种价值关怀，阐发它们的相处之道。娲皇宫是一个意义多元的象征，涉及六个象征体系：“神鬼门”“萨满门”“现代门”“儒门”“佛门”和“道门”，在各个体系里面有其具体价值。分析娲皇宫象征，诸体系的关系错综复杂，静态地看“你中有我、我中有你”，动态地看“冲突”与“圆融”此起彼伏。其次，作为人类学者，我深有体会，实践才是理论创见的根本源泉和终极归属。“冲突”到“圆融”，间隔只一个词，但高度恐怕堪比喜马拉雅山，跨越殊不容易。《女娲奶奶的荣耀》（*Granny Glory*）影片，使我有机缘展开话题，与娲皇宫相关者、学界同仁讨论田野见闻心得，交流思想，践行“圆融”概念。本书下卷及附录2、附录4如实呈现了这个实践。最后，本书就写文化体裁的探索，呈现了“圆融”方志与人类学的一种可能。

我是中国纳西族人。纳西语是我的母语，是我不知不觉中习得的；作为国语普通话的汉语是我的第二语言，是我自7岁开始在国家公立学校里逐步习得的。从生活经历来看，我自幼在纳西族聚居点丽江古城长大，18 岁那年离开故乡外出，此后生活在昆明、北京两地。2003 年至今，我就职于中国社会科学院。我是以中国社会科学院学者身份进入的娲皇宫田野。这里点明作者的文化背景，旨在延展出《娲皇宫志》一个具有相当关联度的语境。任何一项人类学象征志写作，对变动不居的生活世界有所发现，也有所遮蔽。《娲皇宫志》就娲皇宫的发现与遮蔽，一方面受学理规定，另一方面受作者自身文化背景与田野对象相关性规定。这一点还盼读者诸君明鉴。

在娲皇宫田野里，我听到一则“心诚则灵”的惊艳解释，别开生面：“人震惊时，心最诚，就呼唤神灵，脱口而出，不假思索，中国人、外国人都一样，尽管用不同的语言。”哇！天呐！My God！这句话瞬间直抵我意识深层、内心深处，与长期以来积淀于我体内的混沌体会形成强烈共鸣，赋予人类文化多样性与同一性的关系一种简明的隐喻形式：你喊 A，他喊 B，我喊 C；人类同心（震惊）同行（呼唤神灵），A、B、C 异名同质（神灵）。于是，气血循环随即加速，令我倍享通体酣畅的愉悦。这样那样的文化创见在田野里与你不期而遇，这是人类学的奥妙所在，它蕴含双向的生熟转换，研究对象由陌生变熟悉、研究者自我由熟悉变陌生。庶几，《娲皇宫志》能给读者诸君带来类似的体验，哪怕只是其中的只言片语，抑或其中的某个音像片段。

上 卷

独白篇

（向北。冷、静、清。牛顿力学。）

人类学语境里，使用“文化”这个概念时，即意味着划定一个边界，指涉人，指涉社会，设定一个封闭的人群。古典的人类学工作，好比太空超人，俯瞰地球，远远地观察比较，把地球上的人类根据地域划分为一个个群体，它们以文化呈现对内的同一性以及对外的差异性。对于这项人类知识遗产，近世人类学者多有批评，话锋所向，大约这么几种路数：人类学者何来超人威力？学科史的反思借此展开，这是其一。其二，文化之下，人在哪里？反思人与文化的关系，提出对能动性的关注。其三，也是对这门学科而言最为致命的，即出现对文化概念封闭性的质疑：你人类学家用这文化、那文化来界定人类群体，但是特定人类群体内部的差异，有时它们比群体外部“不同文化”之间的差异更为彰显，这你如何解释？全球范围内人与信息流动频繁，在“你中有我，我中有你”的当下世界，地域、人群与象征三位一体的文化分类还有意义吗？

本书旨在应对第三种质疑，捍卫文化概念，或者更准确地说是更新文化概念，赋予它新的生命力。从方法上说，首先，升华文化概念，使文化与人类群体脱钩，把文化定义为人类历史上积淀下来的象征体系。其次，在人与文化的关系，即在实践层面，动态地把握人与象征的张力，并以封闭与冲突、开放与圆融两组概念加以描绘。这种张力落实于个人的意识与情感，并且它的力道因社会性调动，即随着集体认同的加入而放大甚至加倍。最后，民族志向象征志的转化。随着文化与人类群体脱钩，“族”这个鲜明文化与人群一体化的概念即失去作为人类学叙述核心的价值，取代它的是外延更为广阔的“象征”这个概念。这也意味着，人类学书写焦点从“文化－族群”转化为“象征－人类”。当然，族这个概念退出人类学书写的核心位置，并不意味着文化－族群的范式失去书写的价值，而是转变为象征－人类范式的一个枝蔓、一种构成象征－人类范式具体内容的书写形式。

娲皇宫坐落在河北省涉县城西北郊，是一个文化内涵丰富的空间，一个人类学意义上的空间象征。概括说来，娲皇宫指涉六个象征体系，即神鬼门、萨满门、现代门、儒门、道门和佛门[①]。其中，神鬼门、萨满门和现代门，通过现时在这个空间里活动的人们，体现得鲜明、突出。儒、道、佛诸门与这方空间的联系，一方面通过这个空间里的象征遗迹直接体现出来；另一方面间接地，即以别样的名义出现在现时活跃在这里的人们的象征表达中，譬如纳入现代门“文物”名义下的古建筑及石刻，纳入现代门“女娲文化”名义下的关于女娲的功绩叙事，如此等等。

如果按文化－族群范式推论，这个空间涉及六个“族”，即承载“神鬼门”文化的A族、承载“萨满门”文化的B族、承载“现代门”文化的C族，以及分别承载“道门”文化、“佛门”文化、“儒门”文化的D族、E族和F族。这样一来，困难马上就出来了：譬如A族、B族和C族，他们说同一种语言，生活在同一个地区（河北、河南、山西交界地区），并且都被国家认定为“汉族”，怎么说他们是三个族呢？再说，承载“现代门”文化的C族，曾经与A族和B族发生激烈的冲突，“破除迷信”，把A族和B族赶出娲皇宫；但现在呢，三族人都在娲皇宫活动，一副相安无事的样子，这到底怎么回事呢？再说，A族、B族和C族，他们与历史上的D族、E族和F族，语言文字有连续性，那么文化的连续与断裂当如何描述呢？总而言之，文化－族群范式，凝固文化与人群的联系，使其在应对共同体内部的文化差异、文化变迁时，显得乏力、辞不意逮。

具体阐述娲皇宫的六个象征体系之前，先就几个基本概念做个说明。这

---

① 为行文简明，本书以“门”字指称象征体系，既单独使用，也作构词的后缀词素。对应为英文，单独使用的“门”字相当于Symbol System，作后缀的“门”字相当于-ism。娲皇宫涉及六门，即神鬼门、萨满门、现代门、儒门、道门和佛门，它们分别对应为英文Shenguism，Shamanism，Xiandaism，Confucianism，Taoism和Buddhism。其中，神鬼门（Shenguism）和现代门（Xiandaism）为我在本书中的草创。

些概念的作用好比围棋盘里的活眼，帮助我们盘活娲皇宫文化，获得一个关于娲皇宫文化的比较通透的了解。

关于文化的定义。在人文社会科学领域，一般概称为“人类学”的这门学科，又称作“文化人类学”“社会人类学”“民族学”“社会－文化人类学”“社会文化人类学”等，体现出学科内部各有侧重的概念落脚点。尽管如此，深究这些不同名号下的著述，我们发现，有一条贯通彼此的学理线索，即由人类、文化、社会这三个概念构成的合体——“人类－文化－社会”，它是这门学问的元概念、基本结构。换个角度说，在人类学的学科视野里，有人的地方，就有文化，就有社会；概念可分，但存在本身，人、文化和社会，它们是一体的。文化，作为人类学的核心概念，学科史里积淀有丰厚的界说。本文中，我提出一个新的定义，没有其他的意思，只是作为我有限的生活经验和田野经验的阶段性路标，觉得用这么一个路标来统领自己既有的经验，展开书写，比之其他更为恰当。何为文化？文化即人类历史上积淀下来的象征体系。这个定义的落脚点是象征，承袭哲学家恩斯特·卡西尔人生活在一个象征宇宙之中①的洞察，以及人类学家列维·斯特劳斯以象征的生命为人类学学科研究对象的立意②。象征，即承载意义的物质形式。象征呈现为特定的物质形式，但它的价值却在别处，不在物自身，它的价值取决于它所处的系统③。文化的系统观，承袭马林诺夫斯基注重文化要素间关系的功能视角④，以及文化相对论的语境观⑤。人类与历史积淀这两个限定，点明象征的人类属性和历史属性，同时暗示人与象征之间出现缝隙的可能性。以人类学实践为例，人类学家在人与文化一体化的学科元预设

① 〔德〕恩斯特·卡西尔（Ernst Cassirer）著，《人论》甘阳译，上海：上海译文出版社，1985，第33页。勘核《人论》英文版 *An Essay on Man*: *An Introduction to a Philosophy of Human Culture*，中译本用“符号”一词翻译英文Symbol。本书中的“象征”一词，恰当的英文翻译是Symbol；反过来，我引用英文文献时，也用“象征”翻译Symbol。

② 参见Claude Levi-Strauss, Structural Anthropology. Vol. II（1976）. Translated by Monique Layton（Chicago: The University of Chicago Press, 1983）pp. 9–10。

③ 参见鲍江《象征的来历：叶青村纳西族东巴教仪式研究》，北京：民族出版社，2008，第282～285页。

④ 参见〔英〕马林诺夫斯基著《文化论》，费孝通等译，北京：中国民间文艺出版社，1987，第11～14页。

⑤ 参见Howard F. Stein, 1996. “Cultural Relativism”, in David Levinson etc. eds. *Encyclopedia of Cultural Anthropology*. New York: Henry Holt and Company. pp. 281–285。

下展开工作，矛盾的是，人类学家实践本身表明人与文化之间出现缝隙的可能性，在跨文化的语境里出入自如不正是人类学家孜孜以求的最理想的专业境界吗？

在人与文化的关系维度上，这里提出两组概念，即封闭与冲突、开放与圆融。前者，即封闭与开放这组对立是从内向的角度说的，封闭描写人与象征体系弥合无间的状态，“理所当然”的实践是它的写照；开放与之相反，人与象征体系间存在缝隙，“反思”“文化自觉”等实践是它的表现。后者与前者两两呼应，是从外向的角度说的，描写象征体系之间的紧张状态。冲突体现为瞬间的爆发，犹如水与火势不两立的相遇；圆融体现为绵长的胶着，好比流水与河沙的对话。

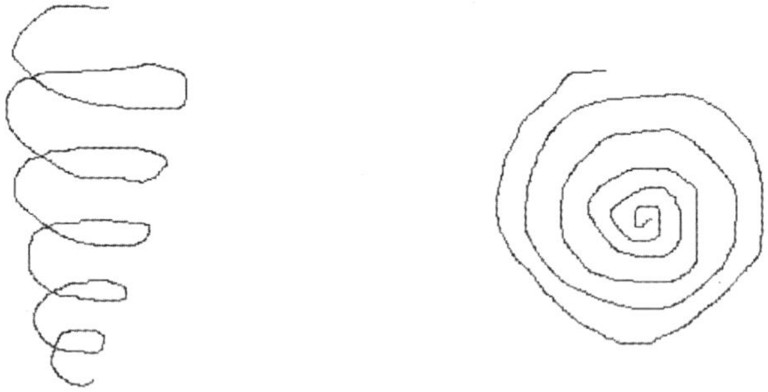

侧视图　　俯视图

图 1　象征体系之环

以图形作解析，象征体系是由点伸展出去的三维环。一方面，它有比较稳定的边界；另一方面，它的边界具有弹性，疏密、松紧、张弛程度不一。就其极端形态而言，它既可能收缩为一个点，凝固成一个封闭的边界，又可能无限伸展，直至边界失去意义。点与点的遭遇，体现为冲突；环与点、环与环的遭遇，体现为圆融。基于环的伸展程度，圆融的状态可分作三种格局或境界：第一种格局是包容式的圆融，伸展程度大的环包容小于其伸展程度的环，即环对点、环对环的包容；第二种格局是交融式的圆融，即伸张程度有限并且大致相当的环之间“你中有我、我中有你”的交融状态；第三种格局为化境，即环的伸展趋于无限，边界失去意义的境地。

任何堪称体系的象征事实，对宇宙、人生各维度有内部自圆其说的象征建构。研究与表述具体象征体系的整体性，这属于专门家的工作。本书的重点是阐发象征体系之间的互动，所以相形之下的差异是本书透视、描写具体象征体系的焦点。当然，即便限定在差异性视角下，对具体象征体系的描绘，牵涉面广，也不是本书所能穷尽、所欲穷尽的。本书以娲皇宫为限，具体研究对象是这方空间里的象征事实，对具体象征体系的描绘以提领娲皇宫象征事实为旨归，点到即止，重在起到彰显边界的功效，譬如儒门的礼、功德，佛门的空、离欲，道门的道、阴阳、仙，现代门的世俗化、欲望无限、自我，神鬼门的心诚则灵、有求必应，如此等等。

一　神鬼门

何为神鬼门？以象征人类学立论，神鬼门为一种象征体系，这种系统的特征，可以从核心理念、信仰对象和实践特征三个层面，大致规整其具体所指。首先，核心理念，心诚则灵。其次，信仰对象，一与多的统一。最后，实践特征，体现为三点：①信仰者与信仰对象的交流无须第三方中介；②民俗；③重身心体验，轻义理论证。

娲皇宫是河北、河南、山西三省交界地区神鬼门最重要的朝圣地之一。朝圣地是神鬼门的核心象征，它是神的据点，也是人神交流的场所。这个地区，朝圣地很多，以庙、观、宫等名目呈现，几乎村村有朝圣地，规模大小不一。朝圣地的影响范围有大有小，有的影响范围大，譬如娲皇宫，覆盖整个三省交界地区；有的影响范围小，可能只涉及特定的村落或邻近的几个村落。

历史积淀、灵验度和权威加封，这三个因素构成决定朝圣地影响力的主要标准。历史积淀，指一切与之相关的文化遗产，包括民俗、传说、建筑、雕塑、绘画、碑刻、文献等。对此，我们可以用丰富度与厚度作为衡量单位。历史积淀与朝圣地的影响力正相关，积淀丰富，影响力大；反之，积淀贫乏，影响力小。灵验度，指朝圣地信仰对象为香客摆平不确定性的效果。灵验度与朝圣地的影响力正相关。权威加封，指权威对它的授权。权威加封与朝圣地的影响力正相关。总而言之，历史积淀、灵验度和权威加封构成的合力决定朝圣地的影响力。值得补充一句的是，历史积淀、灵验度和权威加封，并不孤立，而是相互影响的。

平日里，娲皇宫香客稀少，但到了庙会日子，四方香客就汇聚到这里，整个空间变得鼎沸热闹。娲皇宫庙会，当地人一般称作“三月庙会”，时间在农历三月初一到十五。庙会期间，除了朝山拜顶的香客，借这个机会挣钱的生意人也很多。

> 涉西北唐王山，顶有祠焉。其来无□。每岁三月，阖境男女，并秦、赵、韩、卫之远，罔不竭诚进香，如孝子□慕慈亲。

这是娲皇宫庙会最早的记录，出自落款万历三十七年（1609）[①] 的古碑文《新建娲皇庙碑记》[②]。这块碑现今镶在娲皇顶梳妆楼石阶一侧的墙体里。从碑文看，当时不叫娲皇宫，叫娲皇庙，庙的关键是山顶有个祠堂。自此以后，娲皇宫庙会记录连绵不绝。

> 顺治十六年（1659）《重修娲皇圣母庙碑记》[③]：每岁春三月一日至十八日，各省男女大会……西连秦晋，北临燕赵，东通海□，南极湘汉，四方云绕而至者，不□□几十万□。其翠幄之华，彩钿之丽，画夜络绎不绝，诚□□□大观，一方之胜□也。

> 康熙九年（1670）《沙阳唐王山重修金妆各殿碑记》[④]：每岁三月……朝拜，鳞集……

> 雍正五年（1727）《重金头阁圣母记》[⑤]：每岁暮春，自朔及晦，西

① 本书中涉及新中国建立（1949）以前的古代纪年，直接引原文，其后加括弧，里面用阿拉伯数字注相应的公元年份。

② 此碑是我在娲皇宫见到的落款年代最早的古碑。碑文中的“新建”两字，叠刻在“重修”两字之上。个中缘由，大概是这项工程有重修、有新建。碑文有记录：偶被火灾，寸屋片瓦俱成灰烬。时邑侯潘□目击其事，恻然不忍于心，随命管工官王世昆、刘朝阳公真□氏郭□□张进学□□□赵崇美、主持道人鸠工，后兴土木复倚石龛建殿一座。……续前之绩而愈增其规制，丽以丹青，曾纤悉未备也者，第见□桷巍峨，□□□□。视前焚殿又明豁开朗，焕然改制。

③ 此碑镶于娲皇阁石阶一侧墙体。

④ 此碑镶于娲皇阁石阶一侧墙体。

⑤ 此碑镶于娲皇阁石阶一侧墙体。

通秦晋，北极幽燕，焚香输诚者络绎不绝。

乾隆六年（1741）《创建三官庙碑记》[①]：每岁三月圣母大会，南极闽浙、北极幽燕，泰岱以东、秦晋以西，熙熙攘攘，络绎不绝。

乾隆岁在辛丑（1781）《纯阳吕大仙大祖师重修广生宫碑记》[②]：吾尝于三月望日，与天上诸仙来朝于斯。春风拂拂，绿柳依依。于是，歌于此，乐于此。而人之往来奔走，求福亦于此。

嘉庆四年（1799）《重修娲皇庙碑记》[③]：每年以三月十八为神诞，有司致祭。自月初一迄二十启庙门，远近士女岔集，肩摩趾错。

嘉庆岁次丁丑（1817）《重修大殿、门楼以及戏台碑志》[④]：每逢三月朔望，则东齐西晋、南楚北燕，士女之朝觐而酬夙愿者，莫不呵气成云。

咸丰三季（1853）《重修唐王峧娲皇宫碑记》[⑤]：每岁三月朔启门，越十八日为神诞，远近数百里男女岔集，有感斯通，无祷不应，灵贶昭昭，由来久矣。

同治八年（1869）《重修广生宫记》[⑥]：每岁莫春，燕晋士女不远千里奔走，偕来登览者必先于此宫瞻礼焉。

光绪十六年（1890）《重修朝元宫碑记》[⑦]：每岁暮春，遐迩岔集。

① 此碑立于朝元宫三官殿前厦一侧。

② 此碑镶于广生宫正门外石阶一侧碑房的墙体。

③ 此碑立于停骖宫正门外石阶一侧。碑文亦见嘉庆四年（公元 1799 年）二月刊刻的《涉县志》。

④ 此碑镶于广生宫正门外石阶一侧碑房的墙体。

⑤ 此碑立于娲皇阁石阶一侧。

⑥ 此碑立于广生宫正殿前厦一侧。

⑦ 此碑立于朝元宫南厢房前厦一侧。

有为亲而求寿者，有为子而求嗣者。入门告处故若蜂屯，伏地投诚又如蚁聚。几有血气莫不向是而祈祷焉。

民国四年（1915）《阙疑碑》[①]：每岁春季，巡香结社者难以搂指计。

据娲皇宫附近石家庄村石华堂[②]老人回忆，第二次世界大战时期庙会被战火中断。

战乱了，那个那个，人心惶惶，都是避难，所以这个庙会什么也不搞了。本来这一条沟，二十里地长，八个村庄，跟代表一样，每一个村都要推荐一个代表，主持这个庙会，作为领导机构。日本鬼子来，烧房杀人。怕了不得了的，一切都停下来。

（1938 年）[③] 春节以后，正月十五十六，这一天清晨逃进这个山沟去。避免日本鬼从这山沟便道过，他们发现了那不就完了，被割头了。那是我第一次记他们来。那一年里边，来得频繁。后来像山西长治市这一带都成日本鬼敌占区以后，他们一年，不一定是来几趟。特别是咱们这儿，你看，邓小平，什么，他都曾在这里住到五六年之久。他们（日本鬼）对这个地方不留情，毒辣得很，烧杀。

（朝元宫）正殿，我老父亲还记得这个，农历二月二十三日，这一天放大火给烧了，他在高山顶上看见了。这个，靠这一边，什么一排房子，都给烧光了。他烧庙宇为什么？共产党，那个，武装吧，八路军游击单位开始没有房子住，就利用庙院这个房子，来住。大的寺庙、庵、观，这些他们都利用起来。

大约在 1944 年，娲皇宫庙会恢复过一次，石华堂老人记忆很深。

---

① 此碑镶于广生宫北厢房前厦一侧墙体。

② 石华堂，1931 年出生，小学毕业，1950 到 1962 年当过小学教员，1962 年他响应国家号召，提出申请，上山下乡，回到老家务农。

③ 本书中的访谈记录，括弧中的文字为我根据上下文附注。

三月初一这一天，非要去想盛一碗那个豆末汤喝一喝。茶棚前面有几条档子，不知道临近村哪来卖这豆末。老愿意喝这一碗豆末，每年是这样。喝完以后上顶，挺快。那个时候，天暖和，穿单衣服单裤，上三趟。那个盘山道上呢，那两头，都有残疾在那儿要钱要供养吃。人多，不能亲手给他，放在他那个包子上，欸，隔路人，给他扔过去。小孩们，他们呼唤小孩们给捡起来。就数那个忙。一个三月初一，一个上午上顶跑三趟。那个心情愉快，又换了新单衣。曾经这一次，这是一个特殊年。我记得这一次很清，永远也不会忘记。

咱敌后根据地是扩大了，就在那个时间呢，那个年代，打仗到远处了，咱们这儿仅仅是补充兵源、扩军，催缴公粮，在这个时间。这个时间。不过因为不统一，山西好多地方是敌占区。过去那个太原附近，有些县份，那个剧团啊，来这里演出，每年都是要这个剧团，认为这个剧团是最好，观众是挺多挺多的。就在那个时间，抗日战争可没有结束，它离咱们远了。那个时间有几年，有时候那个戏，我说山西戏来不了就咱们本县像井店落子、下庄的小落子，都来这里唱唱，唱上几天。那个时候人都轰轰烈烈的。

“二战”结束到现今，伴随儒门、道门、神鬼门、萨满门与现代门的冲突与圆融，娲皇宫庙会遭遇中断、恢复、兴盛的历史际遇。这一段留待专节叙述，这里先一笔带过。

神鬼门香客称他们的信仰对象为“奶奶”或“老奶奶”，奶奶这个名号是统一的。另外，来自不同地区的香客，根据自己家乡与娲皇宫的相对方位，又分别有“东顶奶奶”“西顶奶奶”“北顶奶奶”等称谓。顶指山峰，“东顶奶奶”即东边那座山峰的奶奶，其他几个称谓也一个道理。①

日常语境里，奶奶是个亲属称谓，指自己父亲的母亲；也作女性老人的尊称。娲皇宫语境里，香客说奶奶，有尊称之意，但它的所指是神。如果从英语名词区分单复数形式的习惯出发，难免就要问：这里的奶奶是单数还是复数？言下之意是，香客的信仰对象是一个神还是多个神？答案是，这里的奶奶既是单数，又是复数；就是说，香客的信仰对象是一与多的结合体。对

① 此外，还有一个具体化的称谓是“索堡奶奶”。索堡是娲皇宫所在地的镇名。

于香客而言，娲皇宫奶奶是神，是信仰对象。至于神的概念下，则有体现多神的象征，也有体现单一神的象征。一方面，娲皇宫众多神殿神像，香客遇神殿神像即拜，娲皇宫俨然是一个诸神的空间。另一方面，也有说法凸显娲皇宫与单一神的关联，譬如涉县曲峧村香客指认，他们到娲皇宫朝圣是祭拜“大奶奶”；有山西潞城的香客则指认，他们来娲皇宫朝圣的对象是“河北三奶奶”。

英国人类学家王斯福有本名著《帝国的隐喻：中国民间宗教》[①]，用隐喻这个概念来勾连帝国与民间两个层面的象征事实。这里我们不妨稍做调整，以“关系”或“结构”限定“隐喻”，进而推而广之，把“结构隐喻”视为汉语言文字象征体系的突出特征之一。一方面，宇宙是分层的；另一方面，层与层之间是有联系的，这体现为层与层本质上的同构，以及关系象征的跨层流动。在本个案里，娲皇宫神鬼门，神祇的一与多的格局，即类似于社会组织中首领与群僚的关系。具体言之，类似于皇帝与包公们的关系，类似于国家主席与其他国家领导人的关系，类似于县长与县里那些头头脑脑们的关系，类似于娲皇宫朝圣“上社”队伍中“香劳”与“执事”的关系，类似于家里家长与成员的关系，如此等等，总而言之，这些关系是同构的。另一方面，关系象征的跨层流动，譬如“奶奶”这个象征，从指称自己父亲的母亲的奶奶，到作为年长女性通称的奶奶，这是从家层面到社会层面的流动；再到作为朝圣地信仰对象称谓的奶奶，这就流动到信仰层面了。需要指出的是，这里强调关系象征的跨层流动，不是象征的跨层流动；是人我关系的向外推演，不是演绎人或物的本质。换句话说，称谓女性长者为奶奶，是表示就言说者而言女性长者就像自己的奶奶（父亲的母亲）一样，称谓朝圣地信仰对象为奶奶，是表示就言说者而言朝圣地信仰对象就像自己的奶奶（父亲的母亲）一样；总而言之，意在表明言说者愿意亲近对方的心态。但是，自己父亲的母亲、女性长辈、朝圣地信仰对象，她们不同质，对此称谓者是心知肚明的；常言所谓“套近乎”，不同质是其前提。

奶奶是谁？这是局外人思维方式倾向于提出的关键问题。

20世纪70年代末期，涉县文物保管所首任所长程耀峰着手恢复重建娲

① 〔英〕王斯福（Stephan Feuchtwang）著《帝国的隐喻：中国民间宗教》，赵旭东译，南京：江苏人民出版社，2008。

皇宫，他访问附近的村民，求解“奶奶是谁”时，他就陷入了命名的困境。

> 绝大部分都是，百分之九十以上的人，都是说，头阁二阁三阁奶奶。我就问他：“我来这儿找个人，找个老婆，在哪儿呢？”这不，“你说谁呀？谁呀，这老婆叫个啥？”我说：“这不就对了嘛，我就问你，你说你知道，这个谁？头阁老奶奶是谁？”“不知道，就头阁奶奶。”哈哈哈。但他们从小，一直是这样传的，过去。[1]

局外人思维方式，定义是首要问题，相关性则其次；局内人思维方式，相关性是首要问题，定义则其次。对于娲皇宫香客而言，自己与信仰对象的关系是明确的，即我与奶奶，类似于“祖孙关系”，以朝圣为标志的相关实践构成它的具体内容；一般而言，他们没有根究奶奶是谁的必要。打个比方，这就像中国传统社会，即学界所谓的“熟人社会”里，人们通常不会本质化地思维自己的亲人，即琢磨这类问题：他叫什么名字？他究竟是谁？除了是我的亲人之外作为芸芸众生中的一个人的他有什么特征？如此等等。换言之，人们对亲人的认知，优先的是一种在长期亲密接触过程中积淀的具体关系，诸如我爸与我、我妈与我、我爷爷与我、我奶奶与我，等等。相应地，在城市，即学界所谓的“陌生人社会”里，为了以防万一，孩子走失了，离开了家（局内人的圈子），流落在外（局外人的世界），家长会刻意教孩子记住爸爸妈妈的名字和电话号码，以便孩子找到家。

“奶奶是谁”的提问往往使习惯于局内人思维方式的香客愕然，不知所措。

> **解签人：**这个签我就不用给你解了。
> **香客：**哦，说吧，我不懂啊。
> **解签人：**不是懂不懂。你给老奶奶烧香，老奶奶你知道是谁？
> **香客：**我不知道。
> **解签人：**女娲不知道？娲皇圣母你不知道？
> **香客：**哦。

① 摘录自我2009年访谈程耀峰的音像资料。

这段对话摘录自2008年三月庙会期间我在娲皇宫子孙殿前拍摄的音像资料[①]。这一问一答，呈现出普通香客与作为娲皇宫文化专家的解签人之间的观念差异。可以这么说，在香客一方，如果非要求得一个“奶奶是谁”的答案，那就是香客的朝圣实践，是他们一次又一次许愿还愿的对象。一方面，作为神鬼门的信仰对象，奶奶顶的奶奶，无名无姓，是一代传一代的神圣存在。这个存活于香客心目中的信仰对象，既不等同于文人的书写，更不等同于哪个空洞的象征。另一方面，奶奶无名无姓，这在理论上，除了女性这一局限，具有无限的象征嵌入的可能。令人意外的是，儒门、道门、现代门和萨满门，它们都把娲皇宫的信仰对象定义为女娲，女娲成为这四个象征体系与神鬼门在娲皇宫发生圆融的结点[②]。出现这样的圆融局面，一个关键原因是女娲在见载于古籍的神话中的特殊地位：首先，女娲的名字中有个“女”字；其次，女娲的功绩巨大，补天、造人、正婚姻、制笙簧，等等。关于娲皇宫诸象征体系的圆融，后文将专节详述，在此先一笔带过。

作为超越时空局限的存在体，奶奶具有影响香客生活境遇的力量，是保障其理性营生、解决不确定性的终极力量源泉。虔敬的跪拜、默默地祷告、供品的奉献以及诸出必践的戏剧、电影等还愿演出，构成庙会中香客与奶奶交流的形式与内容。鞭炮声、锣鼓声，热闹沸腾，和为人神交融的音响之林。“心诚则灵，有求必应”，神鬼门最普遍、最核心的理念以文字形式呈现于还愿锦旗之上。这既是香客感恩之情的流露，也是奶奶无边威力的宣告。作理论化的理解，力量等级姑且置而不论，可以说，香客与奶奶的关系是互惠的。一方面，香客对奶奶有所祈求；另一方面，香客对奶奶有所承诺，其一般形式是：“若吾之所求应验，吾将回报如何。”[③] 灵验与否是维系互惠关系的关键。如果心愿得了，说明奶奶显灵了；心愿落空，说明心不诚，需要继续诚心祈求许愿。在局外人看来，这里的理似乎不那么通顺，更合理的说法似乎应该是：“心愿得了，说明奶奶显灵了；心愿落空，说明奶奶不灵。”但虔诚的香客会回应说：“你这么说，理是不错，但对奶奶是大不敬了。心诚则灵，你这么说话，可见你的信仰之心不诚。心不诚，奶奶怎

---

① 参见我影片《女娲奶奶的荣耀》。

② 女娲，又衍生有娲皇、娲皇圣母的称谓。

③ 参见我影片《女娲奶奶的荣耀》。

么会显你灵呢!”总而言之,“有求/许愿——有应/还愿——有求/许愿”构成香客与奶奶之间相关性的循环,连绵不绝,贯穿香客的象征实践。

下面摘录一段我与李平义的访谈①,以见香客与奶奶相关性的具体内涵。李平义是涉县本地人,娲皇宫文化的专家。

李:你去(娲皇宫)还可以看到好多唱的,他们就是家里有灾有难,发生什么刑事案件这类,也要说你家里为啥就出了这个事了?咱就求求老奶奶吧,把这个危害啊,或者损失降低到最低程度。有的有病,怎么也不好,给他解决解决心理上的障碍,嘿嘿,思想负担。所以说,你回去吧,然后配合吃药打针啊,来治疗,也管用。这个人思想有了负担也是了不得的。

鲍:对,对。

李:这个解决人的思想也是一个渠道啊。

鲍:是。

李:能解决他的思想负担。这个作用也小看不得。

鲍:这个了不得啊。

李:不得了,不得了。

鲍:心病嘛,是吧?

李:对,心病,嘿嘿。小姑娘能找个好婆家,刚结婚的媳妇怎么生个健康的小宝宝,你不管男孩女孩,都是人类,都是女娲的传人,嘿嘿嘿嘿,所以对老奶奶特别特别敬重。还有一个就是开锁。

鲍:开锁啊?

李:开锁。这个小孩啊,这个到十三岁,像我小时候十三岁都开过锁,开过锁。有的到娲皇宫,由一个老人啊,拿上一个小棍,给你数话数话,脖子上挎上一个锁子,就咱们锁门那个锁。意思是说,你到十三岁了,就是,过去就是脑筋不开窍,现在给你开开锁,就开窍了,哈哈哈。

鲍:有一点像成年礼一样的。

① 摘录自我2008年访谈李平义的音像资料。当时李平义的职业身份是涉县文化教育体育局文化科副科长。

李：对，对，对，对。

鲍：十三岁，成年了，是吧？

李：对，对。十三。你到不了娲皇宫，你在自己家里，到房顶上，因为平房嘛，烧上香，放上供品，面对娲皇宫。

鲍：放什么？

李：供品啊，祭品，就苹果啦，点心啦，馒头啊，这类东西；饼干啦，现在像蛋糕啦，都可以；还有像土特产，核桃啦，都可以放。放上啦，面向，这小孩跪下，面向娲皇宫，他就给数一数，就是说几句话。

鲍：什么几句呀，你知道吧？

李：哈哈哈，我记不太清楚了。

鲍：大体意思？

李：这个，你什么祝愿的话都可以说。比如说，你健康长大啦，是吧，好好学习，将来考个清华北大啦，都可以说，哈哈，都可以说的。或者你学个什么好手艺啊，老奶奶保佑你，长大成人，给你开开锁，原先不懂事，以后一开锁就懂事了。啪、啪、啪，拿小棍磕你三下，然后把锁开开。小孩吃点供品。这就给开锁了。中午给小孩做顿好饭，烧香，也就是祈求老奶奶保佑他的孩子开窍了，以后越来越懂事了。嘿，就这个意思。这是很普遍的，开锁，求子，是吧。

鲍：在自己家？

李：在自己家也可以，但是必须面向它。

鲍：哦，那谁来做呢，是专门请人？

李：家里边的老人都可以。

鲍：哦，老人都可以做。

李：你比如说有爷爷奶奶的，一般都是奶奶，女的做这个，男的不做。假如家里边奶奶不在了，找人家邻居，或者村上有威望的，威望高的老奶奶来给你开开锁。嘿嘿嘿。我还给一个小朋友开过锁。

鲍：你啊？

李：我。

鲍：哈哈哈。

李：哈哈。我有一次也是到娲皇宫搞资料普查呀，山西的一个大娘领着她的小外孙，就是十二三岁吧，到那儿开锁。他们蒸着，要蒸馍，二十五个，这么大的馒头，白面馍。然后这个，放那儿，也是用一个五彩，红绿黄蓝那个绳，挂着那个锁。然后，她就看，她就在那儿看看有没有有文化的人呐，或者是老人呐。让外姓人给你开，更好一些。

鲍：外姓？

李：嗯，就是不是你自己家的人，也可以一个姓，但是说不是你自己家的。她就跟我说，你给我们小孙子开开锁吧。我说我行不行。她说行行行。我说，我就跟他说，我说："希望你健康长大啊，以后这个懂事听话，好好学习，将来一定会很有出息的，我给你把锁开了，老奶奶保佑你，健康成长啊。"给他开了，然后他当然，小孩就给我磕个头，表示感谢。她把这二十五个馍就放到这儿了，放在这儿，她就不再带走了。这二十五个馍，这叫供馍，就是给老奶奶上供的馍。这个供馍，然后它的管理人员就收起来了。收起来了以后，你比如说谁身体不好啊，给你个供馍吃吃，这是人家来开锁或求老奶奶放的供品。它的工作人员也可以吃。但是，有的人，你比如说香客吧，也可以拿。但管理严了，就不再让随便拿了。因为多了，它怕别人乱扔东西。有意思吧？

鲍：有意思。

李：哈哈哈。

鲍：那个小孩感觉也不一样啊。

李：小孩很高兴的，哈哈。

鲍：小孩还是需要一个什么东西来提醒他一下，你已经长大了。你就做过这么一起？

李：我做过一次，哈。我也感到很高兴啊，哈哈。我还跟她说，我说："这是老人做的。""没事，没事，你也可以。"我说："行。"因为我，那个，我们经常这个，我从小我父亲就教育，教育我对女娲老奶奶非常敬重的，我们就是有时候，到不了娲皇宫，也要每年正月面对女娲最起码也要烧炷香的，就是保佑全家幸福安康。

鲍：初一的时候，初一、十五？

李：对，对，初一、十五都是这样。这是普遍的风俗。

鲍：这底蕴还是很深的啊。

李：除非有的家庭，个别家庭，也不太会，个别家庭，没有人教他，没有人跟他说这些，他不知道。只要有大人的，都要跟小孩说这些。

据我见闻，娲皇宫三月庙会期间，香客专门来举行“抱小孩”（求子仪式）和“开锁”（成年礼）。这两个仪式背后的逻辑是，奶奶是新生命的给予者、孩童的守护者。这里也被视为生者过世后最令人荣耀的归宿。2009年庙会期间，我看见一块新立的石碑，上书“宗亲牌位”四个大字，立在广生宫与戏台之间的一块平台上。整个庙会期间，碑前烧香的香客络绎不绝，有时候人多，排成长龙。我问娲皇宫的管理人员这是怎么回事，回答说是应香客的要求立的。作一般化的理解，可以这么说，在人观的维度上，奶奶是生命的给予者与接受者。

道德镶嵌在奶奶与香客的结构关系中，构成最深沉的维系社会秩序的力量。一方面，按当地人的话讲，“生前行好的人死后才有福气到老奶奶这里”。[①] 另一方面，对奶奶不敬的言行导致当事人受到严厉的惩罚，附近村子里流传有许多这类的传说，活灵活现。

说起来，这里边还有一个故事呢。（西顶）老奶奶当时去，有一次去（东顶）朝拜她姐姐的时候，走到河沟啊。有个女的去那儿行好啊，也是去东顶，就是说到娲皇宫那儿，也是说是去求她了，或者说是去还愿了。河南的一个女的，过去都是骑马骑骡骑驴，骑个毛驴，下来时候，过去不是像现在这么好走，从河沟那儿有个小道，从那儿上，她走到河沟那儿。俺这儿抬着往上走呢，她倒返下来，在河沟那儿走对过。因为当时是小道，路挺窄，她骑着毛驴，这边抬轿，过去女人都是三寸金莲，小脚，轿把人家的小脚给碰了。这个女的嘴也没吭啥，心想了想：“你抬你老奶奶碰了你小奶奶。”一会儿，这个老婆肚疼得不行，下了毛驴。最后，跟随她这个人就返回去，找了个明人[②]，瞧了瞧：“唉，你是对西顶这个老奶奶说了不恭敬的话了，你去那儿烧个三炷

① 一般而言，人类学宗教研究，葬礼是重要的关注点之一，因为这涉及亡灵归宿的问题。我没有机缘观察这个地区的葬礼，但出于对神鬼门的关注，询问过娲皇宫及村庙的奶奶与葬礼的关系，得到的答案是它们彼此没有关系。

② 明人，也称作“马僮”，通灵，相当于广义上的萨满。

香，磕个头就好。”说走不上了，咋弄呢？最后是有人架了，架了去以后，然后去。抬着的轿夫呢，过去不是歇马殿歇马殿，到了三阁楼以后都要在那儿歇一下。（老婆）去了那儿以后，轿落在那儿了，烧了一炷香磕了磕头，欸，不肚疼了。返回来以后，骑了驴回了。这也是个故事。①

这个故事讲述的是曲峧村村民抬着本村西顶三奶奶的轿子，到娲皇宫（东顶）朝圣路上发生的一个意外事件。在曲峧人看来，坐娲皇宫的是大奶奶，娲皇宫庙会时，三奶奶要去那里朝拜大奶奶，姊妹聚一聚。这个事件的冲突是，三奶奶的轿子撞了一个从娲皇宫回来的香客老太太的脚，于是，她心中起了个对三奶奶不敬的念想，结果就被三奶奶惩罚了。

总而言之，心诚则灵，有求必应。你诚心供奉奶奶，奶奶显威灵来保佑你，你冒犯奶奶，奶奶显威灵来惩罚你。这是娲皇宫神鬼门的观念内核。

二　萨满门②

据日本学者山田孝子总结③，萨满门一词源于通古斯语，因为米尔洽·伊利亚德（Mircea Eliade）的工作，萨满门作为“古老的心醉神迷技术”广为人知。伊利亚德强调，萨满门的基层不是萨满所体现的精灵，而是他上天入地所导致的心醉神迷④。实际上，关于萨满门的本质，学者中一直有不同意见。譬如，史禄科基拉夫（Shirokogoroff）、弗斯（Firth）等研究者，把对

---

① 讲述人张民旭，讲述地点涉县曲峧村村公所。录自我2009年访谈曲峧村民的音像资料。

② 本书提出萨满门线索基于对呈现于娲皇宫当下象征事实的考察，属于人类学学科范畴。就萨满门与中国的交叉，其他学科亦有建树，读者诸君可检索参考，相得益彰。譬如，考古学家张光直在《连续与破裂：一个文明起源新说的草稿》中提出早期中国文明的核心即萨满教，并以考古学事实加以佐证。参见张光直著《美术、神话与祭祀》，郭净译，沈阳：辽宁教育出版社，2002，第112～113页。又钱钟书考释《楚辞洪兴祖补助》九歌（一）条：巫之一身二任。《毛诗》卷论《楚茨》已说其理，所谓“又做师婆又做鬼”。故《九歌》中之“吾”“予”“我”或为巫之自称，或为灵之自称，要均出于一人之口。参见钱钟书《管椎编》（二），北京：三联书店，2008，第913～915页。

③ 参见 Takako Yamada, 1999. *An Anthropology of Animism and Shamanism*. Introduction. Budapest: Akademiai Kiado. pp. xi ~ xii。

④ 参见 Mircea Eliade, 1972. *Shamanism, Archaic Technique of Ecstasy* (1951). Princeton: Princeton University Press. pp. 499 – 500。

精灵的掌控视为萨满最基本的属性。①新近的研究，萨满一词更多地被当作一个宽泛的概念。莱因哈德（Reinhard）称，萨满是这样的人物，为了代表社区成员与灵界接触，他能够随心所欲进入一种非同寻常的通灵状态，在此状态下，或者他的灵魂做灵界之旅，或者他被精灵附体。②海因兹（Heinze）指称萨满为能够随心所欲进入一种转变了的意识状态的人，他满足社区非此不可的需要，并且他是神圣与世俗之间的斡旋者。③

这里综合诸说，给萨满门做个界定，它是由四组对立构成的一个模型，即萨满与常人、心醉神迷与理智、魂体分离与魂体合一、超越时空与四维存在。在这个模型下，萨满，从外部观察，呈现为心醉神迷的状态，区别于常人的理智；深究心醉神迷状态背后的因由，是他的灵魂与身体是分离的，或者灵魂去旅行了，或者身体被精灵（或神灵）占据了，这区别于灵魂与身体合一而理智的常人；最后，摆脱身体束缚的灵魂，他与精灵（或神灵）是统一的，同为超越时空局限的存在，这区别于四维时空中存在的常人。

鲍府门上留心听，听俺圣母可把话来明。要问俺是哪地并哪乡，咱们人死惊动俺奶奶。陈府的门呐，他们不是有灵，今天鲍府门上，小顽童，有心问来有心跟。我这个传话的人，她隔三倒四说了几分，奶奶我有心对你讲上几句话，精益求精话要实在。说的都是真事情，没有一句假言掺真中。先在大庙院里逛来大庙院里看，奶奶我坐在正殿，泪莹莹。虽然开放奶奶坐庙，翻盖我神坛又盖古庙，塑开我的金身我倒实在

① 参见 R. Firth, 1964. *Essays on Social Organizations and Values*. London: The Athlone Press, University of London. p. 248. E. M. Loeb, 1929. Shaman and Seer. *American Anthropologist* 31. pp. 62 – 63. S. Shirokogoroff, 1935. *Psychomental Complex of the Tungs*. London: Routledge & Kegan Paul. pp. 268 – 271. I. M. Lewis, 1971. *Ecstatic Religion*. Middlesex: Penguin Books. P. 56. 1984. What is Shaman? In M. Hoppál ed. *Shamanism in Eurasia*. Göttingen: Edition Herodot. pp. 3 – 12. Larry G. Peters, 1982. Trance, Initiation and Psychotherapy in Tamang Shamanism. *American Ethnologist* 9 (1). pp. 21 – 22。

② J. Reinhard, 1976. Shamanism and Spirit Possession: the Definition Problem. In J. T. Hitckcock & R. L. Jones eds. *Spirit Possession in the Nepal Himalayas*. Warminster: Aris & Phillips. p. 16.

③ Ruth-Inge Heinze, 1989. Who are the Shamans of the Twentieth Century? In Hoppál, Mihály & O. von Sadovszky eds. *Shamanism: Past and Present*. Budapest-Los Angeles: Fullerton, ISTOR Books 1 – 2. p. 355.

的高兴。就是前六七年，一件事不遂奶奶我的心愿。我坐在高山大顶，眼观黎民和百姓，我抱住这楼门楼，往下来观。三月这初一开庙门，三月十五是我的真回轮。神路这川都是人，大车小辆排成了绳。各个儿女高举明香，往上焚，都求平安来办事情。动了我的金身啊，摔了我的神，浑身上下我血淋淋。那是当年塑的金身。来了文化大革命，还没有摔我的金身。金身摔尽，大件小件扔在这个□□□。倒又塑上金身，倒是后来用钱也不少省，不是我原来的真身啊。

当年老陈，来到了这个庙龙，黄沙一片，人没乱东东，上香也不用钱。过了三年才收整三毛，三毛把庙来登。后来涨到七元整，十元十五元，三十元有零，现在六十元为整。领导人啊都也有功，大会龙上免下了半票，照顾香客黎民。

奶奶落座高山顶，还有一年，塑了我的金身啊，手把石块往上封，身上乃有衣襟遮住身。那当年呀，俺奶奶做工有的饰品，都是树叶织的金身。女娲娘娘，我与伏羲是兄妹俩个，捏泥人补青天，我留下儿女子孙。现在儿女子孙有灾又有难，伤了哪一方，我都伤疼。十个指头杵开，咬咬哪个都疼。奶奶坐在这大庙院，庙院里人嘛，倒是也用不懂，还有儿女子孙把庙来登。

想当初，照应得多周到，有芯灯，电在当院装，有蜡烛明晃，奶奶也高兴，看儿女和子孙。现在这一个子孙殿里，黑夜是黑个洞洞，把电灯来□□□，有的躺，有的乱，乱得是一伙腾。男男女女都在大殿中，奶奶看不惯，奶奶我也心里难受啊，可是现在的社会这么乱。

奶奶我怎样说来我怎样跟。小阿僮，用功听，好好把这件事情来整顿。你写一个小说，写天成，给咱后代人留下根，给咱后代子孙传功名，叫奶奶万年来做功，千年来道行，亿万年传流下来保咱的儿孙。

小阿僮啊，你要听。我管你东的走，西的奔，五花八门都能行。脑筋聪明，脾气急暴的真。有口不有心，办事情多认真。处理事情，文凭你高得很。写下一本又一本，坐下一庙又一庙。你最终奶奶把庙登，遥远山前来到此地中，你又来振兴。奶奶真显了灵，保住你平安，有我事情，保你办事确确要认真，好坏人要分清。家中你行三柱你可保平稳，我把路径交代清，问问你顽童你是真不是真？

这段唱词出自娲皇宫萨满杨清菊女士。按萨满门的逻辑，这是奶奶借杨清菊的口对我说的一番话。这里交代一下这个文本的上下文。2009 年 3 月庙会期间，我借宿娲皇宫里广生宫的客房，做田野调查。其中一项是收集萨满的口述生命史音像。杨女士是访谈到的第一个萨满。访谈地点在娲皇宫老职工陈水旺先生的宿舍，也在广生宫里。之前，我知道杨清菊是个萨满，并且追随者众多。按陈水旺的分类，萨满也分黑白两道，杨清菊属于白道，行好①。访谈期间，也有香客旁观。杨清菊生命史口述访谈结束，我顺便访谈坐她一旁的老人，问他的庙会经历。那位老人讲述间，杨清菊插话，问我的姓氏和年龄，说奶奶有话对我讲。

杨：说了我脑疼呢。

鲍：脑疼了。

杨：说脑疼，奶奶要想跟你讲话，奶奶觉得高兴了吧。老奶奶想跟他讲话呢，跟他说呢。你多大了，孩儿？

鲍：我，我自己啊？

杨：嗯。

鲍：我是属猴的，42。

杨：哦，42。就是说了，说了我脑袋疼开了，疼开，我就控制不了我了，我就不由我了，没办法了，这就是不由人，也没有人教，也没有人带，按她，自己上来，奶奶就要讲话了呀。奶奶她也是肯定有苦啊，她也有苦也有乐。跟你说了。

接着她就“唱”了前面的那段。之后，她即刻恢复“说”的形式，跟我对起话来。

杨：懂得不懂得？是真吧不是真，小孩？好好地用功啊，奶奶跟你说呢，跟你说几句话。

鲍：我是有打算写一本书。

---

① 陈水旺用的概念是“白巫”与“黑巫”。这组概念的来源估计与民俗学者乌丙安有关。据陈水旺讲，乌丙安来娲皇宫做过调研，当时他们有过较多的交流。

杨： 嗯，好好地办啊，写什么这一个人不知道奶奶都知道，知道你确实认真，脑筋清楚，你的文凭高，你这是传一代一代往后传，传起这个事来办好啊。

鲍： 好。

杨： 奶奶现在虽然是高兴，也是高兴，怀疑奶奶不高兴，奶奶太气了，气得天下又不平稳，乱乱东东，是吧。奶奶坐殿，当年一片荒草，上下人都才三角钱，都是。那会儿没有钱，现在这也是，收了钱为奶奶修了庙也不错，铺了院也不错，倒是都好。就是奶奶觉得有点不太很高兴，儿女都来了，也想招待好了吧。就这件事，把这个事情传流下来，传流下来，啊。

鲍： 好。

这场文化遭遇，我访谈杨清菊的口述生命史，属于我试图把娲皇宫萨满门嵌入人类学的圆融努力。令我意外但合乎情理的是，反方向动力的圆融随之就来：杨清菊先问我的姓名与年纪，我回答她；接着，奶奶开始向我发话，我倾听、记录；于是，我的人类学工作遂被嵌入萨满门。

活跃在娲皇宫香客中的萨满，被人们称作“马僮”[①]。马僮有男有女，但以女性为主。每个马僮都有人数不一的追随者，他们以“师傅与徒弟”称谓彼此，共同进出。马僮从日常状态过渡到神灵附体状态的过程，呈现为心醉神迷的样子，与之相应的，发出打呵欠、打嗝的声响；其间，一旁的徒弟可能打起扇鼓，给她点上香烟，协助她进入状态。从外部观察，进入状态最明显的标志是，以“唱”代“说”。按萨满门内部的理解，马僮一旦唱起来，那是神灵开始说话，是借马僮的嘴发言。个别的马僮，除进入神灵附体状态外，也进入灵魂旅行的状态。一方面，按他们的说法，马僮“死了、没气了”，或者按医学的说法，是休克；另一方面，按萨满门内部的理解，马僮“走阴功”“到阴阳路上去了”。

王金凤那次来了，是好几个人抬进来的。俺听外头吵吵的，俺出去

① 马僮，也称“马的”“明人”。此外，还有“巫婆”“端公”“师婆”“神汉”等称谓，这些称谓与近代史上“破除迷信”运动关系密切，香客一般都不用，有忌讳的意味。

一看，头上盖了一块红布。出其不意。领导出来一看。俺一瞧是王金凤，俺说不用管了。她走的是阴功，她走阴曹地府了。领导害怕了，像抬了一个尸体一样。她没有魂了，只好等她灵魂回来以后。

连她母亲也不喊她名了，叫她三奶奶。

俺理解不了灵魂出窍。

跟马的[1]们较量。到现在，她们承认俺是个马的。但俺不是。

这段话出自陈水旺，他是娲皇宫的老职工。据我观察，娲皇宫的管理人员，大致可以分为两类：一类与香客保持距离，不参与香客的活动；另一类与香客打成一片。陈水旺是后一类的典型。陈的宿舍在广生宫，庙会期间，他那间小屋子基本就是香客的歇脚点，随时挤满一屋子的人。陈成长于“文化大革命”时期，尽管与香客打成一片，但执着于心的仍旧是现代门的脉络。

如果没有正当职业，俺可能从事这个行业，因为俺唱得不错，脑子也不错，社会经验也不错。如果俺在里面玩了，俺还是拔尖的。

从陈的这段表述看，显然，他外在于萨满门。萨满门的核心是神灵附体或灵魂出游，这他并不具备。不过，他来演个马僮，应该是惟妙惟肖的。

马僮究竟是如何产生的呢？

鲍： 他们是家传吗？

张向陆（以下简称张）： 不是。

鲍： 那什么样的人可以变成端公或师婆？

张： 是老奶奶采的，老奶奶采下你。

张民旭（以下简称民旭）： 也就是借你这个嘴替老奶奶说话。

鲍： 采什么意思？

民旭： 选中呢。

江耀堂（以下简称江）： 采就是选，选中你了。还有一个过程，就

① 马的，即马僮。

是要磨你。

大家：对，对。

江：不愿意也不行。我看中你选中你了，你必须得当，你要不当，你就得难受。你要当上了，接受这个任务了，你就不难受了。

鲍：难受时什么表现呢？

民旭：难受，比如说。

大家：浑身没劲，不舒服。

民旭：不想动，不想吃饭。咱只是听说，咱不知道。嘿嘿。

鲍：那他也不用学习，不用学什么，是吧？

张：他不用学。

鲍：老奶奶一采，他愿意做了就都会了。

江：自然来的。

鲍：他就代表老奶奶说话了，是吧？

张：对，对。

民旭：也就是说，他是她的代言人。嘿嘿，新闻发言人，哈哈哈。新名词就是，新闻发言人。

这段摘录自我在曲峧村做的一场座谈会式的访谈录像，从中可以看出当地人对马僮的一般性理解。另据我对6位马僮的口述生命史访谈，他们在成为马僮之前，都历经磨难。下面摘录几段来自4位马僮的相关访谈。

1. 常安任口述

常：55年生，是个属羊的。

鲍：属羊的，是吧，你刚才说，你是碰到一些奇怪的事，是吧，是几岁的时候？

常：就是那个，十六七上。

鲍：就是三天三夜不吃饭？

常：不吃。好像就是高烧一样，反正是不吃东西。

鲍：发高烧？

常：嗯，不吃东西。三天三夜，没喝过水，又没吃过饭。然后呢……

鲍：然后怎么样？

常：后的不是老母亲买了一个馍馍，搁到便盆里头，好了，没事了。

鲍：这个搁到便盆里头，是你自己搁的？

常：自己搁的。

鲍：哦。

常：自己搁。我说是，你就吃个馍馍，你这个黄疙瘩你还吃不上的，你好大容易。我说是，城里四分钱卖你一个黄疙瘩，那个面不好吃，那个面，买你一个馍馍，买你一个黄疙瘩，吃个馍馍。吃红薯片呢，红薯渣，吃不上。你想想，在困荒的时候，有个馍馍是好事的还是，能把馍馍搞到盆里头？你那个时候就不知道。一扔，搁到那个盆里头。行了，好了。

鲍：哦。

常：从以后就，陆陆续续，就是悄悄烧香办事。

2. 杨清菊口述

我这不是随便，也不是有我自由的，也不是。我当初都念经念佛吧？我不会，没有文化。因为我是神胎落地，就是生在姓陈的家里呢；我是又养呢姓杨的把我养大成人。因为我神胎落地的时候，就是，一神胎落地就中风，抽风一天四七次。在陈家长了一年。一年就是说，家里想，我这个是，她脾气也不好，又想我这个病，恐怕就把我送给人家了。长在姓杨的家，我这个老母亲呢，是最善良，最善良。我这父亲是19岁上开的功，就做马憧传话。过去那时候就是来北顶，朝北顶走南顶，都很少炕疙瘩，缝上个钱袋了，步行，七天七夜才返回家。拽火钳、跳火池，那都是有名的。有名的，他就一直拜。

赶到我有一个哥。我哥是在当兵，原来战争的时候当兵，在云南。就一个孩。当兵以后。我哥四十几上才要上。

养我。我，顶顶7年没有隔过天，一天四七次，这是。到了四五岁以后，人家亲戚朋友说我母亲了，不要要她了，她活不成。她说，我活得，养开她吧，她是一条命呢。就那样，顶顶8年。到9岁上的时候呢，才，一天不是一天四七次，才隔开了，才一天一次、两次。到了

10 岁，我才去学校念书。一去学校的时候呢，老师一打学生，我就死了。我就这个毛病。一想怕，我腾就死了。死了，只得四十来分钟，最少半个钟头，最多四十分钟，我才能返过来。这就不会念书。到 12 岁，我就，那年的学校俺也念过三个月。12 岁我就，我哥给我说，说的南方的媳妇，少数民族，来了生了一胎，又是好几个，我就给他瞧孩子。开始，12 上到 16 上，就没有出现这个毛病，我那个时候。

到 17 岁上，见了，一头躺了一个老人，都是气管炎，气管炎，他就上不得气。我哥哥都在外头呢。我就找到家，找到家，养活这俩，为了报答她的养育之恩一样。养育之恩，找到这 17 上。过了年，18 岁，生俺的大孩。到 19 岁上，就给我各自分开家了。我就当三年最艰苦最艰苦的。不能放，放开就要流泪的，心疼啊，三年没有吃过疙瘩，二年没有吃过盐呀。两头两个老人，他们都有病。我哥一个养的五口人，连我父母七口人，才挣三十二块钱。三十二块钱，他也照顾不了我，我就自立成家。三年没吃疙瘩，二年没有吃盐呀。就这样，受过，受过。

到 23 岁的六月十八，我就有了病了，我就疯了，疯了。这个疯，很有来历。我都没有跟陈师傅放过这个功，也赶不上，尤其是。我就疯了，疯了，这个病又来了，又来了。因为是我就在家，过去是兴放环，兴放环，放环织布了吧，懂了吧。我就在家，一会儿放环，放环，我那个窑上就，啪，掉下一坯土来，当中院里，哧，站了三个人。这都是真的。三个人，一个站在绿口，一个站在红口，一个站在白口。就跟穆桂英夸杨家的兵一样。来到我跟前，我，嚓的，不知道了。返过来，咯的一下，我就跑开了。疯了。一疯，18 年呀。我这过去了呀。我躲山上。我的孩儿都是邻家给我养大的。我母亲也死了，那时候我母亲也死了。我父亲他不是 19 岁开的功。那时候我父亲也，我母亲死得早，他俩隔七年。她死了以后，我父亲，我就跑，他就撵我。

我一跑的时候，不由我了。我在家里，我坐呢，头就疼得呀，疼了我不行，疼了我不行，我就赶紧出去。出去我就要说话呢，我就跟天上说话。我都记得我说了的话。我说，天上的爹，天上的娘，要叫我死快点叫我死了，要叫我活快叫我活，不要叫我受这个罪。小孩们看见，给我身上扔土，给我身上尿。那大人，我 18 年没有一个亲人和我。两个娘家，我也穷，他都也穷，都没有帮过我。就邻家都是憎恨你呀，憎恨得不行。

赶到我没有甚吃了。我做饭，看到地上的灰呀，烧红的柴，都是，穷吧，我就瞧着都是米跟面，我就撮起来搁到这锅里。一搁锅，我这个脑筋，啪，过来了，我就瞧着这一锅饭不能吃了。我有三个小孩，还有一个小叔子，脑筋不管用跟我在一块过。40 年，就这样，吓了，我就跑了，一跑三天不敢回来，也在这山上住过，也在这破窑洞里住过。我有个表嫂，也是个明人，我也去她家住。隔，停上两三天，她都去，说个不怕不怕，我才能回来。

有时候呢，我就做了一锅饭，我就把煤油，那会都是点那个灯吧，小煤油点这个灯，我就晓得这是醋。我过了 6 个年，油盐酱醋我没有吃过，我最苦，最苦了。这不是，我就把这煤油往锅里一倒，我说这是醋，我倒点吧。一倒知道这是煤油倒里头了，吓了，我就又跑了。就这样，顶顶 18 年。18 年，不是说每天，一年又半年这样。

到了我 36 岁上，那一年，到了八月的十三，我病就是八月，到了八月的十三。我有一块地，就跟这个桌凳一样，很方。我那一天种小麦呢，我就挎着这个篮呢，装着面，抓一些，插一些，抓一些，插一些。一到头，底下有山崖，我就跌下来了。摔下去，我就觉得有个人扶着我呢，扶着我。一瞧，这一篮子面里就没有虫了，没虫了。我站起来，我想着不对，我赶紧回吧。回家我不能动了，跌了那么高的。我家那个人在那个山上放羊，叫我去给他垫圈。我说呢，我不去了，我要赶紧回去呢。我都回来了。回来，走到俺家呢，又看见那三个人了，一个红口，一个绿口，一个白口。这人站在那儿，在头呢，我在后的。我回家，把这个篮往家里一搁。一搁以后，一上炕，上面躺了一个月。水米不进，一个月里头就喝了一瓶梨罐头水。不仅吃了就吐了，那就说，脱了人皮，换神皮，叫我为黎民服务，办点好事。就娲皇宫，就是北顶的老奶奶借了我的口了。人家都不想听。

这就是癌症了，子宫。从河南到长治，癌症，没有挽救了，挽救不回来了。挽救不回，咱家困难，每一天，隔两天打一支青霉素。这就三年。三年，起来以后，就开始好了。春天好了，到了秋天又是一个八月十五，八月的十五，天明一起又病。这可是只躺了一个月，27 天吧。27 天没有吃饭，瘦了我才 72 斤。就这，有一天，黑了，就说开话来了。就是说，我是北顶老奶奶，索堡的奶奶来到山西，来山西救这一方人来了。

3. 王金凤口述

王： 我这个是，从小，我才 8 岁那会，就是跟我老母亲吃素呢，□□□，[①] 就是十来点黑夜，□□□，我醒了，□□□后来就闻着这个香味了。那个时候，当时是咱扶住了以后，咱也没往这个地方考虑。不懂。不祭拜啊。后来，这个这就是。这个，一开始我从 8 岁上发觉的这个事情。后来以后，就是说是，我在单位里头，我也有这个小，含含糊糊有这个小毛病吧。当时呢，那会都说呢，叫我是癔症，就是有病那个意思。后来，我是这个，在这个，我结了婚以后，我在 23 上结婚的，23 上结婚的，结了婚以后。我当小女儿时候，□□□，我身体很好，也壮，哦，年年是模范，□□□。就是跟他结婚以后，一生这个小女儿，□□□，就是身体不好了，晃晃飘飘的。我家就跟我家那个小孩她姑姑说，是不是好像得了个什么病了，□□□不好病呗。后来，我这个□□□，我就一直是这个在家，就是天天坐，啥也不能干。我后来在这个，就要一天黑夜，有一天黑夜，就是我去游门，去外边游门了。外边的人，意思说是，好像他家，就是拿，他奶奶就说了我了吧，就是你不要出去，出去不好，在家吧。我出去，就是看见人家这个都是叠的这个纸，我说我不信这个，不相信。我看见人家叠的小方块块纸，就是这个意思，意思就说是，好像这个意思就是，来这儿烧香来了。我就问他了，我说，你们去哪呢？还说去索堡呢。我就回去了。回去就不由我了。

鲍： 不由你了？

王： 嗯，不由我了。不由我了，我就，我跟我婆婆说呢，我说，她明天去索堡烧香呢，我说我也要去，我也要去□□□。家里边，老汉在法院上班，他说，你不用去，你去了不能吃饭，顾不了你。我说，不行，我非要来不行。就那，我就跟我老汉丈夫，就来到这个庙上。

鲍： 是你丈夫陪你一块来？

---

① 王金凤口述中有部分内容我听不懂，以“□□□”示意略去部分。

王：嗯，他陪。因为我那会，当时是病了嘛，病了我在家时候不能够吃饭，不能动。婆婆说我了，说是，你不要去，不能吃饭，你走不动。她说这个坡很高。我说，不行，我要去呢。这个地方我就愿意去，愿意来。后来，我来到这个地方以后，我就买点红□□□。我就自那天，我就吃饭，我就爱吃、想吃，想吃。后来，就上了这个山，就没□□□，上去了。上去了以后，黑夜，住上一黑夜吧，住上一黑夜，我说呢，是，都说呢，瞧瞧这个，那会都说都说是神婆，瞧瞧那黑了就唱。黑夜，就到这个时候，黑夜，就在这个西房这边，他都在，丈夫都在□□□，出来外头，我也来唱来了。就从那开始，那一黑夜，我都唱开了。

鲍：哦。

王：我就唱开了，我就唱开了，不停地唱了一黑夜。

4. 崔国斌口述

我得过一场大病，100 天后就好了。

功深的不露，功浅的招摇。

奶奶顶这儿是中央。

马僮不是随便可以当，要有机缘。

我不大看书，看天书。

别小看那些穿得破破烂烂的乞丐，藏有功深厚的人，前世可能是穿袈裟的。

从小我就可以看见神仙鬼怪。

天机不可泄，但可以点破。

我能看到明天要发生的事儿。很具体。

我们这个是大教，混合了儒教、佛教和道教。

我哥哥以前反对我，现在接受了。我爸和我不一条心，20 岁让我结婚，我说我要抱香炷过一辈子。

之前要受磨难，被人当做神经病，被人看不起。

很奇妙。我不能跟你说清楚，天机不可泄。也不是说不清楚。

像泰山，以前皇帝封禅，级别越来越高。皇帝金口玉言，增加威力的。

奶奶采我的时候，感觉触电一样，一股电流从脚底一直灌到脑门。

如果我说得太多，泄天机，头上就像戴了紧箍咒一样一圈儿地疼。

功力到了，不点香，心里一想，神就可以附体了。

各路神灵都有，不限于一个。

马僮是治疗者，他们的追随者多数是病人，医院治不好的病人。师徒关系建立起来后，在神灵的授意下，师父指导徒弟在自己家里“扶起老爷”，就是说布置起神坛，供奉起神；另一项就是“跑功”，赶庙会。到某个时候，徒弟也“唱”开了，按他们的术语叫“开口”，这就意味着他自己也成为一名马僮，可以代神灵传话，病自然也就好了。马僮治疗术背后的逻辑是，首先，你这个病医院治不好，说明病因不在身体①；其次，是一个推断，病因可能是某个神灵采你，而你茫然不知；最后，据此推断开处方，供奉神。若从外部做理性分析，马僮的治疗方式属于文化疗法，即通过帮助病人构筑起萨满门的文化秩序来实现医治的效果。可以说，马僮的治疗实践是文化圆融，即萨满门嵌入现代门的一个范例，它所选择的嵌入点是现代医院治不好的病人②。

① 据说，当地有“实病”与“虚病”的概念区分，前者指感冒、肿瘤、癌症等这一类，总之可以上医院治疗的，后者指需要马僮治疗的。

② 身体治疗法内在于象征体系，治疗实践的根本动力来自人与象征体系的张力。马僮的治疗实践让我联想到另外三个发生在其他象征体系里的治疗案例。案例1：一位东巴教祭司对仪式治疗法的反思。他生活在四川西南部的一个纳西族山村。那里的人普遍信仰本土宗教——东巴教。随着现代医疗的输入，他反思本土的文化传统，对自己的治疗方式提出问题：“我们只是比比划划（做仪式），人家可是（把药）吞入肠胃里，注入肌肉、血液，我们这个恐怕成问题。”这是他跟我聊天时原话的中文翻译。在这里更有意味的是他紧接着的话：“不过，对付癫狂的病人，它乡里卫生所没法治，但用我们这一套是很有效的。”接着，他给我列举了几个案例。案例2：一位现代藏医的经验之谈。他就职于四川西南部的一所藏医院，他与我谈到他自己的治疗经验时，有这样的表述：“藏药和法事都搞，管用。”案例3：我自己的生命经验。我的牙比较特别，年纪不大就局部出现松动，甚至脱落。为了解惑，通过阅读相关书籍和去医院就诊医治，大致了解到西医和中医对此的一般化解释及其实践。按西医路数，此类状态是细菌导致的，解决办法是把细菌从牙整体中彻底清除。按中医路数，此类状态是肾虚导致的，解决办法是补肾。如果我委身西医，一方面，具体的治疗步骤将展开如下：①把松动的牙尽数拔除；②净化尚坚固的诸牙，把附着其上的异物清除干净；③填充，安装假牙替代已自动脱落的牙和被拔除的问题牙；④我的牙实现整体性、标准化、美观，令人愉悦。另一方面，①我将一次性地失去多颗牙；②我身体适应假牙将需要一段时间；③我这半真半假的牙，其整体性将持续多久？没有答案，除非以身实践。我曾经尝试着委身中医，吃补肾药。结果，一吃补肾药就流鼻血。为了解决A问题，却带来B问题。A问题能否最终解决？没有答案，除非我承受着B问题继续以身实践。

相比神鬼门香客与神灵间疏松的联系，萨满门架构下，人与神的联系，可谓紧密到极致。这种高度紧密的关联性，一方面，体现在做法时神灵附体的特点；另一方面，体现在日常生活中，即高密度的人与神互动的生活世界，譬如，在马僮的家里，设有供奉神灵的专门空间，香火不断。从外部做理性分析，我们可以大致梳理出马僮基于情景的角色担当，即什么情形下他是神灵，什么情形下他是萨满，什么情形下他是其他身份。但就其内部而言，在生活世界里，身份边界是模糊的。这种模糊性，一方面导致马僮权威的绝对化，另一方面导致马僮之间潜在的竞争迫力。

我们这一行人特多，真真假假，你记着有一点，真的假不了假的真不了，好多人都是自私的……

这是一位马僮发给我的手机短信。之前我访谈过她，她知道我在做这方面的调查，我跟她说过打算写一本关于庙会的书。她这个善意的提醒，映射出人与象征张力背后的能动性向度：象征的利用。强张力下，人的存在与象征的存在，它们是合二为一、密不可分的；相应地，弱张力下，人的存在与象征的存在，它们的结合是疏松的。所谓象征的利用，即指特定象征体系下，弱张力主体着眼于攫取强张力主体利益的象征操作。马僮短信中提到的假马僮，正是萨满门中的象征利用者。他们的象征表现，貌似活灵活现，与真马僮看起来没有什么不同；但作为弱张力主体，严格说来就是体系的外在者，攫取利益才是他们的根本动机。从这个角度看，假以时日，狐狸的尾巴总要露出来，他们总会出现兑现其动机的一刻。当然，假以时日，随着人与象征互动密度的增强，他们也可能蜕变为强张力主体，化入萨满门。

三　现代门

鲍：李老师，你在这儿这个地方长大，关于有一些比较神奇的传说有没有，灵异的，比如说什么人做坏事了就惩罚了谁？

李：这个，这个也有。

鲍：能讲几个吗？你经历过的、见过的，或者听说过的？

李：这个。你看这个，女娲，娲皇宫选这个，女娲选娲皇宫那个地方，我印象最深的。因为我是娲皇宫对面的，像这一个，每到中午，它还有时间的作用，就是到 11 点半了，那个太阳就，晴天的话，就晒到娲皇宫三阁楼那房坡上了；太阳全晒，全照着了，晒着了，那就 12 点了，就该下工了。都要看那个地方。也是个时间。

还有的，你比如说，求子，这是最多的。老奶奶她抟土造人，有的想生个闺女，有的想生个男孩，就去求女娲来保佑。你到娲皇宫看到好多娃娃（偶），那都是去求子、求孙的老人啊，去跟她求小孩。有的这个，回去就应验了，这就是必须要还愿的。

而且你像山西好多地方，说咱们明天或者后天再到东顶去看一下老奶奶吧，就是说来祭拜一下女娲吧，你就不敢不来。如果你要不来在家就要难受，哈哈哈。其实老奶奶有那么灵吗？他心里作怪。所以说，老奶奶在他心目中就这么重要。而且，到娲皇宫的地方，是不可以乱说的。你要乱说，好像你就是，对你不好吧，老奶奶要怪罪的。

而且是看远不看近，娲皇宫老奶奶看远不看近。

鲍：什么意思？

李：什么意思？就是远处来的，要照顾，就是先照顾远方来的，香客呀，崇拜者；近处的，意思就是，你们都往后靠一靠，哈哈哈。这叫看远不看近。再有个就是他们说的更带有这个传奇、迷信色彩的，那就得采访当地的老人了。因为我这个年龄，知道的还是比较少。再有，从小就，初中毕业以后上学就出去了，出外上学。

鲍：离开这个文化土壤了，是吧？

李：哈哈，出外上学，接受的就是现代文化，很古的还是老人们他们知道。

这段对话，摘录自我访谈当地人、娲皇宫文化专家李平义先生的录像。从中可以看出来，一方面，李平义对娲皇宫文化有丰富的知识性了解；另一方面，在他身上，文化的断裂似乎也显得比较醒目：他接受的是“现代文化”，不了解“更带有传奇、迷信色彩的”。

关于现代门，众说纷纭。以象征人类学立论，现代门为一种象征体系，它的核心理念是欲望无限，它的内容包括 19 世纪中晚期到 20 世纪初西方社会世俗化（Secularization）以来建立起来的所有学术科目下的论述及其实践。[1] 现代门文化理论，概括说来，可图解为两种类型，即时间模型和空间模型。前者以箭头标志的线性时间观为理论建构的基点，在人类学理论上体现为进化论、传播论等流派；后者以三维空间观为理论建构的基点，在人类学理论上体现为相对论、语境论、功能论、结构论等流派。具体到新中国的现代门文化实践，呈现为由时间模型主导向空间模型转化的轨迹。新中国革命时期，契合于新旧对立时局的现代门时间模型居主导地位，社会进化论成为革命者观念形态的主流。新中国建设时期，国家认同建构的逻辑基点由时间维度上的他者逐步转化为空间维度上的他者，对作为国家意识形态的现代门提出要求，即现代门与本土传统的圆融，这反过来使现代门空间模型的激活成为新中国建设时期具体历史的必然。

娲皇宫与现代门的遭遇回溯到20世纪40年代，是在革命者的实践进程中展开的。

石： 共产党是铲除破除封建迷信。这个娲皇宫是1945年开始拆除庙宇，捣毁神像，村村山沟的城隍庙宇、山神庙、什么河神庙，都是在这个情况下，它把老爷挖了，泥坛吧都不存在了。所以这个庙会，一直在抗日战争胜利以后，1945年日本鬼投降以后，因为像山西好多县份，这个娲皇宫地处三省交界，河南、河北、山西，所以每年来降香、朝顶的老百姓是挺多的，它还有这个习惯。它有一年在这个农历三月来好多人，来吧来了，没有泥坛了，慢慢地那就是做这个香，什么纸兑手工业根本不容许你做。他们来，啥也没有，甚至有些庙宇都拆除了，渐渐也就来的人很少，或者不来。可是，曾经是这样一个衰，衰成这个样。

鲍： 石大爷，那您也烧吧，您也去顶上烧香吗？

---

① 现代门，这个概念的构词法采用词根加后缀的形式，词根是“现代”，后缀是“门”。这个概念的拈出，结合两种视角，一为中文看他者的视角，概括西文世界以Modern概念为词根的象征演绎，譬如以Modernization，Modernism，Modernity，Post-modern，Postmodernity，Postmodernism等概念提领下的所有象征建构及其实践；另一个是中文内部反思的视角，概括中文世界以“现代”概念为词根的象征演绎，譬如以“现代化”“现代主义”“现代性”“后现代”等概念提领下的所有象征建构及其实践。

石：我不具备这个习惯。我在小时候啊，八九岁那个时候，这个，对这个抗日抗战课本，就说，上小学，开始学习阿拉伯数字，写数码，然后发给你个，没有念一年级的课本，开始就二年级的课本。“牛力大，能耕地；马力大，可以骑；牛马帮人做工作，人给牛马吃东西；马能骑，马能骑，我要骑马打日本，当一个抗日兵。”受这个教育。在小学，陆陆续续，也不经常，也有数年，两三年这个样子。后来就到了索堡，是涉县县里第五高小，那时候的高小也就是现在这个小学的后期。到那儿去了以后，跟同学们，老师带领来娲皇宫。那个庙宇的庙殿，装修的板子什么，画匠画的彩画什么，都砸坏，每人背上一捆，倒在学校里边，冬季取暖，在教室里边生火。

鲍：作为木柴烧了？

石：嗯，对了。那毁得不轻啊。当时，我家里边爸爸妈妈：“呀！你干那个活，有罪！”嘿嘿，有罪没罪，学校就是这样让师生共同去搞这个。

那个，现在的农家有好多是铁门。那个庙上子孙殿、歇马店、十方院，那都是木材，木板大门扇；抬回，好几个同学，大个的同学，几个人抬上一块，抬到五高小。老师讲课那个讲台黑板，用这个。把它刷了，把它那个门扇上面画的什么判官、什么武神吧，那都涂掉，或者木工再用那个刨子给刮，成一个平面。然后，讲台黑板，粉笔来讲课。都是那样利用了。

鲍：这样的损失也挺重啊？

石：挺重，挺重。跟到“文化大革命”什么这个时期，“破四旧、立四新”这个时候，也是，也损失。

鲍：也损失啊？

石：嗯，也有损失。不过，当时搞林场，几百名林业员都住在那地方，那个庙宇是不能拆除了。本来呢，属于涉县的县公产，拆掉以后，哪点搞建筑使用那个砖瓦使用那个木料，运到那儿了，都是这样。老陈他台村有个圣佛寺，圣佛寺那就公安局的公安人员带领这个犯人，到那里拆除。我这村里有个二凡，杨二凡，他在公安局工作呢，他带领几十名到那儿拆庙。差不多，这庙都是这种消亡。不过，就奶奶顶，就把吕祠拆除了。

从石华堂先生当地人忆当年事的叙述，可见现代门与娲皇宫本土传统曾经的冲突。革命者的文化逻辑，追求纯粹，排斥模棱两可。界定、分类、冲突，这是革命者发动社会运动的基本形式。20世纪40年代到70年代末期，娲皇宫所在的涉县，本土文化，被现代门笼统定义为“封建迷信”，遭遇“破除”的历史命运。历史沧桑，文化冲突的结果，涉县古代庙宇几乎被拆除殆尽；相比之下，娲皇宫是保留得最为完整的庙宇。这里，石华堂把娲皇宫庙宇之所以能保存下来归结为一种偶然——“几百名林业员都住在那地方，那个庙宇是不能拆除了。”不过，也有不同的看法。譬如“文化大革命”后负责娲皇宫恢复与重建的涉县文物保管所首任所长程耀峰，给我的解释是：

> 娲皇宫为什么没有拆掉呢？它有几个原因。一个，这建筑物不错，建筑很好，不错。这是一个。第二个，群众最迷信，最迷信娲皇宫，哈，相信、迷信娲皇宫。叫谁去谁也不敢去。[①]

程耀峰提到的两个原因意味深长。第一个原因涉及建筑物象征意义的还原。把附着在建筑之上的“封建迷信”意义剥离之后，它即还原为建筑物本身；拆除与否，就与现代门与“封建迷信”的冲突无关了，需要在另外的价值系统里去审视。好好的建筑物，或按程耀峰的用词，“不错”的建筑物，你去拆除它，这从常识上就说不过去。石华堂的判断也可以从这个维度找到逻辑，这建筑物不仅剥离了所谓“封建迷信”的意义，并且赋予了新的意义，变成林场林业员的住所了，当然就没有拆除的道理。第二个原因则昭示建筑物具有象征意义的强大力量，瓦解了现代门的文化冲击。这可以从涉县本地学者江耀堂的叙述里从另一个侧面得到印证。

> 这个信仰就是在“文革”时期没有打破，人们仅仅只是说，在外表上，不到娲皇宫去了，但是在家里边还照常做这些事，这些传统的东

① 摘录自我访谈程耀峰的音像。

西照样做，只是不让别人发现就行了。①

象征世界的事实是，你与你所信仰的象征，彼此的张力可能多强，他与他所信仰的象征，彼此的张力就有可能多强。具体到这场文化冲突，革命者与现代门，是嵌入的、近代史的关系，而香客与神鬼门，是本土的、风俗的关系；硝烟散去，延展于他们未来的，别无他途，只有一条路，那就是圆融。当然，圆融之路并非坦途，理解文化上他者的努力挑战的是习惯、理所当然，乃至无知无觉的下意识，它是抽身洁净纵入沼泽的勇敢一跃，也是实现人与象征的张力“转”我到我“转”人与象征的张力曼妙转换必经的过场。②

“文物”概念是现代门嵌入传统的圆融结点之一。③ 1961 年，国务院公布第一批全国重点文物保护单位。摘录部分公布文本如下。

国务院同意文化部提出的第一批全国重点文物保护单位（共计一八零处）的名单，现予公布。文化部应当继续在省（自治区、直辖市）级文物保护单位中选择具有重大历史、艺术、科学价值的，分批报国务院核定公布，并协同有关的地方和部门加强保护管理工作。各省、自治区、直辖市人民委员会应当根据“文物保护管理暂行条例”的规定，在短期内组织有关部门对本地区内的全国重点文物保护单位划出保护范围，作出标志说明，并逐步建立科学纪录档案，同时还应当督促有关的县、市人民委员会做好所辖境内全国重点文物保护单位的保

① 摘录自我访谈江耀堂的音像。

② 这里借用佛门禅宗《六祖坛经》所载“六祖与法达说《法华经》”典故里的“转”字，描写“人与象征的张力”与“我”的关系。当然，这里涉及的是象征论的一般原理，“转”字出自佛门，但就“人与象征的张力”与“我”之间的主客转换而言，佛门相关经验只是一个具体领域。

③ “文物”这个现代门与中国传统的文化圆融结点，在国家文化管理层面，它的前身是“古物”。譬如，在法治建设方面，1916 年北京政府颁布的《保存古物暂行办法》，1930 年南京政府颁布的《古物保存法》，使用的都是“古物”这个词。可参考鲜乔蓥《民国初期的文物保护政策与措施》，载《西华大学学报（哲学社会科学版）》2008 年 4 月号，第 27 卷第 2 期，第 46～49 页；《中国文物法制化管理的开端——简析南京国民政府的〈古物保存法〉》，载《中华文化论坛》2010 年第 2 期，第 35～39 页。郑滨：《1860～2009 中国文物保护历程研究》，山东大学硕士学位论文，2010。

护管理工作。①

这里，文物的价值落脚于历史、艺术和科学这三门学科，是一个现代门内部的定义。娲皇宫未列入这个名单，但作为“文物保护单位”这项国家事业推动的结果，娲皇宫在新中国成立初即纳入地方政府的归口管理。据程耀峰回忆，“文化大革命”期间，当时他就职涉县文化馆任副馆长，曾经有娲皇宫附近的老人找过他反映庙宇破败的情况，因为那时候文物归文化馆管理。②

1978年，从中央到省，到市县，自上而下，全国范围内恢复开展文物保护工作，涉县成立县文物保管所，娲皇宫纳入文物保管所的管理③。程耀峰是在这样的文化圆融背景下，开启娲皇宫的恢复与重建工作的。此后，神鬼门和萨满门的表现在娲皇宫呈现为由模糊渐次清晰的轨迹。

鲍：程老，咱们谈到您当时修娲皇宫，恢复娲皇宫的古建筑，可是，您说，想到有几种可能，一种可能是被他们打成封建迷信的复辟狂，这个您能解释一下吗？

程：你看，那个时候不是“文化大革命”刚结束，也还没有完全结束了呢。那时候，这个，我给你举一个例子。你看，这个，有个叫石聚荣，他原在林场，原来娲皇宫广生宫那个院是个林场，搞林业的。他在那儿，群众在“文革”期间，七几年的时候，群众有的，有的妇女来了，去那儿烧香，偷偷地烧香，坐夜，偷偷地坐夜，烧香也不多。他去那儿以后，曾经把那个，那儿成立了一个大队，大队那个支书就把他抓起来了。为什么抓他呢？他给这些坐夜的妇女们来了，反正有几个，不太多，烧点水喝，弄点啥。说他，支持封建迷信的，把他就抓到公安局了，抓起来过。

---

① 参见中国国家文物局网页 http：//www. sach. gov. cn/tabid/96/InfoID/16/frtid/96/Default. aspx。名单包括以下六类：1. 革命遗址及革命纪念建筑物（共33处），2. 石窟寺（共14处），3. 古建筑及历史纪念建筑物（共77处），4. 石刻及其他（共11处），5. 古遗址（共26处），6. 古墓葬（共19处）。

② “文化大革命”期间娲皇宫管理与使用的情况大约是这样的：现今娲皇宫的古建筑中，山顶的娲皇阁、梳妆楼、钟鼓楼等，以及山脚的停骖宫和朝元宫归县文化馆管理，山脚的广生宫则归林场使用。

③ 参见我访谈王凤堂的音像资料。王凤堂时任涉县文物旅游局干部。

鲍：把看林场那个人抓起来？

程：林场的。林场那儿成立了个、凑了一个，也是个队，这儿叫林场。把那个人，把那个负责人就抓起来了。那个人是心好啊，想，老人们在这儿，是吧，给她们烧点水喝，弄点什么招待一下。说他是搞封建迷信。所以，根据这个，我就定了个“狂”，我比他更，加了个狂字，哈哈。

鲍：您的支持力度就更大了。

程：对，对。当时，我有个原则。我怕他们再抓我辫子，他们来抓辫子，怎么办？我就内部啊，给职工们讲过，那时候还没几个人。“我们谁也不能去烧香磕头，谁都不准。为啥不准呢？你们家里来了，家里父母来了，可以，他们烧香，你们不能陪着去，你们不能磕头。”嘿嘿，为啥呢？怕抓辫子。

鲍：就怕被别人抓辫子。

程：对，那时候正在那个时候，说这个封建迷信还厉害。所以，那是在，刚开始，不要他们去。可是，咱家里要磕头呢，再一个，咱家人来了，这个咱有理由，群众，这个咱有理由。为什么有理由呢？我有宣传的义务，没有限制人的权力。一个是人身自由，这是一个。另外一个，群众思想落后，落后不犯法，对吧？落后不犯法。就是这个，咱们亲自做，他们就要抓辫子。所以，开始就是，凡在娲皇宫，服务员、临时工们都是，一个都不去，烧香磕头，都没参与。他家里父母来了，进去照顾可以，咱不能陪他去。我跟职工们就提了这个。防止别人抓辫子。①

娲皇宫被定义为文物，这就意味着，建筑物是不能“破除”了，在这个向度上现代门与民间传统达成了一致。但显而易见，“文物”不等于香客心中的“朝圣地”，潜在的价值冲突还在，且不说“文化大革命”运动中文化冲突的惊涛骇浪，在“文化大革命”结束后的中国，文化圆融也注定是一个或风云激荡或暗流涌动的实践进程。

除“文物”这个文化圆融结点，自20世纪70年代末以来，国家启动

① 摘录自我访谈程耀峰的音像。

的圆融现代门与中国传统的结点还有“文化之乡”“旅游景区”“非物质文化遗产”等概念发明。具体到娲皇宫，它被赋予“中国女娲文化之乡”“国家AAAA级旅游景区”“国家级非物质文化遗产”等现代门的价值定义。审视这段圆融历程，从当年程耀峰担忧被定义为“封建迷信复辟狂”，以及他在恢复与重建过程中与他所谓的“极左思想”的冲突，到“女娲祭典”列入国家级非物质文化遗产名录①、“公祭女娲大典”成为地方政府一年一度的常规公务②，体现出现代门空间模型与神鬼门在这方空间逐步伸展，文化圆融渐次深化的变化轨迹。这个圆融轨迹将在后文中专节详述，这里先一笔带过。

四　儒门、佛门、道门

儒佛道，这三个象征体系，源头不一，儒门宗孔子，佛门宗释迦牟尼，道门宗老子；系统支点不一样，譬如儒门重德，佛门重永恒，道门重阴阳，如此等等。在漫长的历史长河里，这三个门发生过冲突，但总体的趋势是走向圆融，构成前“现代”文本化中国的基本格局③。作为社会功能的圆融结点，儒佛道三门被认为是互补的，见诸古人言说。譬如，唐代宗密所谓“孔老释皆是至圣，随时应物，设教殊途，内外相资，共利群庶”④。北宋宰相张商英所谓“儒疗皮，道疗血脉，佛疗骨髓”⑤。南宋皇帝宋孝宗所谓“以佛治心，以老治身，以儒治世”⑥。元代王旭所谓“夫圣人行道于一身而法于天下，其心莫不欲斯人之归善去恶，以得天下之安而已矣。三家之教虽

① 参见《中国非物质文化遗产网》国家名录，“女娲祭典”条，http：//www. ihchina. cn/inc/guojiaminglunry. jsp？gjml_ id＝486。

② 参见《新华网》河北频道、“涉县公祭女娲大典”直播：http：//www. he. xinhuanet. com/zhibo/nvwa/wenzi. htm。

③ 参见牟钟鉴等《中国宗教通史》，北京：中国社会科学出版社，2007。唐大潮：《明清之际道教“三教合一”思想论》，北京：宗教文化出版社，2000。

④ 宗密：《原人论》，见《大正藏》第45卷。转引自唐大潮《明清之际道教“三教合一”思想论》，北京：宗教文化出版社，2000，第120页。

⑤ 张商英：《护法论》，转引自唐大潮《明清之际道教“三教合一”思想论》，北京：宗教文化出版社，2000，第118页。

⑥ 宋孝宗：《释氏稽古略》，见《大藏经》第49卷。转引自唐大潮《明清之际道教“三教合一”思想论》，北京：宗教文化出版社，2000，第117页。

有不同，然而欲人之归善去恶，度其心岂有异哉”[1]，如此等等。作为理论的圆融结点，古人发明勾连儒佛道三门的概念，见诸言说。譬如，明代王阳明的“心学”，发明“良知”本体，并将儒佛道三门系于之，视儒门、佛门与道门为圣人“良知”的阐发，所谓“道，一而已。仁者见仁，智者见智，释氏之所以为释，老氏之所以为老，百姓日用而不知，皆是道也”[2]。明代“三一教”教主林兆恩所谓“心一，道一，而教则有三”[3]。明代道教丹法东派创始人陆西星所谓“至人无始以来一点灵光，是谓本来面目，吾人之实相也，仙、佛、圣、凡同具同证。一自落于形质之中，此段灵光埋没沉沦，胸挂轮纲，入诸异趣，永劫无期。所以至人导之以修养，于是始有二氏之学”[4]，如此等等。

据娲皇宫的古代象征遗迹，以及当地人的口述回忆，儒佛道三门的人士都曾经在这个空间活动。

娲皇宫最古老的象征遗迹是摩崖刻经及石窟，属于佛门。与此遗迹相关的年代象征跨南北朝（420～589）、隋（581～618）、唐（618～907）三个历史时期，时间跨度大约400余年[5]。刻经面积165平方米，刻经文137400字[6]。美术学者王学仲称其为“天下第一壁经”，并以“四经文”“三写手”“三书风”概括其内容。四经文指刻经涉及四种经卷内容：《佛说思益梵天问卷经》《十地经》《深密解脱经》和《妙法莲花经》。“三写手”指刻经出自三个写经手。“三书体”指刻经书法上的特征，可分为三种书体：瘦硬方正体、宽博伟岸体和圆和融通体[7]。除了刻经，两石窟里面及其入口两侧有

---

① 王旭：《兰轩集·三教堂记》，见《文渊阁四库全书》卷1202。转引自唐大潮《明清之际道教“三教合一”思想论》，北京：宗教文化出版社，2000，第119页。

② 黄宗羲：《明儒门案·姚江学案》。转引自唐大潮《明清之际道教“三教合一”思想论》，北京：宗教文化出版社，2000，第145页。

③ 林兆恩：《林子三教正宗通论》册25。转引自唐大潮《明清之际道教“三教合一”思想论》，北京：宗教文化出版社，2000，第149页。

④ 陆西星：《玄珠录》，见《正统道藏》第39册。转引自唐大潮《明清之际道教“三教合一”思想论》，北京：宗教文化出版社，2000，第35页。

⑤ 参见马乃廷《涉县娲皇宫摩崖刻经是北魏产物》，载《邯郸日报》2008年9月13日。马乃廷：《涉县娲皇宫历史沿革考》，载马乃廷编著《涉县史志纵横》，北京：方志出版社，2004，第130～134页。

⑥ 参见马忠理等《涉县中皇山北齐佛教摩崖刻经调查》，载《文物》1995年第5期。

⑦ 参见王学仲《天下第一壁经考：娲皇宫石刻》，载涉县文物旅游局编《女娲文化与摩崖刻经学术报告会论文集》（内部资料），2005，第82～84页。

石刻造像数尊。这些石像头部，人为损毁痕迹明显。从形体姿势和莲花座装饰判断，造像之初它们出自佛门意趣。

娲皇宫刻经和石窟的意义何在？谁的作为？所为为何？为何在此？这些问题都难得到确切回答。因为年代久远，并且佛门象征在娲皇宫出现断裂，除摩崖刻经和石窟外，佛门遗存甚少。

据涉县本地史学者马乃廷的研究，有两条探索此象征遗迹的意义的线索。

直接线索有一条：娲皇宫摩崖刻经最南边一块版面右侧，和版面相交成90°角的北墙下方有一题记。题记原文如下。

夫真容至理，言相俱纪。四□众生，沉迷未悟。会稽形教，方念菩提。是以佛弟子刘陵县令王崇孝，敬奉无量（寿?）（佛?）并观世音、大势至二菩萨若上。皇帝□□皇太子□王以（商?），臣僚百□，当家眷□下及太共（襄?）此□，俱升□□。

这段题记共86字，虽因1500多年日晒雨淋磨蚀不清，不能完整读下来，但就能够认清的字，连续上下文，还能领会其大概意思。即佛像真容和佛经的真理都在，但四天众生沉迷不悟，不去朝拜不去诵经，非等到有了什么事或苦难，才拜佛念经。所以，佛弟子刘陵县令王崇孝，敬奉无量寿佛（阿弥陀佛）和观世音、大势至二菩萨就像敬奉皇帝一样。在这里主持造佛像，刻佛经，宣传佛教。这项浩大工程得到皇帝、皇太子和文武百官及其眷属的大力支持和襄助。①

间接线索有一条：娲皇宫东南四十里许涉县固新镇林旺村有一处佛门遗存——响堂石窟。据石窟洞口西侧依崖凿出的记事碑文，此窟始凿于北齐（550～577），是“前临水县正、齐州杨王府护曹参军”李子良为皇帝陛下、七世父母、现存家眷向佛祈福刊营。可惜，“庄严未就而齐亡”。隋开皇七年（587）后人续建而竣。洞口东边，利用两块自然石面刻有文字。一块较大，记录开凿石窟的主持人、捐资造像人的姓名，一般老百姓捐雕小佛像冠以“邑子”；佛、菩萨、罗汉捐雕者则是当时临水县及其上级的大小官员，

① 马乃廷：《涉县娲皇宫摩崖刻经是北魏产物》，载《邯郸日报》2008年9月13日。

都冠有官衔。另一块，在右上方，刻有明万历四十二年林旺村民刘进廒独资重修的情况①。

结合上述两条线索，可以推断娲皇宫刻经和石窟的意义如下：首先，这项工程的目的是向佛祈福；其次，工程的主持人是地方官；最后，它是公众捐资建造的，捐资人包括皇家、官员和百姓。

至于工程选址问题，即为什么选这个地点来实施这项工程，没有发现直接的证据。鉴于儒门、道门及现代门嵌入神鬼门的方式，它们同出一辙，即以介入娲皇宫建筑工程的方式嵌入神鬼门。以此推论，在当时这个地方或是神鬼门的朝圣地，出于文化圆融的用意，主事者特选这里作为这项佛门工程的地址，以便佛门嵌入神鬼门。此外，这项工程的主旨“向佛祈福”是深度神鬼门化的观念，与南北朝时期名僧鸠摩罗什阐述的大小乘佛学之“空”均不共一格，即鸠摩罗什《大乘大义章》所谓“有二种论，一者大乘论，

---

① 参见马乃廷《探访林旺村响堂石窟破解涉县历史千古之谜》，载马乃廷编著《涉县史志纵横》，北京：方志出版社，2004，第 148 ~ 150 页。参见申欢欢点校碑文：□□□□□迹，非色非形，秘理幽玄，无言无说，暨于秦风胡俗，天人道士，识异浅深，据分利钝。故三十七品开等级之门，十二部经辟有空之道，然世迷三毒，俗染六尘，既生灭于四轮，众生来于五或，就令抱扑养生之术，淮南鸿宝之论，会遂时迁，终随□□。□如童子献土，长者布全，凭一念以达无生，积半善而登彼岸，游萨婆若海，坐□□□林，永事无为，长居自在。然齐州杨王府户曹参军、前临水县正李子良禀气川□，□宗世雄，龙门之风，冠冕相仍，文武不坠，神彩天纵，风骨自然，类孔融而不群，似□□而卓尔，早怀大志，少负高才，耻游卿相之门，倦随州郡之职。但风尘变俗，霜露□□，看名利如泡浮，顾形骸如电影，于是逍遥风月，放旷琴书，不争朝市之心，自得□□之趣。归依正觉，回向菩提，遂竭资余，上为皇帝陛下、七世父母、见存眷属，法□□□，刊营石窟，庄严未就，便值齐亡。玄教陵迟，屡移岁序，然□大隋，率云鸟之职，□□龙之书，父母天地，兄姊日月，哀百姓以君临，救群生而作主，遂使遍垂甘露，□□□云。以开皇七年，岁在鹑首，律应蕤宾，日维丁未，但以幸奉愿力，蒙助善因，尚□□□，仍余旧所。于是磬子孙之业，尽身外之资，爰命匠人，就不满□。然轮法师，本□□后归释种，乃是道教指南，法门水镜，为求八字，誓果一乘，来救群迷，助营此□，□□玉门琼室，珠阙银宫，未可共日而论，岂得同年相拟？然处惟沃壤，地居形胜，苞含日月，控带山川，杏梁危构，斜负烟霞之色，瑶刹于空，俯临云鸟之路，漳河德水前后分流，石鼓龙门东西交峙，鸳鸯水外草长忘忧，芙蓉山下花开长乐，遂使翻飞蠕动，各安飞走之心，哈灵有识，俱免饥寒之累，实十方之妙土，乃三界之名区，远致高僧，近成法集，恐山颓川涸，地绝天倾，勒石传芳，昭诸来代。铭曰：玄源罕测，至理难穷，无常无我，非色非空，世随火劫，俗遂轮风，唯应净土，能脱樊笼。黄帝之后，将军之裔，价重连城，名高当世，意气孤倩，文华独丽，为静嚣尘，来寻真谛。余基尚在，旧迹犹存，台临日足，刹犯云根，尘清石路，风韵松门，遥同丘岭，悬类庵园，导师济苦，医王救疾，尚有名言，仍留圣质，遍垂法雨，高悬慧日，碑石长存，天壤相毕。参见申欢欢《河北涉县响堂石窟隋代石刻碑记补释》，载《邢台学院学报》2008 年 12 月第 23 卷第 24 期。

说二种空，众生空、法空；二者小乘论，说众生空”[①]。由此可见，把“佛”嵌入“祈福”的逻辑是佛门与神鬼门之间在理念层面的一个圆融结点，呼应于它们在实践层面的圆融结点——建造摩崖刻经及石窟。

唐以后一直到明万历三十七年（1609），如果从唐朝灭亡的公元907年算起，这个跨越702年的时间段，一片空白，娲皇宫没有发现任何可供断代的象征遗存。种地的应该还在种地，朝圣的应该还在朝圣，马僮应该还活跃在香客中，但文字中国在这方空间似乎销声匿迹了。个中原委，难得追溯。

娲皇宫儒门与道门的象征遗迹，包括碑刻、建筑和过来人的记忆，年代最远可追溯到万历三十七年（1609）[②]，一直连绵至中华民国二十一年（1932），时间跨度长达300余年。古碑文共计53篇，以记录建筑工程始末的碑文为主[③]。综观碑文，儒门、道门与神鬼门的圆融历程自明朝晚期一直延续至民国初期，并以建筑工程为其在社会实践层面的圆融结点。第一，工程参与者来自儒门、道门和神鬼门。第二，工程参与者分工有比较固定的格式。工程授权与碑文撰写多出自儒门，工程的组织管理多出自道门和地方精英。其中，儒门参与者涉及邑候、知县、教谕、典史、典吏、文林郎、同进士出身、进士出身、贡生、附贡、拔贡、列贡、孝廉方正、庠生、生员、儒门训导、增生、监生、廪生、公差快手、教论、城守卫、少尉、例贡生、候选儒门正堂、举人、武生等身份。道门参与者涉及住持焚修道士、焚修住持道士、上同师、发愿住持道人、住持道人、住持道长、道会司、庙祝道会司、维那住持、住持、（某某道人）徒、（某某道人）门徒、（某某道人）孙、（某某道人）徒孙等身份。参与工程组织管理的地方精英，因时代不同有不同的名号，诸如公直老人、公直、维首、揔维首、司事、会首等。其构成分三类：一类是长老，冠耆老、耆宾的头衔，一类是冠儒门头衔的，再一类是没有头衔的。第三，工程捐资人包括儒士、道士和香客。

儒门介入娲皇宫的建筑工程，大体分两步：第一步，以朝圣地神圣为圆

① 鸠摩罗什（344～413），祖籍天竺，生于龟兹，7岁出家，曾在凉州滞留16年，研习中国语言文化，后秦弘始三年（401），入长安，为国师，译经著说。鸠摩罗什被誉为中国佛教史上四大译师（鸠摩罗什、真谛、玄奘、不空）之一。参见牟钟鉴等《中国宗教通史》，北京：中国社会科学出版社，2007，第299～301页。

② 参见古碑碑文《新建娲皇庙碑记》，此碑镶于娲皇阁石阶一侧墙体。

③ 其中，娲皇顶22篇、停骖宫8篇、广生宫11篇、朝元宫6篇、吕仙祠2篇、碑亭（娲皇顶盘道入口南侧）4篇。

融结点，把女娲嵌入神鬼门；换言之，把香客的朝圣对象定义或认同为女娲。第二步，通过筛选、引用并阐释与女娲相关的古代文献，说明工程的意义。这后一步，涉及四个维度。首先，神话的理性化，即女娲由古籍里的神转变为人。其次，儒门功德观在神鬼门脉络里的延伸，所谓“有功德于民则祀之”①。再次，香客庙会实践的逻辑探寻，即提出这样的问题：香客竭诚进香这一象征事实背后的依据是什么？最后，从社会治理的角度阐发儒门圆融神鬼门的意义，所谓“神道设教又以佐礼乐，则被之所不及者”②“盖尊神即所以庇民，原属司牧者分内之事，初非有二也。”③

在古代汉语文献里，女娲是一个神话人物，有比较丰富的象征积淀。据顾颉刚《三皇考》，摘录相关文献如下。

《天问》：女娲有体，孰制匠之。

《天问》王逸注：传言女娲人头蛇身，一日七十化，其体如此，谁能制匠而图之。

许慎《说文》：“娲”，古之神圣女，化万物者也。

《世本·作篇》：女娲作笙簧。

《礼记·明堂位》：女娲氏之笙簧。

应劭《风俗通义》（载《太平御览》卷七十八）：俗说天地开辟，未有人民。女娲抟黄土作人，剧务力不暇供，乃引绳于泥中，举以为人。故富贵者，黄土人；贫贱凡庸者，绳人也。

《淮南子·览冥训》：往古之时，四极废，九州裂，天不兼覆，地不周载，火爁炎而不灭，水浩洋而不息，猛兽食颛民，鸷鸟攫老弱，于是女娲炼五色石以补苍天，断鳌足以立四极，杀黑龙以济冀州，积芦灰以止淫水。苍天补，四极正，淫水涸，冀州平。狡虫死，颛民生。背方州，抱圆天。和春，阳夏，杀秋，约冬。枕方寝绳，阴阳之所壅沈不通者窍理之，逆气戾物伤民厚积者绝止之。当此之时，卧倨倨，兴眄眄，一自以为马，一自以为牛，其行蹎蹎，其视瞑瞑，侗然皆得其和，莫知

---

① 参见古碑碑文《重修造像碑记》，此碑立于登娲皇阁盘道入口一侧山坡。

② 参见古碑碑文《重修娲皇圣母庙碑记》，此碑镶于娲皇阁石阶一侧墙体。

③ 参见古碑碑文《重修娲皇圣顶碑记》，此碑镶于娲皇阁石阶一侧墙体。

所由生，浮游不知所求，魍魉不知所往。当此之时，禽兽蝮蛇无不匿其爪牙，藏其螫毒，无有攫噬之心。考其功烈，上际九天，下契黄垆，名声被后世，光辉重万物。

《绎史》卷三引《风俗通》：女娲祷祠神祈而为女媒，因置昏姻。

《山海经·大荒西经》：有神十人，名曰女娲之肠，化为神，处栗广大野。

王充《论衡·顺鼓篇》：传又言共工与颛顼争为天子，不胜，怒而触不周之山，使天柱折，地维绝。女娲消炼五色石以补苍天，断鳌之足以立四极。

《吕氏春秋》高诱注：三皇，伏羲、神农、女娲也。

郦道元《水经注·渭水篇》：庖牺之后，有帝女娲焉，与神农为三皇矣。

司马贞《补三皇本纪》：……特举女娲……而充三皇。当其末年也，诸侯有共工氏任智刑以强，霸而不王，以水乘木，乃与祝融战，不胜而怒，乃头触不周山崩，天柱折，地维缺，女娲乃炼五色石以补天，断鳌之足以立四极，聚芦灰以止滔水，以济冀州；于是地平天成，不改旧物。

王符《潜夫论·五德志》：世传三皇、五帝，多以伏羲、神农为二皇；其一者或曰燧人，或曰祝融，或曰女娲。其是与非，未可知也。[①]

把娲皇宫碑文与古文献文本做一个对勘比较，女娲的人化是娲皇宫文本突出的特征之一。[②] 首先，彰显神性的“女娲抟土造人”神话在娲皇宫53篇碑文里几乎见不到踪影。[③] 其次，娲皇宫文本彰显女娲的人文功绩，譬如发明婚姻制度，发明笙簧乐器，治理洪水，等等。最后，娲皇宫文本出现对

① 参见顾颉刚《三皇考》，载《古史辩自序》，石家庄：河北教育出版社，2003，第219～230、245～247页。

② 神话的合理化是儒门圆融神鬼门的结点之一，女娲神话的合理化并非孤例，如钱钟书先生所谓“苦心疏释，曲意弥缝，牛鬼蛇神，强加以理，化奇异而为平常，‘一而足’（释‘夔一足’）、‘头为数’（释‘人皇九头’），即其显例。”参见钱钟书《管椎编》（三），北京：三联书店，2008，第1607、1608页。

③ 唯一的例外是光绪十六年（1890）《重修朝元宫碑记》里点到一句：“抟土称能，何人不被其恩泽。”

“补天”概念的理性化诠释，即把女娲定位为一位文化功绩突出、完善了自然造化的古代伟人，所谓“洪荒初启，娲皇于其时正婚姻、止滔水、殄共工，制作不下厘然其举，天地文明之运自此而开，谓之补天，谁曰不宜!”[①]“史传娲皇炼石补天，非天真有缺而补之，当洪荒初启，制度多缺，娲皇以圆满之，以为世界补其缺陷。”[②]

功德观在神鬼门里的延伸。《礼记·王制》所谓“（诸侯）功德于民，（君）加地进律”。在儒门语境里，功德大约即功绩、贡献的意思。按娲皇宫碑文，女娲的功德，诸如“继盘古而经天”[③]“正婚姻”[④]“诛共工”[⑤]“抑洪水”[⑥]“炼石补天”[⑦]“制笙簧弦瑟”[⑧]等，“是开辟之后又一开辟也”[⑨]“天地文明之运自此而开”[⑩]。“有功德于民则祀之，娲皇之为固应庙食万世。”[⑪]就是说，按女娲的功德，她理当永远地受到奉祀。并且，女娲的功德惠及面广，人心思报，奉祀女娲的人理当众多，所谓“盖圣人有无极之功，后世当有不已之报。圣人功无不在，即圣人之灵无不昭，而后世之报之者固不问其何人与何地也，如我涉娲皇之祀”[⑫]。这引文最后一句“如我涉娲皇之祀”很关键，是娲皇宫神鬼门与儒门的圆融结点。

儒士对香客庙会实践的逻辑探寻。今存落款最古的明万历三十七年(1609)《新建娲皇庙碑》称，“涉西北唐王山，顶有祠焉，其来无□，每岁三月，阖境男女，并秦、赵、韩、卫之远，罔不竭诚进香，如孝子□慕慈亲”。清顺治十六年（1659）《重修娲皇圣母庙碑记》称，“访之故老，曰：庙建其来远矣，每岁春三月一日至十八日，各省男女大会”。清康熙二十九年(1690)《重修造像碑记》称，“邑西二十里许有神庙焉，创建之故世远难稽”。

---

① 参见古碑碑文《重修造像碑记》，此碑镶于娲皇阁石阶一侧墙体。

② 参见古碑碑文《重修停骖宫碑记》，此碑立于停骖宫正殿前一侧。

③ 参见古碑碑文《重修娲皇殿序》，此碑镶于娲皇阁石阶一侧墙体。

④ 参见古碑碑文《新建娲皇庙碑》，此碑镶于娲皇阁石阶一侧墙体。

⑤ 参见古碑碑文《新建娲皇庙碑》，此碑镶于娲皇阁石阶一侧墙体。

⑥ 参见古碑碑文《新建娲皇庙碑》，此碑镶于娲皇阁石阶一侧墙体。

⑦ 参见古碑碑文《新建娲皇庙碑》，此碑镶于娲皇阁石阶一侧墙体。

⑧ 参见古碑碑文《新建娲皇庙碑》，此碑镶于娲皇阁石阶一侧墙体。

⑨ 参见古碑碑文《新建娲皇庙碑》，此碑镶于娲皇阁石阶一侧墙体。

⑩ 参见古碑碑文《重修造像碑记》，此碑镶于娲皇阁石阶一侧墙体。

⑪ 参见古碑碑文《重修造像碑记》，此碑镶于娲皇阁石阶一侧墙体。

⑫ 参见古碑碑文《重修娲皇庙碑记》，此碑镶于娲皇阁石阶一侧墙体。

如此等等。连续的历朝历代碑文显示，出自儒门的碑文作者接触娲皇宫时，他们面对的是如下地方性象征事实：第一，涉县西郊唐王山顶有祠庙；第二，该庙有一年一度的香客进香之会；第三，该庙会由来久远，具体的由来则难得追溯；第四，香客的来源不限于本地，还包括来自战国时期秦、赵、韩、卫等诸侯国地域的香客；第五，香客表现出虔诚进香的样子。这些事实如何嵌入儒门脉络？这是每一位碑文作者都必须做出回答的问题，并且对先驱者更是一种挑战，因为他没有前例可循。这里我们不妨把今存最古的一篇碑文《新建娲皇庙碑》权做儒士解决这个挑战的典范文本，做一番分析。①

余观古圣贤赞□神之德，曰：使天下之人齐明盛服以承祭祀，大凡三皇五帝，圣后神媒，精□之结，与天为昭。史载女娲氏佐太昊以正婚姻，诛共工以抑洪水。又云：能炼石补天，□中皇之坡制笙簧弦瑟，是开辟之后又一开辟也。不惟是且也，水旱灾荒，生育□物，祷马辙应，其德泽灵□盖与天无极矣，所以使人畏□奉□也。愈远而迩至矣。涉西北唐王山，顶有祠焉，其来无□。每岁三月，阖境男女，并秦、赵、韩、卫之远，罔不竭诚进香，如孝子□慕慈亲。是必有所以大感人心者在也。万历三十六年（1608），岁在戊申，正月八日，偶被火灾，寸屋片瓦俱成灰烬。时邑侯潘□目击其事，恻然不忍于心，随命管工官王世昆、刘朝阳公真□氏郭□□张进学□□□赵崇美、主持道人鸠工，后兴土木复倚石龛建殿一座。未竣而潘公擢淮藩矣。幸邑侯张公甫下车辄咨境内兴废，一闻兹举，即与潘公有同心焉。遂续前之绩而愈增其规制，丽以丹青，曾纤悉未备也者第见□桷巍峨，□□□□。视前焚殿又明豁开朗，焕然改制。其功盖有若或成之者也，以故远迩快心，咸相嘉曰：是足□□圣灵□□向秘我□□□念于始，张公毕虑于终，有是哉。是为记。

文林郎知涉县事隶□□□。文林郎知涉县事知县山东□□□。

公差快手张正禄、赵文明、李应□。募缘人陈一枝、李万良。扶碑石匠魏从善。催工皂□王绍、田孟通、李更。石匠赵惟春、李活、李宗亮。

---

① 我行文的主旨是阐发文化圆融的机理。这里的儒门嵌入神鬼门当不是孤立的事件，其历史脉络的阐发留待史家去做。这个象征点有一条相关的史料线索，即天一阁藏明嘉靖抄本《涉县志》祠堂、寺观、古迹等目录下，并不见与女娲相关的记载。参见马乃廷编著《涉县史志纵横》，北京：方志出版社，2004，第38～41页。

住持焚修道士徐真介。

万历三十七年（1609），岁次己酉，孟冬吉日。

这块碑镶在娲皇顶梳妆楼石阶一侧由条石垒砌的墙体里。碑文残缺，查可以识读的，抄录如是。这块碑碑文的起首两个字有特点，“新建”两个字叠刻在“重修”两字之上。“重修”两字被磨去一层，上面加刻“新建”两字，叠刻的痕迹明显。勘合碑文内容，这样的处理方式合乎这项工程既有重修又有新建的事实，即重修火灾焚毁的祠，另外在石龛之上创建了一座新殿。祠的位置文中没有提及。如果当年山顶的自然地理情况跟今天一样，祠应该就在天然石窟里面，即这里说的石龛里面，今天娲皇顶拜殿（大石窑）里面。

这项工程经两任涉县知县主持，一个姓潘，一个姓张，碑文落款首先列的就是他俩的官衔、籍贯和姓名。① 这项工程，有县府的公差参与其中，有专门负责募集资金的募缘人，有负责立碑的石匠、负责施工的催工、负责工程石工的石匠，他们的身份和姓名也被一一列入落款。落款中压轴工程参与者名录的是参与工程的道士的身份和名号，即住持焚修道士徐真介。整篇碑文以立碑年日收尾。

根据叙述的内容，碑文正文可以按其次序分解作几个部分。

1. 余观古圣贤赞□神之德，曰：使天下之人齐明盛服以承祭祀，大凡三皇五帝，圣后神媒，精□之结，与天为昭。史载女娲氏佐太昊以正婚姻，诛共工以抑洪水。又云：能炼石补天，□中皇之坡制笙簧弦瑟，是开辟之后又一开辟也。不惟是且也，水旱灾荒，生育□物，祷马辙应，其德泽灵□盖与天无极矣，所以使人畏□奉□也。

2. 愈远而迩至矣。

3. 涉西北唐王山，顶有祠焉，其来无□。每岁三月，阖境男女，并秦、赵、韩、卫之远，罔不竭诚进香，如孝子□慕慈亲。是必有所以大感人心者在也。

4. 万历三十六年（1608），岁在戊申，正月八日，偶被火灾，寸屋

① 勘合嘉庆《涉县志》，这两个知县分别为，潘櫆，河间县人；张学韩，山东曹州人。参见嘉庆《涉县志》（影印本）卷四。

片瓦俱成灰烬。

5. 时邑侯潘□目击其事，恻然不忍于心，随命管工官王世昆、刘朝阳公真□氏郭□□张进学□□□赵崇美、主持道人鸠工，后兴土木复倚石龛建殿一座。未竣而潘公擢淮藩矣。幸邑侯张公甫下车辄咨境内兴废，一闻兹举，即与潘公有同心焉。遂续前之绩而愈增其规制，丽以丹青，曾纤悉未备也者第见□桷巍峨，□□□□。视前焚殿又明豁开朗，焕然改制。

6. 其功盖有若或成之者也，以故远迩快心，咸相嘉曰：是足□□圣灵□□向秘我□□□念于始，张公毕虑于终，有是哉。

7. 是为记。

第 1 部分，引用历史文献，说三件事：其一，确认万民祭祀的神圣主体，他们都是谁；其二，列数女娲的功绩；其三，赞女娲的灵验。第 3 部分，说唐王山庙会盛况，并提出作者对支撑香客实践的理由的推测："是必有所以大感人心者在也。"第 4 部分，说火灾事件。第 5 部分，说这个重修加创建工程的过程。第 6 部分，说工程圆满完成的原因，一在圣灵，二在人功。第 7 部分，结语。先把第 2 部分放一边，对其余六个部分做个综合分析，可以将其归纳为三个章节：第 1 部分为一章，第 3、4、5、6 部分为一章，第 7 部分为一章。第一章说女娲，第二章说唐王山工程，第三章为结语。第三章只一句话"是为记"，是这篇碑记的结语，翻译成白话文，意思是：前面的文字是碑记正文。令人费解的是第一章与第二章之间的联系，它们各自独立，缺乏关联。若说这两个章节有什么联系，就是第 2 部分这句话"愈远而迩至矣"，翻译为白话文是"远方的（香客）都来这儿了"。语意上，这句话与第 1 部分搭不上，第 1 部分讲女娲，末尾加上这么一句，讲不通。这句话与第 3 部分可以搭上，但位置不对，恰当的位置应该是这样的："涉西北唐王山，顶有祠焉，其来无□。每岁三月，阖境男女，并秦、赵、韩、卫之远，愈远而迩至矣，罔不竭诚进香，如孝子□慕慈亲。是必有所以大感人心者在也。"① 作者究竟为什么这样处理？他的用意何在？一种推测

① 值得一提的是"如孝子□慕慈亲"这个比喻，即香客虔诚的样子类似孝子对待慈祥的亲人，一脉相承，也契合于今天娲皇宫香客对待奶奶的态度。

是：这么处理尽管文理不通，但起到承接前后两个章节的作用，实现作者建构女娲与唐王山庙会相联系的意图。[①] 换言之，作者做这番语序处理，意在实现一种“意象叠化”[②] 的效果，一个意象是女娲，另一个意象是唐王山庙会的朝圣对象，即他所谓“大感人心者”。换句话说，他没有明言唐王山大感人心者是女娲，但经过这番语序上巧妙地处理，给读者这么一个印象，即唐王山大感人心者与女娲是一体化的。

紧接的问题是，把女娲嵌入唐王山庙会，这样的努力有何意义？从碑文看，儒士主要强调两点：一个是在儒门脉络里合理化香客的实践。换言之，唐王山庙会香客的朝圣对象一旦定义为女娲，儒士面对庙会呈现出来的象征事实，诸如香客云集、虔诚供奉，等等，他们即可获得合情合理的理解。譬如《重修头阁圣母记》所谓：

> 自盘古以来，三皇五帝，其为功于世者，指不胜屈，从未有著炼石之奇功、创补天之巨绩如娲皇圣母者。娲者何？女流也。皇者何？为帝也。女帝也。胡为尊之？以有炼石补天之功也。惟其功也大，故其尊也至。其尊也至，故其感也远，每岁暮春，自朔及晦，西通秦晋，北极幽燕，焚香输诚者络绎不绝，谁非皇之威灵有以感之，故庙貌神像重修者屡次无间。[③]

另外一个是社会治理角度，碑文也阐发了神鬼门对儒门礼乐的补充作用，譬如：

> 神道设教又以佐礼乐，则被之所不及者也。然则神道曷可一日少哉？故事神之典与治民并重。[④]
>
> 尝谓：邑有良宰，不但民被其泽，即神亦将蒙其休焉。盖尊神即所

① 女娲与唐王又是怎样的关系？碑文中都没有探讨，但在民间传说里有对这个问题的处理，说远古时候娲皇与唐王都看中这块宝地，为此发生过争夺，结果是娲皇获胜了。

② 这里我拈出“意象叠化”一词，说明个中的机理。意象指象征引发的想象，叠化借用电影术语，原指两个影像叠合为一个影像的特殊效果，所谓意象叠化，指两个不相干的想象结为一体。

③ 此碑镶于娲皇阁石阶一侧墙体。

④ 参见顺治十六年（1659）《重修娲皇圣母庙碑记》，此碑镶于娲皇阁石阶一侧墙体。

以庇民，原属司牧者分内之事，初非有二也。[①]

跳出儒门与神鬼门的脉络，审视儒士的这番努力，我们会发现其更一般化的意义，即儒士的这番努力在文化圆融方面所具有的启发意义。经此努力，这方空间在儒门脉络里产生神圣的价值。于是，儒门与神鬼门，原本彼此独立的象征体系在这方空间风云际会，并以其载体即儒士与香客的实践，奏响娲皇宫超凡入圣的交响曲。可以说，儒士与香客，支撑他们实践的理路并非弥合无间，但是，抛开象征体系内部各自的合理性论证，落脚于心灵与神圣的根本性联系，那么它们殊途同归，一般化为一个“诚”字。换言之，“诚”这个字是验证娲皇宫文化圆融程度的试金石，因为这个字贯通儒士与女娲，以及香客与奶奶的根本性联系。综观明万历三十七年（1609）涉县邑候（县令）立第一块碑，到明国二十一年（1932）涉县邑庠生撰写最后一块古碑碑文，娲皇宫作为一方圣地连绵300余年，“诚”字是其兴盛的根本基石。神鬼门里，香客的虔诚自不待言，那是一代传一代的民俗本然。即便外来的儒士流官，彰显其诚的举措也不绝于记。

崇祯元年（1628）《创建娲皇阁记》：遑岁四方□□合镪青蚨尽□□□，今我邑侯王公则悉付之公直收掌作阁上费用也。[②]

康熙二十九年（1690）《重修造像碑记》：邑人李大成等不顾顶踵四方募化，县主王公讳光培倡之于始，三省善信继之于后。祠加二阁，视曩制更复巍峨。[③]

乾隆三年（1738）《重修娲皇圣顶碑记》：邑侯梁公来涉，兴废举坠，百事就绪……于雍正十三年（1735）三月望日，公谒庙瞻拜。顾盼良久，忽发虔诚，将本庙所有香火赢余，旧规之所以入官公费者，一并给发维首孙旭等，以为修补之资，立令开工。历数载而工程始竣，妆台共高阁以齐辉，鼓楼与钟楼而并丽。俾得诸神功之感应者，仍以还为神前费用。此其一尘不染、万善同归，固足以上感神明下庇斯民矣……

① 参见乾隆三年（1738）《重修娲皇圣顶碑记》，此碑镶于娲皇阁石阶一侧墙体。

② 此碑镶于娲皇阁石阶一侧墙体。

③ 此碑立于登娲皇阁盘道入口一侧山坡。

赐同进士出身文林郎知涉县事梁皎，自雍正十三年（1735）至乾隆三年（1738），历年本庙香火之资约有百六十余两，俱托维首经收以给修葺之用。①

嘉庆四年（1799）《重修娲皇庙碑记》：邑侯戚来祀，绅士以请，而侯欣然从，令香资之入断归庙，胥役无得假手。士欣跃。工始于乾隆六十年（1795）二月，竣于嘉庆三年（1798）十月。自正殿以及大门，盘路垣墙，焕然一新，且较前更加坚致严整焉。②

嘉庆十二年（1807）《重修殿台、创建圆门碑记》：友曰：每逢圣辰，遐迩香资，□时俱属官收，自张公、戚公暨陈公，严革前弊，因储蓄、利赀得以累年鸠工，以至是耳。余曰：审是功之竣，也实繇三公之为也吁。娲皇之在太古也，作笙簧，配人伦，炼石补天，巍巍乎，绩之瑰琦千古罕有。虽在我皇上，犹以牺牲酒醴享祀丰洁；等而下之四方蚩匕之众，且不惮山河修阻输其寸诚；而官收之意果何意也哉。既而又数年，司事欲刻重修之石，寻余作文以记之。余不敏，久□占，毕难成辞赋之工，特理前言以为志。署涉县知县加五级纪录五次正堂陈基高严禁胥役侵克香资。嘉庆八年（1803）至十二年（1807），历年香资俱属司事经理以给修葺之用……邑庠生允升李大猷撰并书丹。③

咸丰三年（1853）《重修唐王峧娲皇宫碑记》：粤稽世有代谢、事有兴废，而惟功德实被于人者乃历久而不易。涉西唐王山有娲皇宫焉，一邑之胜境萃于是，一邑之堙祀亦莫盛于是也。每岁三月朔启门，越十八日为神诞，远近数百里男女坌集，有感斯通，无祷不应，灵贶昭昭，由来久矣。壬子春，不戒于火，祠宇尽毁，仅余钟鼓楼数事……珍不才，忝司牧。设因循诿谢使神灵不妥、古迹就湮，其愧前型，滋神恫也多矣。爰择其乡之绅商老成练达者十余人，或司募化，或督工役。诹吉兴工，期速蒇事。幸近境邻封赖神之庇，悉乐善好施，旬月间得赀五千余缗。被灾之古洞、杰阁、享殿、妆楼，悉仍旧址。一为鼎新，轮奂翚飞，庄严宝相，较诸曩时有大过焉者。而又于山门外添立牌坊一座，颜

① 此碑镶于娲皇阁石阶一侧墙体。

② 此碑立于停骖宫正门外石阶一侧。

③ 此碑镶于娲皇阁石阶一侧墙体。

曰蓬壶仙境，纪其盛也。山麓碑房五楹，丰碑林立，则布施之姓字、工程之细数载焉。入山门右建鲍厦三楹，名曰憩云，以便进香者于此小憩焉。厦右建小亭一座，至此者觉烦襟悉涤，飘飘乎有登仙之想。享殿东建迎爽楼三楹，楼下即宫厅，以备祭祀更衣之所。此则旧时所无而新设者也。计共费七千余缗。工始于咸丰二年（1852）秋七月，竣于三年（1853）夏六月。噫！工诚钜也，力亦勤矣。乃在事诸公咸归德于余，余曰：此神祇所默相，善士所捐输，诸公所经理。余虽挈领提纲，不过因人成事而已，何力之有焉。功已毕用，述其巅末以泐诸石。赐进士出身知州衔知涉县事雁门李毓珍谨撰并书，捐银一百两。①

咸丰三年（1853）《钦加知州衔邑候李大老爷印毓珍功德碑》：正堂李示：大工告竣，尚宜岁修。每年积资以备葺补，详定章程，昭存永久。各项条款开列于后。

一、开庙门时，该道士派人谨防香火。

二、咸丰四、五、六年（1854～1856）以内，顶上香资停骖宫、广生宫、朝元宫三家共同经理。每年享殿以内并妆楼下布施香钱尽数归公，其余按股均分。以后各管一年，周而复始。每年所收享殿内妆楼下布施香钱发外生息不得私用，以备修补之用。

三、三年修理一次。公请维首数人，即以所积之资量力弥补，不得过费。

四、许愿者不得在阁上、享殿、妆楼、牌坊前檐挂匾，违者该道士是问。

五、三年以内，顶上各屋窗户，会前公买纸张重新裱糊，不得少□字纸。以后，每年交卸，各窗户一齐重糊，违者不准接收。

六、谨守碑上字迹，勿得残毁。

七、各项器具详注册簿，每年逐一交付明白，缺者赔偿。

八、各处男女进香，晚间不准顶上住宿，违者禀究。

九、无论何色人等，不得在顶上聚赌，违者重处并究值事道士。

十、进香者不准在庙院施放鸟枪铁炮等事，违者该道士协同维首送究。

十一、值年道士不得无人在顶上看守庙宇、敬奉香火。

① 此碑立于娲皇阁石阶一侧。

十二、阁后山顶不得樵採柴薪、放牧牛羊，违者送究。

以上各款世世恪守，有不遵者禀案严究。[①]

儒士县官的“诚”集中体现在“香资”的管理上。取之于娲皇宫，用之于娲皇宫，即碑文所谓“一尘不染”是基本原则。在这个原则下，儒士县官的相关经验主要体现在以下几个方面：第一，“严禁胥役侵克香资”，即杜绝经理香资的人员中饱私囊。第二，区分项目管理与日常管理，譬如焚修工程、日常维修等。第三，项目管理，县官牵头组织民间精英成立项目委员会，负责项目的实施，项目委员被称作“公直”“维首”等。譬如李毓珍重修娲皇阁的做法：择其乡之绅商老成练达者十余人，或司募化，或督工役[②]。第四，日常管理，县官制定并公布管理制度。譬如李毓珍的做法：制定管理条款，并勒石公之于众[③]。

道士介入娲皇宫，依托一个流通于官与民之间的位置。一方面，道士通畅与官府的联系。另一方面，道士卷入香客的实践。

娲皇宫道士的始祖徐真介，他卷入神鬼门，创建娲皇庙之举，即得到两任涉县县令的支持[④]。他的后继者同样如此，他们发起的建筑工程，大都有包括县令在内的涉县官府程度不等、方式不一的支持[⑤]。随着道士与官府联系的紧密，出现“道会司”[⑥] 这样制度化的道官名号。

道士卷入香客的实践。尽管缺乏体现其细节的相关象征遗存，但是它的主干是清楚的，即空间的嵌入。一方面是嵌入朝圣地，即道士们在香客的朝圣地“安家落户”，他们的身体及生活内化为朝圣地的一部分。另一方面是嵌入香客的生活。

---

① 此碑立于娲皇阁石阶一侧。原碑文诸条款之前均为“一”字，我抄录时改为一至十二的数字序列，以契合现今的阅读习惯。

② 参见上文《重修唐王峧娲皇宫碑记》。

③ 参见上文《钦加知州衔邑候李大老爷印毓珍功德碑》。

④ 参见《新建娲皇庙碑》，此碑镶于娲皇阁梳妆楼石阶一侧

⑤ 参见《创建娲皇阁记》《重修娲皇圣母庙碑记》《重修娲皇殿序》《创建娲皇圣母梳妆楼序》《重修娲皇圣顶碑记》《重修娲皇庙碑记》《重修殿台、创建圆门碑记》《重修唐王峧娲皇宫碑记》《钦加知州衔邑候李大老爷印毓珍功德碑》《新建女娲氏停骖宫记》《重修停骖宫记》《重修停骖宫碑记》等。

⑥ 参见康熙六年（1667）《新建女娲氏停骖宫记》，这篇碑文中首次出现“道会司”这个道官名号。此碑立于停骖宫外石阶一侧。

娲皇宫建筑群是一步步成就的。原先只是山顶上的一个祠，万历三十七年（1609）“依石龛建殿一座”“新建娲皇庙”；[①] 天启六年（1626）“创建娲皇圣母保券一座”；[②] 崇祯元年（1628）“创建娲皇阁”；[③] 顺治十六年（1659）“修砌水池一座”“上建楼棚三间，外修茶楼”；[④] 顺治十六年（1659）“破从前之陋规”，修“钟楼、鼓楼”和“墙垣”；[⑤] 顺治十八年（1661）“金妆圣母”；[⑥] 康熙二十一年（1682）“创建娲皇圣母梳妆楼”；[⑦] 康熙二十九年（1690）“祠加二阁”；[⑧] 如此等等，奠基今日娲皇顶建筑规模。至于娲皇宫山下建筑，诸如停骖宫、广生宫、朝元宫，以及戏台、碑亭等，它们是随山上建筑规模的扩大而陆续兴建的。[⑨]

道士在娲皇宫的存在，从始祖徐真介到末代道士李信堂，前后连绵20代。道士的主体身份是娲皇宫的住持，即所谓“住持道士”“住持道人”“住持道长”等名号，他们是娲皇宫的管理者。当然，除了住持之外，也包括住持道人的徒子徒孙。从万历三十七年（1609）到中华民国二十一年（1932）的碑文看，在这三百余年里，娲皇宫的道士历经了一个完整的从肇始到繁荣、由繁荣而衰落的过程。[⑩]

娲皇宫道士属于道教全真龙门派。该派百代谱云：

道德通玄静，真常守太清。一阳来复本，合教永圆明。
至理宗诚信，崇高嗣法兴。世景荣惟懋，希微衍自宁。
惟修正仁义，超升云会登。大妙中黄贵，圣体全用功。
虚空乾坤秀，金木姓相逢。山海龙虎交，莲开现宝新。

---

① 参见《新建娲皇庙碑》，此碑镶于娲皇阁梳妆楼石阶一侧。

② 参见《透楼碑记》，此碑镶于娲皇阁基座一侧墙体。

③ 参见《创建娲皇阁记》，此碑镶于娲皇阁石阶一侧。

④ 参见《修砌水池碑记》，此碑镶于过“娲皇古迹”牌楼后，娲皇阁入口过道一侧墙体。

⑤ 参见《重修娲皇圣母庙碑记》，此碑镶于娲皇阁石阶一侧。

⑥ 参见《金妆圣母记》，此文刻于娲皇阁一侧，壁经与眼光洞之间的崖壁。《金妆圣母之记》，此碑镶于娲皇阁眼光洞拱门一侧墙体。

⑦ 参见《创建娲皇圣母梳妆楼序》，此碑镶于娲皇阁石阶一侧。

⑧ 参见《重修造像碑记》，此碑镶于登娲皇阁盘道入口一侧山坡。

⑨ 参见《打造歇马殿基脚碑记》《新建女娲氏停骖宫记》《创立正门水池碑记》《重修大殿、门楼以及戏台碑志》《创建大悲准提庵碑记》《创建三官庙碑记》等。

⑩ 参见“图2—娲皇宫历代道士人口变迁图”。

行满丹书诏，月盈祥光生。万古续仙号，三界都是亲。[1]

娲皇宫碑文中的道士名录，与此谱契合，始于第六代即“真”字辈，终于第二十五代即“信”字辈，“真常守太清，一阳来复本，合教永元明，至理宗诚信”，从始祖徐真介到末代道士李信堂，前后连续20代。

表1　娲皇宫历代道士名录（1609～1932年）

辈分	名　　录	人数	备注
真	徐真介	1	①名录根据今娲皇宫古碑文整理而成。②名录体现为道教全真龙门派百代谱从第6代到第25代的连续谱系，其中单缺宗字辈。另外，百代谱中“圆”字辈，在娲皇宫道士名中作“元”字。③名录中加括弧的名字，疑两个名字指称同一个人，故处理如是。譬如，胡太祺（奇），有碑文作胡太祺，另有碑文作胡太奇，疑他们指同一个人。
常	张常庆、买常诚	2	
守	申守一、申守坤、徐守心、常守方、张守初	5	
太	冯泰洪、田泰亮、高太禄、刘太福、胡太祺（奇）、黄太希、□太淳	7	
清	黄青兴、田青□、马清（青）云、武清□、崔清秀	5	
一	李一经、郝一乡、贺一龙	3	
阳	张阳法、马阳磬、杨阳潮、杨阳寿、张阳虚	5	
来	李来贞、马来昇、何来永、常来会、□来蓬、石来玉、李来平、石来珠、王来崑、梁来盈	10	
复	申复旺、杨复正、张复端、马复性、刘复缘、张复兴	6	
本	邢本顺、侯本封、杨本凌（龄）、马本元、孙本支（枝）、王本材、王本林、柳本青、芦本明、韩本成、冯本先、韩本明、王本宁、王本润、侯本山、王本川、孙本知、□本京、冯本元	19	
合	高合□、马合辟、乐合岐、□合高、郝合成、石合嵩、王合梧、赵合桐、温合贞、武合京、张合亮、李合蒿、刘合缘、李合春、武合英、李合嵩、宋合岐、李合高	18	
教	姚教□、曹教元、范教成、张教宁、靳教中（忠）、□教信、苗教洪、李教运	8	
永	□永吉、何永庆、崔永秀、刘永才、张永安、张永寿、石永相、杨永椿、王永昌、刘永盛	10	
元	张元信、范元仓、索元清、申元和、石元根	5	
明	冯明泉、苗明和、樊明镜、程明心、石明柱、赵明梁、陈明兴、郭明善	8	
至	李至东、李至忠、王至才、王至水、刘志秋、王至诚、申至仑、王至喜、陈至庭	9	
理	张理庆、曹理铭、石理直、王理先、郝理会、关理安、冯理财	7	
宗		0	
诚	董成（诚）山、张成石	2	
信	李信堂	1	

[1] 《禅道》网站 http：//www. chandao. com/daojiaoquanzhenpai/4/251. htm。

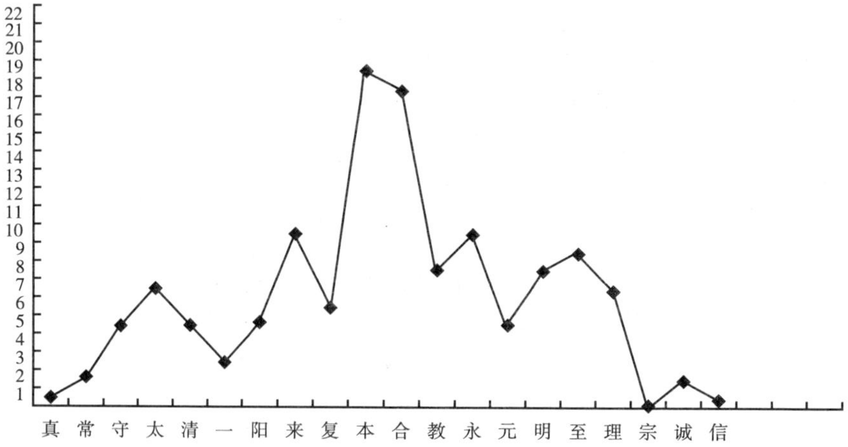

图 2　娲皇宫历代道士人口变迁图（1609～1932 年）

道士与民间精英联系紧密。娲皇宫有些建筑工程是在没有官府介入的情况下，道士与民间精英通力合作的结果。譬如，天启六年（1626）“创建娲皇圣母保券”[①]，顺治十六年（1659）建造“水池”“楼棚”和“茶楼”[②]，顺治十八年（1661）“金妆圣母”[③]，如此等等。

涉邑八景，娲皇古迹居其一焉。载在县志，可考而知。第碣断碑残，兹阁不知建自何代。而于后来之志考之，或百余年而一修，或未及百年而一修。为时愈久其修愈繁，而规模亦愈大也。乾隆五十八年(1793)，有道人三家，老维首十家，又请四乡□近维首数十家，又公举捴维首二家：索堡祠郭子珍、石家庄石子国敬者二人，督工众善努力。阅数载而功告成，自是众首事皆谢其责。衹有老维首十家与道人数人每岁经理，屡次增修。迄嘉庆八年（1803)，郭氏卒，其弟珣公者与有事焉。彼石子国敬亦耄而倦，勒有其长男名和者代父之劳。乐善不倦，尽己之职，公而忘私，真所谓善继善述者也。又有道人冯本先者，亦仝与有事焉。嗟乎，前人有修后人亦修，后人不惟克绍前人，且堪遗

① 参见《透楼碑记》，此碑镶于娲皇阁基座一侧墙体。
② 参见《修砌水池碑记》，此碑镶于过“娲皇古迹”牌楼后，娲皇阁入口过道一侧墙体。
③ 参见《金妆圣母之记》，此文刻于娲皇阁一侧，壁经与眼光洞之间崖壁。《金妆圣母之记》，此碑镶于娲皇阁眼光洞拱门一侧墙体。

饷后人也。由后人视今，不犹由今视昔乎，是所至于后来与我同志者。

邑庠生震□崔□雷撰。石毓高书。

维首监生郝天禄、李广文、张得仁、耆老石国敬、郭珣、陈进甫、生员崔□雷、张建基、□国文、郭三元、杨青华。

道会司侯本封。

上同师杨复正。

住持道人冯本先、王本林、孙本枝、韩本明，徒刘合缘，孙曹教元。

山西襄垣县郭庄村石匠王可林、王九然，施钱贰百文。

大清嘉庆十三年（1808）中秋吉旦立。

从这篇《创建正殿□□石□、重修梳妆楼殿台碑记》，可见道士与民间精英合力经营娲皇宫的一般样态。参与维修工程的主体有三类，即道人、维首和石匠。道人包括五种身份：道会司、上同师、住持道人、（住持道人）徒和（住持道人）孙。道会司是道官名号，上同师指住持道人的师傅，住持道人指娲皇宫各宫的负责道人，徒指徒弟，孙大约指徒弟的徒弟。维首即民间精英，碑文落款里列有 11 个维首的姓名，其中两个姓名前面还分别冠有儒门身份：监生、生员，其中一个姓名前冠有耆老身份。维首分三类，即维首、老维首和揔维首。这里的维首，专指因工程需要从四乡增补的维首；更制度化、常规化的维首则称作老维首；揔维首，即所有维首公选出来的领头人。

关于道士的组织形式。上面引用的碑文中提到“有道人三家”，“家”是娲皇宫道士的组织形式。另据《钦加知州衔邑候李大老爷印毓珍功德碑》云：“咸丰四、五、六年（1854～1856）以内，顶上香资停骖宫、广生宫、朝元宫三家共同经理。每年享殿以内并妆楼下布施香钱尽数归公，其余按股均分。以后各管一年，周而复始。每年所收享殿内妆楼下布施香钱发外生息不得私用，以备修补之用。”[①] 在当时，娲皇宫已形成三“家”道士的形式，停骖宫一家、广生宫一家和朝元宫一家。接下来的问题是，道士不结婚，这“家”如何结构？抱养徒弟，这是民国时期的形式，按本地人的说法，是

① 此碑立于娲皇阁石阶北侧。

“收养子”。从镶于广生宫正殿前厦墙体的《卖死契》看，除了管理娲皇宫山上的娲皇阁，道士也经营土地，以支持其“家”经济。

> 立卖死契人郭门张氏因为不便今将自己祖业大坡头圮旱地一处，记地四亩。其地东西□。东至十方院，地西至石聚英，南至路，北至吴英士，各取四至。明白土木相连，水流行道依旧往来。今情愿出卖与广生宫侯本封名下承为死业，死钱大价四十四千整，其钱笔下交足，两家情愿并无及覆，恐口难凭，立卖死契存证。上带本地原粮一斗二斤止。
>
> 立卖死契人杨芳时因为不便今将自己高崖底下水地一段，记地三亩。其地东西□。东至旱河，西至渠，南至石聚怀、张洪绪，北至石秘、石翠，各取四至。明白水流行道依旧往来。今情愿出卖与广生宫东院名下承为死业，同众言明，死钱大价二十二千整，其钱当日交足，两家情愿并无及覆，恐口难凭，立卖死契存证。上带本地原粮一斗二斤止。
>
> 嘉庆十三年（公元 1808 年）十二月廿二日。事同房地行石平、张相、崔孟、熊十。嘉庆八年（公元 1803 年）石兰全男石聚怀施大钱七千文。
>
> 焚修住持道会司侯本封，徒宋合岐、李合嵩、靳教忠、范教成立。

道士嵌入香客的生活。这方面历史上留存下来的象征非常有限，难谈个中的机理。据当地人村民石华堂回忆，道士们主要是凭借音乐方面的技艺卷入当地人的生命仪式中，在婚丧嫁娶场合搞一些演出活动。

五 文化冲突

图 3 呈现历史上围绕娲皇宫这个空间象征的六个象征体系。换个角度说，娲皇宫的意义发生于这六个价值系统。从中可以看到，有三个新价值系统介入的时点，一个是北魏，佛门的介入；一个是明万历，儒门与道门的介入；一个是 1945 年，现代门的介入。据现存象征遗迹，看不出在第一个时点上佛门的介入是否与之前的某个象征体系形成冲突，并取而代之；但在第二、第三个时点，冲突与替代体现得比较充分。在第二个时点，儒门与道门

的介入，取代了佛门；在第三个时点，现代门的介入，佛门、儒门和道门归于静默。①

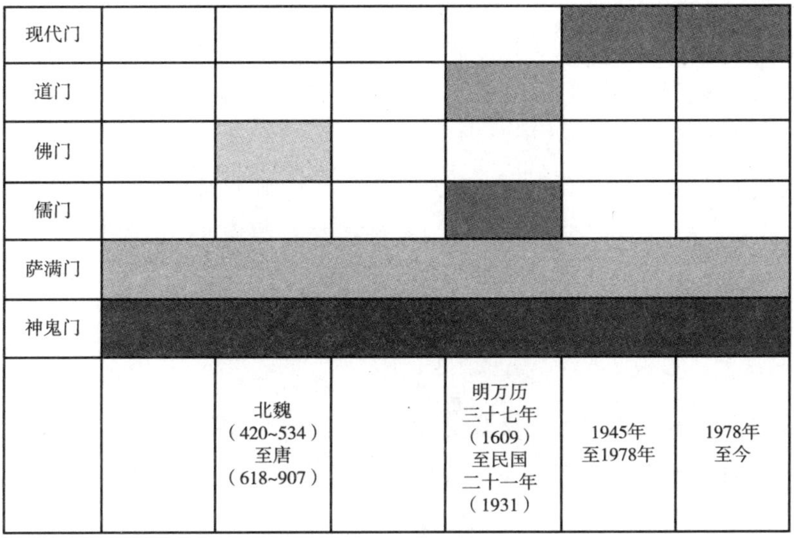

图 3　娲皇宫象征体系

注：①神鬼门与萨满门不重线性时间，故示意如是。另外，这两个象征体系凸显口头语言特征；萨满门深度嵌入神鬼门；儒士对萨满门持否定态度，谓之“祷媚之术”“渎神”。所以娲皇宫碑文里，罕见与萨满门相关记载。但从神鬼门与萨满门呈现于当下娲皇宫的活力，可以推断，这两个象征系统源远流长。②1945年至1978年的时段，神鬼门、萨满门、儒门和道门，它们与现代门发生冲突。文化冲突的结果是，现代门的表现在公共空间唯我独尊，现代门是娲皇宫唯一显于外的价值体系；神鬼门与萨满门的表现隐入私人空间，神鬼门与萨满门是藏于娲皇宫周边信众内心的价值体系；儒门与道门的表现则归于寂静，儒门与道门是内蕴于娲皇宫历史遗迹的价值体系。

佛门的没落，以及儒道二门与佛门冲突的具体过程不甚清楚。据娲皇宫象征遗存，折射出这个过程的有四个凭据：首先，佛像的损毁。山上石窟里

① 佛门、儒门与道门在娲皇宫归于静默，指以它们为门墙的实践者在此消失，但它们的象征创造并未消失，而是作为文化遗产实际上已化入现代门实践者的观念之中。对此，局外人或许更为敏感。譬如，挪威学者约翰·加尔通（Johan Galtung）接受《中国社会科学报》采访时，这样表述，“中国以自己特有的视角来观察现实，这主要建立在“三法”的文明基础之上，具体来说：道家的阴阳平衡、儒家对智慧的尊重（不仅仅是学识方面的，还包括经验和上天的智慧等）以及佛家的平等哲学（不能太少也不能太多）。我发现上述“三法”在中国随处可见，但中国人将它们视为理所当然，没有很好地向西方阐述。”参见《中国社会科学报》2010 年第 134 期 5 版。

外的佛像以及依崖凿就的佛像，无一完整，头部都被人为破坏。其次，佛门象征的断裂。除山上的崖壁所刻佛经与佛像外，娲皇宫整体上缺乏佛门象征遗存。再次，佛门象征的道门化。山上的两个石窟，四壁平整，刻满佛经，石窟正中则各有一尊石刻佛像。但在民间传说和碑文里，这两个石窟已丧失佛门意义，取而代之的是道门名号—眼光洞、蚕姑洞。① 此外，山脚朝元宫，原初是佛门空间，名为“准提庵”，但后来被道门化。它的住持是道人，他们在保留原初的佛门建筑乃至塑像的基础上增建了道门的殿堂和神像。② 最后，记事碑文甚少提及佛门象征遗存。综观53篇古碑文，其中仅6篇提及佛门。

现代门与神鬼门、萨满门、儒门和道门的冲突，距今不远，脉络比较清楚。

现代门与本土传统的交叉贯穿中国近代史。在现代门时间模型居于主导的时期，内在于它的野蛮与文明二元对立认知范式嵌入文字中国，本土传统被归类入野蛮之维。

沿海地区卷入现代门较早，摘录几则清光绪晚期广东《时事画报》的文章，神鬼门与现代门冲突的可见一斑。

> 《龙殿宜毁》：日前，巡警总局奉岑督札谕，以城厢内外各街建醮，往往高搭厂棚，安奉神牌，名曰“龙殿”，有高至十余丈者，当此秋冬，物燥风高，稍有不慎，火烛堪虞，饬再出示，如仍有妄作，显属抗违，准即督勇立时拆毁云云。
>
> 按：粤俗迷信神权，凡神功建醮，不惜金钱浪掷，一醮之费，动计不资，而棚内男女混杂，人气熏蒸，在在无益。火烛之害，其尤烈者也。夫比年吾粤之贫瘠，人人洞悉，独以此等耗费而论，以之办事，尚觉优优有余。吾不知乐此者，是诚何心？查龙殿之特色，尤以打铜街、双门底为最。乃自闻出示后，本报社员昨经四牌楼，见彩棚之耸然云际，依然如故也。噫！巡局耳目所及，何独置若罔闻乎？当此世运艰

① 参见中华民国九年（1920）《重修眼光老爷珉志》，此碑镶于娲皇顶眼光洞拱门一侧的墙体。

② 参见立于朝元宫的《创建大悲准提庵碑记》《创建三官庙碑记》和《重修朝元宫碑记》。

难，文明过渡时代，此等习俗何只虚言示禁？直定以最严之罚例，革绝可也。不然者，与其日日筹款，何不全提此款充公，以办吾粤公益乎？是在民上者之认真何如耳。记者书竟，掷笔三叹！①

《首停建醮》：省城火星醮向以双门底为热闹，八月廿五日乃起醮之期，本年坊众以此举为耗财废业，概行停止，其建醮之款，则移办公益各事。建醮媚神，稍有识者皆知其无益而有损，特以旧例相沿，无人起而议废，遂致因循不改耳。本年当建火星醮之时期，各街有一头建醮、一头不建者，如高第街是也，有两头建醮、中间不建者，如十七甫是也，而能概行停止者，则惟双门底。若双门底者，可见其进化之速与人心之齐，然如高第街、十七甫等处，亦可决其渐进于文明矣！惟状元坊则不然，较之往年，益加靡丽，是真别有肺肠！②

《大良赛会》：大良天后宫行落成之礼，媚神者集资赛会，有水仙会、百花会、鱼灯会，自正月十四日起，至十七日止，张灯结彩，曲唱梨园，男女杂沓，游人如鲫，又不知耗去多少金钱矣！

西人赛会，视为巨典，万邦莅止，称奇斗能，赛会实文明之举动也。乃出之西人，则以为文明；出之中国，则以为野蛮者，何哉？一则以迓神庥，一则以兴工艺而已。不然者，吾观水仙与百花，雕镂精巧，开放合时，五色缤纷，百香浓郁，鱼灯则更活动写真，得其神似，方诸偃师之戏，当突过之，黄人智识，岂遽出白人之下耶？倘以此精神财力，研究种种科学，几何不勃然兴也？惜乎！其所营之者，乃在彼不在此。③

娲皇宫地处内地，卷入现代门比沿海地区晚许多。一方面，1912 年奠

① 《时事画报》乙巳年（1905）第二期题名《龙殿宜毁》手绘图所配的说明文字。该报由潘达徽、高剑父、何剑士、陈垣等编辑，光绪三十一年（1905）石印本。参见广东省立中山图书馆编《旧粤百态》，北京：中国人民大学出版社，2008，第 199 页。

② 《时事画报》丁未年（1907）第廿四期题名《首停建醮》手绘图所配的说明文字。该报由潘达徽、高剑父、何剑士、陈垣等编辑，光绪三十三年（1907）石印本。参见广东省立中山图书馆编《旧粤百态》，北京：中国人民大学出版社，2008，第 166 页。

③ 《时事画报》丁未年（1907）第二题名《大良赛会》手绘图所配的说明文字。该报由潘达徽、高剑父、何剑士、陈垣等编辑，光绪三十三年（1907）石印本。参见广东省立中山图书馆编《旧粤百态》，北京：中国人民大学出版社，2008，第 113 页。

基于现代门的中华民国建立，此后娲皇宫古碑文的纪年款识改为“中华民国某年”（或简称为民国某年）的形式，诸如民国四年（1915）《阙疑碑》、中华民国四年（1915）《重修广生宫序》、中华民国五年（1916）《重修停骖宫碑记》、中华民国六年（1917）《重修停骖宫碑记》、民国二十一年（1932）《娲皇台顶各庙及戏楼逐年碎修零补碑记》等。另一方面，在国家政体层面由现代国家取代王朝的背景下，娲皇宫的文化格局依然如故。

办天下事在于立法，立法不善用力多而成功少，立法得当用力少而成功多。如娲皇台顶，乃沙阳古迹之盛，南面临漳水，北依唐山，左环右抱，诚天造地设之境。而且山上山下，庙院林立。昨前每修一庙，工竣即止，无人经理，必待庙貌倾圮而始重修。花费浩繁，民力劳殚。后人深知此弊，设法改良。自民国四年（1915）重修广生、停骖两宫以后，维首令道人每岁于唐王岐索堡前后派人八名，监收布施四名，经理四名，逐年碎修移交。故峰顶诸阁以及山麓各庙等处，零星修补，不胜枚举。除此以外，布施尚有余资，不得不复修戏楼。基址仍旧，屋宇更新。金碧辉煌，霞光焕耀。工于民国二十一年（1932）五月经始，于七月高告竣。嗣后作乐报赛，人神胥悦。各庙常新，一尘不染。诸君此举，一以报古人之功德，一以祈将来之赐福，可谓一举两得矣。壬申冬乞记于余，余深嘉执事等皆法良意□，工程不劳而成也，遂濡笔而为之记。

邑庠生梦帝王良弼敬撰。郝凤朝恭书。

二庙住持执事道人等郭明善、关理安、董诚山。

民国二十一年（1932）畅月下浣穀旦①

娲皇宫文化格局的打破发生在1945年。当时，娲皇宫地处晋冀鲁豫革命根据地，在革命实践中，神鬼门、萨满门、儒门、道门等，被现代门归入“封建迷信”的名目，遭遇“破除”。

石华堂（以下简称石）：我们这儿左右四邻，相继在一冬一春，跨

① 参见《娲皇台顶各庙及戏楼逐年碎修零补碑记》，此碑立于广生宫正门外石阶。

这个春节前后，就这一个小街道，这个六亩地，仅仅七八个院，死去了十一口。那都是挖野菜吃，吃这个槐树叶；有的人，身体，他火，崩裂、裂开，都不行，受不了这个痛苦。那时候，我是十岁左右吧。我是31年生，这到43年了，是吧，42、43年。

搁到44年、45年，这个日本鬼无条件投降。这个好消息，它来了，那就不一样了。可是咱这个庙，相应的这个庙不能存在，共产党是铲除破除封建迷信。

鲍：那时候就在破除了，是吧？

石：嗯，45年，从45年开始。1945年，1945年开始把这个神坛都挖去。奶奶顶这个庙宇，那个吕祠是完全拆除光哩；其他地方。

鲍：吕祠，是吕仙祠吗？

石：嗯，吕仙祠。咱们这儿老乡说是吕祖爷庙，那个庙就完全没了。卖了砖瓦、卖了石料，救济困难户，那个时候那个政策。这个，道士们，那就不能在那儿住了，他们都相应临近村落户。

鲍：落户到附近的村子里面？

石：嗯，落户到村子里边。这个，咱们这个村落户，有两个啦，有王理复，有李安。李安还有一个名字叫潘金，他跟理复，他是最末代最晚辈的道士，落户到咱们这个石家庄。还有落户到弹音什么的，都有。因为抗日，道士收徒、收养人家的时候，就是弹音的，还回到老家了，有好几个。这个，46年。

鲍：老人家，他们回到弹音，回到村里面，是回他自己的家还是自己独立一个？

石：独立一个家。有的吧，还有祖宗什么，其他这个本家、弟兄们；有的，不存在这个了。他另外一个户。那就开始接着土地改革。46年，第一次土地改革，那就是斗地主、反封建，标语就是这样个写法。那就把没收地（主）、富（农）的土地，庄房、土地什么，都分给这个、这个贫（农）、雇农。那时候也搞阶级成分，你凡是这个佃户，向富农做长工，这些户家里都困难，那就是分房子、分土地。

在这个土改以后，这就好了，无地少地农民都有地种了，标语是写了“人人有地种，人人有饭吃，实行耕者有其田！”你就是个耕种土地，你在那个土地改革以前，你没有地种；那现在把富户取消、削平，均田地，田地都平均分给你；这是46年。47年是第二次土地改革，那叫复查。

鲍：复查是吧？

石：复查，嗯。那就是，46年这个没有搞彻底，47年再来一遍。看看村里边还具备有些富户，还需要没收他一部分土地、房产，分给困难户。然后呢，就是颁发土地证，地回到老家了。这是这个年代。

所以说，道士们，我说，这个奶奶顶这个劳明善，住在广生宫，只是一个头。村里边死了老人了，要举行丧葬仪式；那个劳明善，好多桌子，跟一幢楼一样，垒多么高，劳明善在那上尖，手摇这个什么铃，念经。我记得这个劳明善，我记得那是最年高一个道士。关于说"诚"字这一代，诚石、诚色，叫诚色，他是弹音老家，出生在弹音，给到娲皇宫。诚石、诚色；下边"理"字这一代呢，有理礼、理安、理复。他们都不是，他跟兄弟们一样，像我跟老陈是弟兄两个，我下一代道士是谁，他下一代道士是谁，都是这样子一个组合。

鲍：名字也是第二字是一样的，是吧？

石：嗯，对、对、对。所以，它这个附近这些土地，来源都是施钱、施地，办好事送的、无代价送的娲皇宫。道士们，他们就掌了这里的土地权，自己又雇长工，常年用上，种地、喂骡子，给他们搞农业，跟地主是一样。他们主要的工作就是排练这个乐器，嘿嘿嘿，吹唢呐。有事，那不断有事啊，四乡五里有远有近，要有事那就拜请他们去。

鲍：就是婚、丧、嫁、娶，是吧？

石：嗯，对、对、对。

鲍：都请他们啊？

石：是、是。

鲍：当时，土改的时候，他们是被划为地主了？

石：那个时候就不了。这个庙上的土地，在土地改革以前，就废除庙产所有。那个时候，不过没有整个村村、千村万村都搞土地改革。它那一部分，来源毕竟是很少很少，那就暂时分配给村里边一部分很贫困没有地种（的人）。你像说，有地有地，它有一百亩，才几十亩，这个山沟地毕竟是很少的。这些在土改前，"减租减息清旧债"那个时间就不让他们种了。

鲍：您说的那个活动叫什么？清理旧债？刚才说的这个叫什么名字？

石：减租减息清理旧债。种租地，你不缴租子了，你种收获就是你的，这叫减租。减息，高利贷剥削，让你贷款贷回去你花销，那个利，连本带利，作废！共产党来这个政策，这叫减租减息。清理旧债吧，那就是说，连本带利我欠下什么什么钱庄多少钱，那个作废，免了。这就叫作减租减息。那在土改前一年。一系列的民主改革政策，一年就推行好几次。有的，人心都不一样。有的被没收土地，他们悲观失望，没办法过了。村里边老百姓乱弹琴，街头犯事。有的是种了，当了一辈子这个佃农、砍柴工、种租地，我也有房子住了，我也有土地种了，那个生活感到是幸福了。

一系列的这个。我瞧啊，减租减息清理旧债，还借粮，还有这个借粮，还有这一项。这个借粮，那还没有搞土地改革呢，那前线上，这个部队一直在补充兵源，不用说还在小米加步枪，还在到时候公粮小米都得运上去，这个向村里边姓王的、姓张的、姓李的，你们这三名是富户，向你借。那个时候，论粮单位，借二十袋，借小米十袋，派给你；你没有小米吧，你家里边没有这些小米，拿出钱来，到索堡那个粮食市场，索堡有卖粮的那个市，都是山西黎城、左权这一带，都来索堡这儿赶集卖小米，你借吧，你这个钱算一算，你十袋小米价值多少钱，你付出来，去那儿买上小米。村里边民政主任民政委员也凑合，派几头毛驴派几头牛，到河南林县城去送，限一天还是两天，不准住宿，凌晨不合你就夜里边赶走。支援前线的时刻，我这些我都记得了，因为我父亲，他当了一个一两年的民政委员。那就说，有的参军了，家里边撂的老娘，吃水烧柴都是问题。她儿子当兵了，那村里边就得负责烧柴火、吃水、耕种地，我父亲参与这个工作。也不是一天呢，好几年呢。所以说，他们经常有人到家来也是说这个，谁谁谁那个地派一个人去拔草、去施肥，在这个小孩耳朵里，对这一个不生。

鲍：有印象。

石：嗯，有印象。这是说的还在战争年代。这个娲皇宫是 1945 年开始拆除庙宇，捣毁神像。村村山沟的城隍庙宇、山神庙、什么河神庙，都是在这一个、这个情况下，它把老爷挖了，泥坛吧都不存在了。所以这个庙

> 会，一直在抗日战争胜利以后，1945年日本鬼投降以后，因为像山西好多县份，这个娲皇宫地处三省交界，河南、河北、山西，所以每年来降香、朝顶的老百姓是挺多的，它还有这个习惯。它有一年在这个农历三月来好多人，来吧来了，没有泥坛了，慢慢地那就是做这个香、什么纸兑手工业根本不容许你做。他们来，啥也没有，甚至有些庙宇都拆除了，渐渐也就来的人很少，或者不来。可是，曾经是这样一个衰，衰成这个样。[①]

20世纪五六十年代，国内出版了不少关于“破除迷信”的书籍，诸如《宗教迷信及其危害》[②]《破除迷信》（大跃进杂文选·第一集）[③]、《破除迷信问答》[④]《讲科学破迷信》[⑤]《破除迷信》[⑥]《你知道吗?》（破除迷信·2）[⑦]，等等。这些书内容大同小异，其具有两个突出的特点：首先，在理论方面深受苏联作为国家意识形态的宗教思想的影响，即从进化论观点看宗教，强调宗教与科学的对立。其次，结合中国素材，对广泛流传在民间的诸多信仰现象从科学的角度进行阐释，揭示信仰活动中的欺骗性。

下面摘录巴维尔金著，苏联国家政治书籍出版局出版的《宗教迷信及其危害》的基本观点加以讨论，以见苏联国家意识形态宗教思想的一斑。

1. 什么是宗教?

> 宗教是对于超自然力的一种信仰和对这些超自然力的崇拜。宗教的本质在于：人们用自己的幻想和想象创造和虚构出各种非物质的实体（善的和恶的神、上帝、天使、妖魔、鬼怪、家神和不灭的灵魂等等），崇拜和尊敬这些非物质的实体，并为它们举行各种特别的仪式。[⑧]

---

① 摘录自我访谈石华堂的音像。

② 〔苏联〕巴维尔金著《宗教迷信及其危害》，周新等译，北京：生活·读书·新知三联书店，1956。

③ 作家出版社编辑部编《破除迷信》（大跃进杂文选·第一集），北京：作家出版社，1958。

④ 上海人民出版社编《破除迷信问答》，上海：上海人民出版社，1963年第1版，1964年第2版，1964年第2次印刷。

⑤ 肖鸣等编《讲科学破迷信》，济南：山东人民出版社，1963年第1版，1965年第2次印刷。

⑥ 朱起著《破除迷信》，沈阳：辽宁人民出版社，1964。

⑦ 方兴等著《你知道吗?》（破除迷信·2），北京：中国青年出版社，1965。

⑧ 〔苏联〕巴维尔金著《宗教迷信及其危害》，周新等译，北京：生活·读书·新知三联书店，1956，第1页。

这里作者把宗教落脚于信仰（崇拜）、超自然力（非物质实体）和人为这三个维度。可以说，前两个维度属客观描述，信仰（崇拜）描写宗教实践的性质，超自然力（非物质实体）描写宗教实践对象的性质。后一个维度属作者的主观判断，即认为宗教实践对象是人为的事实，它们是“人们用自己的幻想和想象创造和虚构”的。

2. 为什么宗教是迷信？

> 我们不是无故地把宗教信仰称作迷信的。宗教信仰是一种毫无根据的信仰，也就是虚假的、枉然的、空洞的信仰。因为无论你怎样祷告水妖——古斯拉夫人的神，祷告古希腊神宙斯或波赛顿，祷告古罗马的鸠比特或耐波都，祷告印度的佛陀或伊斯兰的安拉，祷告基督教的奇迹创造者尼古拉或上帝本身，结果你定是一无所得，因为所有的宗教信仰和所有的神祇全都是幻想和想象的结果。①

这是一个由三个主观判断构成的论述。首先，作者提出他的判断，即宗教是迷信。其次，作者提出这个判断的依据，即另一个主观判断——宗教实践是无效的。最后，作者提出“宗教实践是无效的”这个判断的依据，即又一个主观判断——“所有的宗教信仰和所有的神祇全都是幻想和想象的结果”。显然，这种缺失宗教实践者视角的论述，即沦为禁锢于局外人思维方式的自言自语。中国文化语境里，作为一种常识，对于宗教信仰有“信则有，不信则无”的说法。较之作者完全忽略宗教实践者观点的一言堂式的表述，这种常识就客观许多。

3. 宗教的发生学想象

> 宗教发生在原始公社氏族制度的条件下。它是原始人在与自然界的自发力量的斗争中软弱无力和束手无策的反映。这种束手无策是由原始社会生产力发展的低下水平、由技术的简陋和极低的劳动生产率所决定的。②

---

① 〔苏联〕巴维尔金著《宗教迷信及其危害》，周新等译，北京：生活·读书·新知三联书店，1956，第 7 页。

② 〔苏联〕巴维尔金著《宗教迷信及其危害》，周新等译，北京：生活·读书·新知三联书店，1956，第 8 页。

原始人根据类似人们自身的行动来解释自然界中所发生的变化，把意识附加在自然界的一切对象上面，而且把每个对象都看做有意识的实体的活动。①

因为自然界的力量要比原始人的力量强大（严寒或酷热的太阳、风、雨、洪水、鱼的产卵期、野生植物的果实的收成等等），同时人还依赖于这些力量，所以人们便竭力讨好这些力量，想从它们那里得到良好的影响。由于不知道现象的原因，人们便向河流、太阳、风暴以及其他的自然现象恳求恩典，向它们颂扬，讨好和供献祭品（牺牲），以便博取它们的好感。②

当原始人产生了对于灵魂不灭的信仰，并开始把人想象分为两部分：一部分是物质的身体，另一部分是非物质的"灵魂"以后，关于灵魂的概念被移到了自然现象上。开始把自然看做某种有生命的东西，认为在每个物体中都存在有灵魂，存在有迫使这些物体活动和变化的有意识的力量。③

恩格斯在其所著《费尔巴哈与德国古典哲学的终结》一书中写道："在远古的时候，人们还没有关于人体构造的任何概念，还不会解释梦里的现象，所以就有了这样的一种想法，以为他们的思维与感觉并不是他们身体的活动，而是一种什么独特的东西——灵魂的活动，这种灵魂居留在人体之内，在人死后就离开肉体了，——自从那个时候起，人们就不得不深思到这种灵魂对外界的关系。要是灵魂在死亡之后就与肉体分离而继续活着，那么便没有丝毫的理由去设想灵魂还有什么单独的死亡了。关于灵魂不死的观念就是这样发生的。这种观念，在发展的那个阶段上，并没有包含任何可以安慰的东西，只令人觉得是一种不可避免的命运。例如在希腊人中间，且往往被认为是一种真正的不幸。到处引起这种个人不死的枯燥的想象的，并不是宗教上的安慰的需要，而是这

① 〔苏联〕巴维尔金著《宗教迷信及其危害》，周新等译，北京：生活·读书·新知三联书店，1956，第9页。

② 〔苏联〕巴维尔金著《宗教迷信及其危害》，周新等译，北京：生活·读书·新知三联书店，1956，第9页。

③ 〔苏联〕巴维尔金著《宗教迷信及其危害》，周新等译，北京：生活·读书·新知三联书店，1956，第9～10页。

样一种简单的情况，即人们既承认灵魂的存在，而由于一般的局限性，就怎么也弄不明白，灵魂在肉体死后，究竟到何处去了。完全同样的，由于把自然力体化为人，最初的神灵也产生了。”①

教徒们力图影响自然界的力量，向似乎驾驽着自然现象的“神灵”打交道，哀求它们，赞美和讨好它们，并为它们供献祭品。这样便产生了祷告、祭祀、唱赞美歌以及其他敬神仪式的宗教礼拜。②

包括宗教在内的文化发生学问题是人类永恒的迷思。世远难稽。从理论上讲，关于文化发生问题的可能建构的逻辑秩序是无限的。

作者的宗教发生说源自人类学古典进化论流派的学说③。马克思、恩格斯曾借鉴这个人类学流派的研究成果，以旁证他们关于原始社会的经济、文化、社会制度诸领域的逻辑建构④。令人遗憾的是，这种所谓“以今证古”的方法内在于与西方殖民主义关系密切的文化进化观。这种方法、诸般文化进化论与西方列强在全世界的殖民扩张，它们是同一段具体历史过程的三个维度。这种文化进化观是西方自我中心的，就是说，它是这样一种类型的理论建构：一方面，建构某种以彼时（19、20 世纪之交）彼地（西方）的具体文化（现代门）为高级形式的一般化的文化等级序列；另一方面，用这个序列解释全球各地文化存在差异的具体事实⑤。时过境迁，随着历史反思和人类学学科反思，学界认识到，古典进化论流派的学说与方法，首先，在认识论上存在逻辑阉割现实的风险。它们是以西方为立场的具体历史语境里推演出的理论体系，当它们被拿来应用于对具体的非西方文化的理解时，或者拿具体的非西方文化的素材论证这些理论时，很容易导致“削足入履”的错误。其次，在伦理上是妄自尊大。贬低别人（他者）抬高自己，这在日常人际交

① 〔苏联〕巴维尔金著《宗教迷信及其危害》，周新等译，北京：生活·读书·新知三联书店，1956，第 10~11 页。

② 〔苏联〕巴维尔金著《宗教迷信及其危害》，周新等译，北京：生活·读书·新知三联书店，1956，第 11 页。

③ 譬如英国学者泰勒（E. B. Tylor）关于“原始文化”的学说。可参考 E. B. Tylor, Primitive culture: *Researches into the development of mythology, philosophy, religion, language, art and custom.* (New York: Harper Torchbooks, 1871)。

④ 可参考和少英《社会－文化人类学初探》，昆明：云南民族出版社，1997，第 168~174 页。

⑤ 其中，以人类学古典进化论派诸学说为典型。

往中尚且缺乏道德正当性，更何况在从事跨文化比较的学术领域。最后，现代门具有两面性。19、20世纪的人类实践表明，像其他任何文化体系一样，现代门也历史地呈现它对于人类的两面性价值，一方面它带给人类福祉，另一方面它带给人类灾难。当然，必须补充说明的是，反思包括文化进化观在内的现代门及其实践，其目的与结果不是教条化地处理它，而是澄清其价值界限，还其作为人类历史上积淀下来的多元文化体系中的一元的位置。

4. 宗教与科学的对立

> 宗教是和科学相反，和科学相敌对的。科学是以人类社会的实践活动为基础，它随着人类的劳动经验和整个社会实践的增长而发展和丰富着……与科学相反，宗教是以教条，也就是以不容任何改变的和必须永远牢记的原理为基础的。①

信仰与理性，它们分属文化不同层面的事实，前者指涉人心，后者指涉人脑，它们统一于人的存在。作为文化事实，不管是以信仰为内核的宗教，还是以理性为内核的科学，它们都不是凝固不变的。至于教条化，这在任何文化领域都可能发生，譬如作者把宗教与科学截然对立，这本身就是一种对科学与宗教的关系问题的教条化处理。

除了承袭苏联国家意识形态的宗教思想，“破除迷信”的另一个着力点是揭示本土神鬼门和萨满门活动中的欺骗伎俩。下面摘录《破除迷信问答》一书的条目，以见其概貌。

> 1. 世界上有鬼神吗？
> 2. 人的迷信思想是怎么来的？
> 3. 有没有天堂和地狱？
> 4. “轮回转世”是真的吗？
> 5. 人的祸福是命中注定的吗？
> 6. 神话故事怎么来的？怎么看待神话故事？
> 7. 旧社会里，反动统治阶级怎样利用封建迷信欺骗人民？

① 〔苏联〕巴维尔金著《宗教迷信及其危害》，北京：生活·读书·新知三联书店，1956，第50页。

8. 新社会里，阶级敌人怎样利用封建迷信进行破坏活动？

9. 迷信思想与迷信活动有什么害处？

10. 人民政府为什么要保护寺庙？同破除迷信有没有矛盾？

11. 既然不应该相信鬼神，为什么人死后要开追悼会，有时候要去扫墓？

12. “仙水”、“仙丹”、香灰能治病吗？

13. 为什么不要烧锡箔等迷信用品？

14. 算命先生是怎样骗人的？

15. 衔牌算命是怎么一回事？

16. 相面先生能断定人的命运吗？

17. 测字先生玩弄什么花招？

18. 占卜为什么不可信？

19. 求签灵不灵？

20. 夫妻属龙属虎要相克吗？

21. 风水先生怎样骗人？

22. 扶乩的真相是什么？

23. “鬼神附体”是怎么一回事？

24. 巫婆、神汉的所谓捉鬼是怎么一回事？

25. 祝由科能医好病吗？

26. 为什么有人发高烧时，眼前会出现奇奇怪怪的景象？

27. 为什么会做梦，梦里为什么会遇见死去的亲人？

28. 为什么会发生梦魇？

29. 小孩受了惊吓，发生昏迷状态，是否“灵魂”出了窍？

30. 为什么有些人睡梦中起来做了事，醒来不知道？为什么会说梦话？

31. 人生病是冲犯了鬼神吗？

32. 真能有吹歪嘴巴的怪风吗？

33. 眼皮跳能断吉凶吗？

34. 黑夜里在荒野走路，真会遇到“鬼打墙”吗？

35. “鬼剃头”的说法为什么是错的？

36. 有没有儿女，是不是“命”里注定的？

37. 人生怪胎，是什么道理？
38. 婴儿身上的“乌青块”是怎样来的？
39. 黑痣一定要除掉吗？
40. 人“死”了能活过来，是什么道理？
41. 为什么有些人死后不闭眼？
42. 有的尸体几年不腐烂，是什么道理？
43. 真的有“黄道吉日”吗？
44. 害虫是天降的吗？
45. 狐狸能变“精”吗？
46. 为什么有的母鸡会像公鸡那样啼？
47. 猫头鹰是不祥之鸟吗？
48. “狗哭”是怎么一回事？
49. 家蛇能打吗？
50. 真有“鬼叫”这回事吗？
51. 河里有“落水鬼”的迷信是怎样来的？
52. “鬼火”是什么东西？
53. 竹子为什么会开花？
54. 为什么地窖里容易闷死人？
55. 草堆遭到“天火”烧，是怎么一回事？
56. 有些地方，为什么地下会不断冒出水来？
57. 山洪暴发，是什么道理？
58. 为什么会发生地震？
59. 雷为什么会打死人？
60. 龙卷风是怎样发生的？
61. 求“龙王”会下雨吗？
62. 日食是“天狗”吃太阳、月食是“野月吃家月”吗？
63. 天上掉下一颗星，地上就会死一个人吗？
64. 天上出现扫帚星，人间会有灾难吗？[①]

① 上海人民出版社编《破除迷信问答》，上海：上海人民出版社，1963年第1版，1964年第2版，1964年第2次印刷，第1~4页。

这本书不是学术著作，据“编者的话”所述，“破除迷信是件大事，需要认真地长期地去做。我们编辑这本小册子，目的是向基层干部，特别是农村基层干部和知识青年提供这方面的宣传材料”①。换言之，编者的出发点不是“探讨问题”，而是“声明主张”。这里摘录其中的一个条目——“‘鬼神附体’是怎么一回事?”以见其阐明主张的方式。

所谓“鬼神附体”，顾名思义，就是鬼神附在活人身上。前面已经说过，世界上没有鬼神，所以，所谓“鬼神附体”，一看就知道是骗人的鬼话。

可是有些巫婆却玩弄“鬼神附体”的把戏，来骗取财物。当别人来问病情、求仙方时，她们就装出一副虔诚的样子，叫点上香烛，自己假装“某某仙爷”、“某某仙姑”附体，连连打呵欠，伸懒腰，眨白眼，并且紧捏两拳，嘴里念念有词，说是灵魂出窍了。这一套做过以后，就开始胡言乱语。据巫婆自称，这些话是附体的鬼神说的，她们本人一点也不知道。病家问什么，鬼神都能答复。实际上，她们煞费苦心玩弄这套手法，无非是叫人相信世上的确有鬼神，以便她们骗取钱财罢了。她们靠“鬼神”骗钱，讲的也离不了一套鬼话，如果病人发高烧，她们就说碰到了野鬼；如果是腿痛脚肿，她们就说碰到了石神；如果是周身不爽，她们就说是碰到了阴人（女鬼）；如此等等，总之是“无鬼不生病，生病定有鬼”。接着就进一步欺骗说：治病必须送鬼神，回去只要烧香点烛，诚心诚意送鬼神，再吃点仙丹、仙水（实际是香灰、冷水），病就好了。如果病人的病本来不重，休息几天好了，巫婆就乘机到处宣扬，说病是她看好的。万一病人有个三长两短，巫婆就说病人敬送鬼神不诚心，把责任推得一干二净。有些巫婆一面这样骗人，一面又暗中叫人劝病人看医生。这是对她们既有好处又不危险的做法。可见，巫婆是十分狡猾的。

还有一种“关亡”的巫婆，俗称“关亡婆”，她们自吹自擂，说什么能用法术将死人的灵魂召来，通过她的口同亲人讲话。有迷信思想的人往往信以为真。因此，这套“关亡”把戏，在旧社会里欺骗了不少

① 上海人民出版社编《破除迷信问答》，上海：上海人民出版社，1963 年第 1 版，1964 年第 2 版，1964 年第 2 次印刷，第 2 页。

人。有的人生了病，或者是思念死去的亲人时，就去找个关亡婆“临朝”一番，向死去的亲人问问生病的原因，或者问问死去的亲人在“阴间”生活得怎样，等等。其实，关亡婆这一套同前面巫婆所玩弄的并没有什么两样。她们的一套骗人的花招，就是善于探听情况，在“临朝”时还要做到哭笑无常，叫唱不停。

探听情况的手法，一般是这样的：有人上门来请她们关亡，她们就先让家里人出面“招待”，这些人都有一套打听人家情况的办法，他们利用来人的心理，通过闲谈家常等形式，七套八套，套出人家各种情况。这时，关亡婆就可以根据这些情况，加油添醋，胡言乱语，装作死人的灵魂说话了。如采用这办法还摸不透底细，就推说没有空，要人家改日再来，以便有时间通过她的三亲六戚，或者是地痞流氓去了解情况。

“临朝”的时候，关亡婆除了念口诀以外，都要故意唱、叫一番，如果来关亡的人是向死去的祖先问病，那么，关亡婆就会装模作样，对关亡的人斥骂一通，有时还要拍桌打凳，说某某人生病是因为对他“不祭”、“不孝”、“不念”等等；如果来关亡的人是为了思念刚死不久的父、母、妻、女，那么，关亡婆就会故意哭诉一番，说阴间如何如何苦，等等，有时还故意抓住来人的手臂，一面讲，一面哭，弄得来人七荤八素，泣不成声，以便她们假借死人要这样那样，进行敲诈。

所以，所谓“鬼神附体”都是巫婆玩弄的骗局，千万不能相信。

但是在生活中，也有极少数人会突然发生好像“鬼神附体”的毛病。他们本来神志清楚，一下子精神失去常态，说话的声音、所做的动作，几乎同死去的亲人相仿佛；醒过来以后，自己并不知道刚才发生的事。这是什么原因呢？

我们知道，大脑有时也会生病，重的就是精神病，整体疯疯癫癫；轻的就是短时间内发生神志昏迷状态。这两种情形，比较常见，不足为怪。可是有一种病人，平时十分怀念死去的亲人，对他们讲话的语气、神态也一刻不忘，一旦大脑功能发生紊乱，而印记这些印象的神经特别活跃时，那人就有可能表现出亲人的姿态来。这是神经失常的一种特殊表现，绝不是什么“鬼神附体”。①

① 上海人民出版社编《破除迷信问答》，上海：上海人民出版社，1964，第60~64页。

信仰涉及超越存在，看不见、摸不着，这给利益追逐者提供“装神弄鬼”的空间。这个条目名为“‘鬼神附体’是怎么一回事?”实际上着墨更多的是“假装‘鬼神附体’骗财是怎么回事?”最后两段回到本题，从西医的角度给出一个解释。

时过境迁，回头审视这场“破除迷信”社会运动，除了它的历史合理性，可以说，揭示萨满门名义下的欺骗性实践也有它的正当性，但以偏概全就此否定萨满门实践本身，甚至连带地否定神鬼门实践，则失之于武断了。

> 拿庙里的泥像、木头牌位来说吧，这玩意儿，是人做的、人立的。你信它，给它烧香磕头，拿它当回事。可你要不信它，把庙扒了，把泥像砸碎了，把木头牌位劈烧火了，甚至把它踩在脚底下，坐在屁股下，它会把你咋样呢？咋的也不能咋的。因为泥像只不过是一堆泥土。从表面上看，它像个人模样，甚至还挺吓人，其实，它只不过是一堆做成人形的泥。一个泥人怎么会懂人事、通人语、给人舍药呢？能说把泥堆成个马就能当马骑，堆成个老虎就能吃人吗？不能。跟这个道理一样，木头牌位只不过是块木头，所差的只是上边写了几个字。但是，不管上边写的什么“胡仙”哪，“黄仙”哪，它还是一块木头。绝不能因为上边写了这么几个字，它就变成“神仙”了，就有了“灵验”，就能给人舍药了。如果真像迷信的人传说的那样，木头牌位有神有灵，人们拿它就该拿不动，劈它就该出血，烧它就该叫唤。可是，到土地庙里找个木头牌位试一试，不管上头写的是“山神爷”还是“土地佬”，也不管是“胡三太爷”还是“胡三太奶”，你伸手拿它，它既没有血，也不出声，它跟别的木头一样，半点反抗能力都没有。这是为什么呢？因为它仍旧是一块木头。①

这段论说貌似理直气壮，实际上是主观的。调整个角度，譬如从信仰的角度看，这番论说就离题脱靶了，因为象征只是信仰对象的物质表现形式，并不等于信仰对象本身。或者，换个角度说，信仰存于人心；即便“把庙扒了，把泥像砸碎了，把木头牌位劈烧火了”，只要人们的信仰之心在，社

---

① 朱起：《破除迷信》，沈阳：辽宁人民出版社，1964，第80、81页。

会环境适宜的时候，表现的东西又会重新立起来。

就娲皇宫而言，这场冲突的结果是，现代门取得独尊的地位，儒门和道门归于寂静，成为历史陈迹，神鬼门和萨满门则隐入私人空间，成为“偷偷摸摸”的象征实践。

六　文化圆融

综观诸象征体系在娲皇宫的遭遇，较之冲突，圆融是更强大的力量。如果说，历史上佛门与神鬼门的圆融，因为缺乏相关的象征遗迹，难得看清其中的机理，那么历史上儒门、道门与神鬼门的圆融则以充分的象征遗迹呈现出来。活跃于当下的神鬼门、萨满门以及现代门，它们各自的特征，它们在同一方空间里的象征呈现，整体上更鲜明指向的文化间遭遇、象征体系间碰撞的状态是圆融。

历史上儒门、道门与神鬼门的圆融，通过碑文、地方志和本地人的口述史可得其概貌，本卷第四部分已做出这方面的努力。这里需要补充的一项历史上文化圆融的象征事实是乩文。娲皇宫 53 篇古碑文中有四篇是乩文，即《纯阳吕大仙大祖师重修广生宫碑记》[①] 朝元宫《重修碑志》[②]《吕仙祠无欲李大仙撰文碑记》和《吕仙祠孚佑帝君降文碑记》[③]。据碑文落款，乩文出自道门仙人，儒门人士只是负责传递仙人言说的媒介角色，这区别于儒门人士作为撰写人的碑记。下面摘录并分析《纯阳吕大仙大祖师重修广生宫碑记》，以见乩文的特征。

> 予李唐进士也，素性迂，不合世情，恐贻人羞，故潜居于黄鹤山白云洞。越百载而道始修成。然前我而修为师，后我而修为徒。后人欲增前人之修，前人已范后人之修，是人各有德，亦各有修也。故作功过格百有余篇，以渡群迷。人知田可修而不知心田之尤可修，人知□可修而不知安定之光可修。非渡人之不工，亦人秉赋之不齐也。然而非吾之所

① 此碑镶于广生宫正门外碑亭墙体，落款年代为皇清乾隆岁在辛丑（1781）。

② 此碑立于朝元宫正殿前，落款年代为皇清乾隆五十五年（1790）。

③ 此两碑立于吕仙祠天井，原碑无题，题名为我附加，落款年代分别为嘉庆二十四年（1819）和大清光绪五年（1879）。

敢望，且以吾之居是山也，柏子松花惟吾所茹，茅岩静谷惟吾所居，香泉挂壁可以濯巾，鸟语花明可以自适闷。坐诗一篇，逍遥；琴一曲，优哉游哉。而非唐山之可比。吾尝于三月望日，与天上诸仙来朝于斯。春风拂拂，绿柳依依。于是，歌于此，乐于此。而人之往来奔走，求福亦于此。吾于此而叹，仙友亦于此而笑，谓吾知乎古而不知乎今。既能乐乎己而忧乎人，不亦伤之甚哉。虽然□亦诬矣，夫东齐西秦、南楚北燕，一时间而人情□见莫不为子孙计。噫！独不观周南之诗乎！螽斯比美，麟趾兴歌。试问亦曾修齐否？抑以待广妾继徽音，则百斯男耳。人能心后妃之心，行后妃之事，自有桂子兰孙郁郁生辉。倘或命之不，犹亦复何憾。不然神亦不祐。自古明德维馨，吾之所望寔在于此。至于□□效力，不亦徒生抑戚也哉。人请予作文以志之，此皆世人之习而非吾之所乐，取彼自志之。

乩师杨家庄府学生员李灿。漳滨静宁斋居士崔峻德沐手□书。

皇清乾隆岁在辛丑（公元 1781 年）大吕月。

住持道会司道会石来珠、石来玉，徒申复望、刘复缘，徒孙王本宁、侯本□、王本润仝立。

根据内容，可将这篇乩文的正文分作四个章节。

①予李唐进士也，素性迂，不合世情，恐贻人羞，故潜居于黄鹤山白云洞。越百载而道始修成。然前我而修为师，后我而修为徒。后人欲增前人之修，前人已范后人之修，是人各有德，亦各有修也。故作功过格百有余篇，以渡群迷。人知田可修而不知心田之尤可修，人知□可修而不知安定之光可修。非渡人之不工，亦人秉赋之不齐也。然而非吾之所敢望，且以吾之居是山也，柏子松花惟吾所茹，茅岩静谷惟吾所居，香泉挂壁可以濯巾，鸟语花明可以自适闷。坐诗一篇，逍遥；琴一曲，优哉游哉。而非唐山之可比。

②吾尝于三月望日，与天上诸仙来朝于斯。春风拂拂，绿柳依依。于是，歌于此，乐于此。

③而人之往来奔走，求福亦于此。吾于此而叹，仙友亦于此而笑，谓吾知乎古而不知乎今。既能乐乎己而忧乎人，不亦伤之甚哉。虽然□

亦诬矣，夫东齐西秦、南楚北燕，一时间而人情□见莫不为子孙计。噫！独不观周南之诗乎！螽斯比美，麟趾兴歌。试问亦曾修齐否？抑以待广妾继徽音，则百斯男耳。人能心后妃之心，行后妃之事，自有桂子兰孙郁郁生辉。倘或命之不，犹亦复何憾。不然神亦不祐。自古明德维馨，吾之所望寔在于此。至于□□效力，不亦徒生抑戚也哉。

④人请予作文以志之，此皆世人之习而非吾之所乐，取彼自志之。

第 1 章，吕大仙作自我介绍。第 2 章，吕大仙说，在三月庙会期间他与天上诸仙来娲皇宫。他们的来意，大仙用了“朝”这个字，没提及“朝”的对象。或可补以“娲皇圣母”，就是说，他们的来意是来朝见娲皇圣母。第 3 章，目睹娲皇宫香客云集许愿求子的情景，吕大仙有感而发。感言的大意，翻译为白话文是：“哎呀，为什么就不读一读《诗经》周南呢？经典中有记载，修身齐家，子孙昌盛并且仁厚。请问香客们，你们做到修身齐家了吗？① 也有这样的记载，周文王的后妃大姒不嫉妒周文王纳妾，所以她有一百个儿子。如果你们能有像她一样的心态，能像她一样做事，自然子孙昌盛。② 退一步说，只要依循经典，即便命中无子，那又有什么可以遗憾的呢。如果不依循经典，神灵是不会保佑的。古往今来，彰显德性才能流传广远，这也正是我所期待的。至于，请□□帮忙，那岂不是自寻烦恼嘛。”第 4 章，吕大仙交代作这篇文章的因由。

通过上面的分析，可以看出，吕大仙以道门仙人的面目出现，但乩文第 3 章引经据典的行文形式、引用的内容，以及他所谈及的核心理念“明德维馨”等，都分明出自儒门。扩张开来说，通观全篇，第 1 章、第 2 章彰显道门风范，第 3 章自感叹词“噫”字开始到结束彰显儒门风范。以此推断，

① 《诗经》周南之十一：麟之趾，振振公子，于嗟麟兮。麟之定，振振公姓，于嗟麟兮。麟之角，振振公族，于嗟麟兮。朱熹集注《诗集传》：文王后妃德修于身，而子孙宗族皆化于善，故诗人以麟之趾兴公之子。言麟性仁厚，故其趾亦仁厚。文王后妃仁厚，故其子孙亦仁厚。《大学》：古之欲明德于天下者，先治其国；欲治其国者，先齐其家；欲齐其家者，先修其身；欲修其身者，先正其心；欲正其心者，先诚其意；欲诚其意者，先致其知；致知在格物。

② 《毛诗正义》卷十六：大姒嗣徽音，则百斯男。大姒，文王之妃也。大姒十子，众妾则宜百子也。[疏] 正义曰：定六年《左传》曰：“大姒之子，唯周公、康叔为相睦也。”大姒为周公、康叔之母，是文王之妃也。又解大姒一人而有百男之意，以大姒一人有十子，不妒忌而进众妾，则宜有百子。能有多男，为国之屏翰，是妇人之美事，故言为大姒之德也。

可以说，作者吕大仙是一个文化圆融体，亦道亦儒，一身圆融两个象征体系。

乩文这种文化表述形式，与萨满门中神灵借萨满发言同出一辙，即超凡的神圣直抒己见；区别只有一点，即道门仙人以文传言，萨满门神灵则以说唱传言。

从1978年至今的三十余年，娲皇宫文化的突出特征体现为神鬼门、萨满门与现代门的圆融。在这个时段，娲皇宫可供分析的相关象征事实比较丰富，下面我拟从社会与个人两个层面，阐发此具体时空的圆融格局，以见其一般性的启发价值。

象征体系的圆融落实于具体的社会，格局因时势而异，并且关键人物的能动性在其中起到关键的作用。按圆融格局，娲皇宫这三十余年又可细分作两个时期，即程耀峰时代和旅游文化时代，前者体现为交融式的圆融格局，后者体现为包容式的圆融格局。

程耀峰时代，时间跨度为17年，即从1978年涉县文物保管所成立、程耀峰任首任所长着手娲皇宫的恢复与重建时开始，到1994年程耀峰离休时为止。在娲皇宫这方空间，神鬼门、萨满门与现代门的圆融呈现为交融式格局。彼时彼地，一方面，在国家层面，现代门时间模型的惯性尚在，具体到娲皇宫，文化冲突的硝烟尚未散尽；另一方面，涉县文物保管所的成立所表征的时势是现代门空间模型开始浮出水面。在这样的现代门内部文化转型背景下，神鬼门和萨满门文化逐步伸展，现代门空间模型文化逐步伸张，这两个伸张过程是融为一体的。换言之，从先前香客、马僮及其追随者与娲皇宫的隔离状态，到他们逐渐活跃于娲皇宫，这个过程与作为文物的娲皇宫从先前的破败状态到逐步得到恢复与重建，它们是内在于娲皇宫同一段历史进程的两个维度。并且，需要补充的是，在这个时代，这三个象征体系在娲皇宫实现从冲突到圆融的转换，并且一跃进入交融式的圆融格局，程耀峰的能动性起到关键作用。

程： 搞娲皇宫的时候，当时他们，县委那个时候，他们不支持。县委他们是怎么办？他们是这个，是没法干预。我文物保管所一成立，公开保护文物，他们不能干涉我。我斗争的对象，就是书记、县长、局长这一级的；就是索堡镇里边，公社吧，那个时候的那伙头头们。其他，没有。就是这一伙人，嘿嘿。那个时候，再说，在搞那个时候，比方说烧香，在那儿，通过三个难关。第一个是烧香，这个怎么办？第二个是，这个，塑像。第三个是恢复舞台，唱戏。这三个难关。这公开以后，都是这样。但没有的时候，这个书记，韩贵发，去那儿吹胡子；我小子当时在那儿，骂小子。小子回来，跟我说："不了。"

鲍： 他说什么？

程： 说的话很难听，很不好听，我不知道具体说了什么。小子回来，跟我哭了："不了。"为啥不了呢？"不了，咱回了，不在这儿了。"那个时候是县里没经验管，可以说就是没经验管。但是，他们去干涉，也没法。为啥？去找我，我说得有理，我说搞文物的。"迷信问题，烧香，这个不得行。"书记跟我谈过。我说："可以。这个谁的责任嘛？我是搞文物的，你给我个，兼公安局局长，行不行？这是一个。你给我拿文件，我该怎么办怎么办。"这个可，哎呀。详细说，可以谈一天半到两天。你看，娲皇宫在那个时候，开始就是钱，群众集资来的，省里边（文物局）给点，后来给的很少很少。集资来的。咱修。省里边那个指导思想，不淌不漏，不淌不漏就行了，不准再修复、大修。

鲍： 烧香的问题怎么解决了？

程： 烧香问题啊，这个问题怎么解决啊。跟你说，开始烧香的时候，这个，开始，在娲皇宫有几个，坐夜，晚上不走啊，群众坐夜。不走，过去都是在这个三阁楼那个大石窑里边坐的，解放前。现在，群众还是不下来。最后，怎么办呢？叫作"移下来"，移到那个广生宫。怎么移到广生宫呢？这个也费劲了。老婆们藏起来，藏到大石窑后面。整她们下来。

鲍： 您说，解放前坐夜是在？

程： 都在那个大石窑，也就是那个大石窟吧，阁楼下边，阁楼是坐在那个石窟上的。都是在那儿坐夜。黑夜不回。现在，叫这个下来，也费劲了。跟老太婆说好话，实在不行，最后一个，没法，怎么也不愿意，我就叫他们把老婆抬下去。

鲍： 把什么抬下去。

程： 把老婆，把坐夜这个老婆，老太太嘛。这个老太太就："我下不去了，我不下了，就在这儿了。""不行，这个吧，年轻人们，咱服务员把老婆背下去。”背着，出了门呢，她才不了：“我下，我下。”哈，这样弄的，才过去，到朝阳宫去。朝阳宫这又出问题。又出什么问题呢？又出了这个问题了，又出了，县里出了问题了。县里边，通知公安局，局长叫姚敬廉，宋风堂是管这个的。“坐夜，那不行！”没办法。姚敬廉他是公安局长，他还是比较有水平，他说：“你不违法，这个事怎么弄啊，这个事。”最后，就这样没法了，找我：“咱怎么弄，老程，你说这个事。”我说：“走，我去问，你不去我去。”我就跟他说了。最后，我就去找他主管书记，也是个工农干部，哈哈哈，极“左”一些。我去了以后，我就找他。我说：“宋书记，娲皇宫咋了？”涉县话，带农民口气。“你是这个弄啥子事？”带着涉县口音。我说：“保护文物。”“保护文物烧香？”哎呀，这个事不能详细讲，大致说说吧。我说：“这个，不能搞这个烧香，怎么办？”“带香的不能进去。”我说：“不能进去，可以。宋书记，你给我个搜查证。”“怎么还搜查证呢！”我说：“你看，人家篮子里边框子里边盖着呢，书包里面提着，拉着锁，我怎么看人家呢？”是不是，你没有搜查证，怎么搜查人家呢！那个时候，开搜查证，就是刚执行，第一年执行，刚执行。最后，我说：“你看，宋书记，人家烧香，烧香磕头，不违法，咱这个，咱没有搜查证去搜查人家，咱违法行为限制人家不违法的，这个事道理不通吧。”“呃，这个啊，呃。”我说：“你看，你说呢？你给我搜查证，可以，我去搜查，你说呢？”“呃，这个，这个不可。”我说：“宋书记，咱‘文革’才结束。”他也在“文革”间也是个对象不，咱也接触了。“你要是不愿意就叫他们回去吧，不要叫我做那个，不然我是违法者。”“呃，呃。”最后，不了，我也走了。我跟姚局长—公安局长说。公安局长说：“咱违法才执行，人家不违法，咱怎么弄呢。”他有水平。这个没水平，这个书记没水平。最后，不吭了。这以后这事就把他堵住不吭了。后来，还是坐夜这个问题，在歇马殿坐夜这个问题。那个时候啊，全县干部，跟你说，没有不反对我的。

鲍：哦。

程：跟县委书记一直提，怎么提呢？他们都极“左”一些。搞封建迷信，那个时候才“文革”（结束），这个可是厉害呀，哈哈哈哈。都告我，村里村外有时候不是盖盖庙呀，限制人家。娲皇宫没有呢？管理的少一些了。不知道保护文物，这是文物，你这不是文物。他们不知道这个。一开会，乡镇公社会议吧，都是提这个意见，都是提这个意见。哈，书记也没法，最后，这不那儿也烧香厉害，就通知我别叫黑夜坐夜，通知我。通知了好几次，我就没有回来。在那儿娲皇宫半个月回，我去那儿已经八九天了。最后，我拖了三次。那时候不是电话也没有，文物保管所一个女同志专门坐了车到娲皇宫叫我去。我说这个得回呢，你想，催了三次。我说我回。

回了以后，我到文教局一问，他说通知文教局局长。文教局局长讲："（宣传部）周部长，"那时候是部长、常委，后来才成了书记了，"人家通知让你去。"我说，那天下午了，我说："不去了，明天。""哼，你今天就快去。"我说："不去，明天。""为啥不去？""累，累了我。"我回了。

第二天上班，去了。我去以后，那是文教局了。文教局长："你先去吧，我一会就去。"

我去了以后，人家问我："我叫你回来为啥呢？老程，咱这个事，你看，坐夜可不行呐！"我说："为啥不行？我说你说为啥不行？"我说："我参加工作这么几年，做了将近四十来年了，我这没有办过好事，好事办过的很不够。就今年这个事我办得很好的事，怎么你说不行，我错了？错哪里？我说，你说错在哪点？这些老人们，晚上走不了的，都是上了年纪的，都是外地人啊，大部分是外地人，都是上了年纪的，有的小脚，六七、七八寸，怎么办？在歇马殿嘛、广生宫，在那儿坐夜，那不是坐夜，那叫坐夜？"

我说："周部长，那叫坐夜？我还在娲皇宫躺着，那叫躺夜？"我说："谁要是舒舒服服，我躺下。本来，我也是觉得，领导不觉得就算了。刚才我想了想，不对，我躺倒还要起来，没有这个事啊。"我说："躺倒以后，我又起来，为啥躺倒又起来？在被窝里躺着，倒舒舒服服的。这些老人们呢，在林山、在野地、在庙里面，就冷，哎呀，实在良心下不去。我说是，别说他们是都是人民，没有一个敌人，其中没有一个敌人。就是敌人，蹲在监狱里面啊，咱也得讲人道主义，就说明天要枪毙他了，中午早起还是要炒碗饭！你说，她们又不是罪人，首先肯定。你说她们是罪人，咱是不知道的，是吧。这些老人们，我觉得不是罪人，我这是尊重她们。所以，有天晚上，我躺倒以后，躺倒以后，我又起来。我叫服务员们，‘去，把她们一个一个地请进来。’我一个一个地请进来的。这是我办的，我认为是办了一个好事，怎么说是不好啦?！再一个，每天，请进来以后，在广生宫，每天有人值班，防止失火。请进来以后，首先讲了保护文物的目的，为什么要保护娲皇宫，一个一个地跟她们讲了。破除迷信也讲了。不是迷信，咱们是保护文物，这是祖先留给的文化遗产，跟她们都讲了。俺派人值班的，失不了火。你说这个错在哪点？你说错在哪点？你说？要是宣传俺讲得不够，你宣传部讲，那不是俺的责任！宣传部光部长就三四个，部长去，你有水平，你咋个不让部长去?”

他不吭。“你咋个扯这个?”我说：“部长不也是工作吗？就在这半个月里面，这是群众最多的地方、最集中的地方，你不会去宣传呢？你也去，生怕照顾不好我负责。”哈哈哈。

他不吭了。“这样行吗？部长。咱这样，共产党要正大光明，咱只要对，咱不怕群众。咱这样，你现在这样吧。我跟群众讲，不要她们坐夜可以。我现在是同意，坚决同意，还并且认为，参加工作以来这是办了一件最好最实际的事。不叫群众在外边冻着，要是她们受了风、病了、感冒了，咱良心怎么下去呢！是吧。我说这么吧，部长，你也不要难为，我去那儿跟群众讲，就这么讲，我是愿意让你们去，怕冻坏你们，怕摔伤你们，怕这个的，宣传部长不叫！”“谁谁谁不叫了，咋个能这样讲！”我说：“只要你对，怎么你不敢见天！”

最后，没法了，催着我走。“算了，算了。”不吭了。我说：“为啥不敢见天？咱共产党是正大光明的党，为什么不敢见天、见群众呢！咱宗旨就是全心全意为人民服务的，为什么不敢见群众、见天呢?”他不吭了，一声也不吭了。“算了吧，算了吧。”推着我走。“走了吧，你走。”我最后，我说：“哎呀，我说是，我原来一直认为，爹亲娘亲没有党亲，总认为是这个，现在体会到了，但看是哪个人，这个党。哎呀，还不如认为，啥也不如老婆亲，哈哈哈哈。你看，我在娲皇宫七八天了，早起晚睡，睡不好，休息不好。一进门，老婆说，‘呀，瘦了啊。’说我瘦了，这是个事实，人就是瘦了。嗯，结果呢，领导说了反而有了罪了，所以，从这个事上看，党没有我老婆亲！”哈哈哈，咋样？这不他不吭了。“走吧，走吧。”

我就走了，出来了以后，局长去了：“怎么了，把你找去了？”我说：“不说了，回去吧。”

这是坐夜这个问题，这样解决了。烧香问题也那样解决了。[①]

可以说，程耀峰领头的文化事业历经重重阻力，但时势所趋，程耀峰和他的团队终究一路披荆斩棘，把娲皇宫带入文化圆融局面—文物得到保护，群众的信仰得到伸展。一定意义上，程耀峰延续了历史上官府参与娲皇宫工程的经验，譬如香客捐资、地方精英参与工程管理，等等。

我在娲皇宫，在那儿，后沟的八个村，组织了一个义务保护组。为什么叫义务保护组呢？我的目的就是，它有好几用。第一个，监督给娲皇宫供给的材料，开始搞嘛；第二个，监督娲皇宫，工作人员，各方面，财务都公开；第三个，它能宣传，给群众宣传娲皇宫，去年怎么样，收入了多少钱，修了什么样，给群众宣传，这是第三个。后边的八个村，一个村一个，后来成了两个，有的村一共十个人。最后，你看这个，对群众监督来看，第一个，我就组织这八个人。为什么？这几个人，多数是老党员、老干部。第二个，在群众中有威信的，群众中有威望的。最后呢，怎么办？我每年三月庙会以后，三月庙会前，三月庙会娲皇宫的收入占到全年的百分之八十五，就庙会这个收入。整个开支就知道了，今年这些钱怎么办？我告给这些人，计划修哪一项、修哪一项、修哪一项，都要告给项目……这不他们也要跟群众说了，也知道了。每一年是这样的。所以，这个，群众说我没有贪污，公开的，在群众中就公开了。我叫会计，收入什么钱，收入多少多少，去年咱们计划维修项目，这几个老头都知道。今年计划弄啥弄啥，跟群众讲。完成了没有，都完成了。[②]

旅游文化时代，从程耀峰离休时的 1994 年算起，延续至今。娲皇宫这方空间，神鬼门、萨满门以及现代门进一步伸展。但就伸展程度而言，现代

① 摘录自我访谈程耀峰的音像。

② 摘录自我访谈程耀峰的音像。

门的伸展远超出其他两个体系的伸展。文化圆融呈现为包容式格局，即现代门包容神鬼门与萨满门。这个时期，现代门嵌入娲皇宫、统领其实践的关键词有两个：一个是旅游，另一个是文化。

2000 年，涉县政府机构改革，文物保管所并入旅游局，旅游局成为娲皇宫的主管部门。换句话说，在现代门脉络里，娲皇宫的角色发生转变，即从先前单纯的文物保护单位角色转换为文物保护单位兼旅游景区的角色。

王凤堂（以下简称王）：嗯，2000 年，就 2000 年以后吧。2000 年以后，县里边把文物保管所和这个旅游局整体合并，把文物保管所整体合并到旅游局，成立了涉县文物旅游局。从 2000 年以后，从 2000 年以后啊，政府，县委县政府啊，对这个文物保护的认识都比较重视，每年都要投入一定资金对全县文物保护，不仅仅是娲皇宫。娲皇宫嘛，是在19……成了全国文物保护单位，是 19……哪一年了，想不起来了，哪一年成了全国重点文物保护单位，想不起来。96 年，想起来了。

鲍：96 年啊。

王：对，1996 年 11 月份，成了国务院公布的第四批全国重点文物保护单位，96 年。到 00 年，合并以后，县委政府对这一块就非常重视了，每年投入大量资金，对这个文物进行修复、保护、开发、利用。这一会儿，占地面积吧，由原来这个 2000 多平方米扩张到现在这个山上山下，占地面积 500 多亩。

鲍：哦，规模扩大了好几倍。

王：占地面积扩大了，景区面积扩大了。这是在建筑方面。在建筑方面，上级文物部门也给了很多支持，国家文物局，还有省文物局、市文物局，从上到下文物部门给了很大的支持。每年都要把这个划拨保护资金，专款专用，用于文物的保护。这是在建筑方面。①

从上面我访谈涉县文物旅游局干部王凤堂先生的记录，可以看到，娲皇宫被赋予旅游景区的意义之后，建筑规模急剧扩张，从 2000 多平方米扩张到 500 多亩（相当于 33 万平方米），大约是先前的 165 倍。换个角度说，在

① 摘录自我访谈王凤堂的音像资料。王凤堂时任涉县文物旅游局干部。

现代门的脉络里，作为文物保护单位的娲皇宫摇身一变，成为娲皇宫旅游景区的一个点，一个焦点。

鲍：原来你们是分开的两个单位，文管所，专门管各个文物部门，是吧，文物点，是吧？现在跟旅游局是并在一块了。

王：是，是。现在就是，文物保管所，属于文物旅游局下面一个科室，股级单位，原来文物保管所是属于文教局下边的一个股级单位，现在就是属于旅游局下属的一个股级文物保护单位。

鲍：现在跟旅游靠得更近一些，哈哈。

王：对、对、对，是。

鲍：希望用旅游来养这个这个事业吧，是吧？

王：是，是。因为它这个旅游跟文物，它有时候不可分割，它们就是一个整体，不好往下划分。虽然它们在性质上，一个是保护，一个是开发；但是它那个，你文物啊，仅仅，旅游得紧紧依靠、依赖文物。因为娲皇宫它就是全国重点文物保护单位，没有这一个重点文物保护单位，它就开发不出来这个旅游景点。用娲皇宫这个文物保护单位，以它为中心来开发一个以娲皇宫、女娲文化为主这样一个旅游景区。现在，这个娲皇宫是全国，国家级吧，AAAA级旅游景区。它既是旅游景区，AAAA级旅游景区，又是国家重点文物保护单位。

鲍：二合一了，是吧？

王：二合一了，哈。

鲍：这个，保护与开发合在一块儿了，是吧？

王：是，是。

鲍：合在一块儿来做。

王：对。这就要求我们在工作中，对这个开发提出了更高的要求。你这个开发，首先要考虑到对文物的保护，在保护文物的前提下，合理开发，合理利用，而且不改变文物保护单位的原貌，不改变它的结构。在这个条件，决定了这个前提之下，这才能进行开发，才能合理去开发一些旅游，景观、景点。[①]

---

① 摘录自我访谈王凤堂的音像。

我对2009年娲皇宫三月庙会参与者抽样调查结果显示，参与者参与庙会的年限，20年以上的占8%，10多年的占13.5%，不到10年的占78.5%[①]。这个数据从一个侧面说明，最近10年间庙会参与者急剧扩张。参见图4。

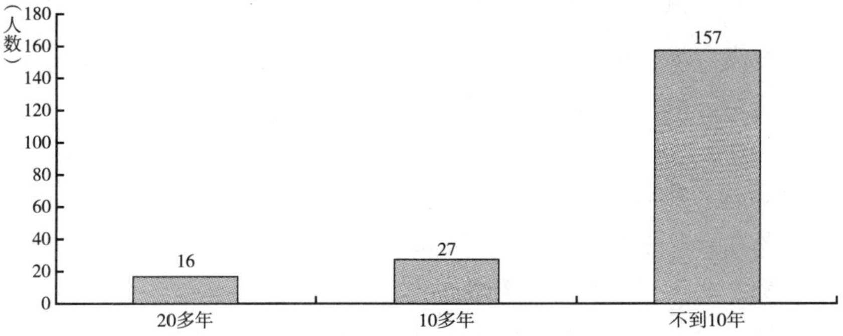

图4　娲皇宫庙会参与者参与年限

旅游文化时代，现代门嵌入娲皇宫的另一个关键词是文化，文化的焦点是女娲。现代门实践者的相关努力体现在理论与实践两个维度。在理论层面，一方面，激活历史上儒士在这方空间所做的关于女娲的叙事；另一方面，在社会进化论的脉络里定位女娲。在实践层面，一方面是传承，进一步激活神鬼门祭祀仪式，将其纳入女娲文化；另一方面是创新，围绕“女娲文化”概念展开活动，诸如创立公祭女娲大典、创办女娲文化节，等等。

20世纪40年代的冲突中，儒士与道士在娲皇宫消失，儒门、道门在这里归于寂静。在一定意义上，现代门语境下所谓的专家、学者已取代先前儒士的位置，续写娲皇宫的意义。作为历史象征资源，儒道两个系统围绕神话人物女娲的象征建构成为现代门圆融神鬼门的缘起和支撑。

本卷第四部分阐述佛门、儒门、道门的象征遗迹，其中谈到儒门通过建筑工程把女娲嵌入神鬼门，相关的理论努力则体现在以下四个维度。①神话的理性化，即女娲由古籍里的神转变为人。②功德观延伸入神鬼门。③在儒门脉络里定位香客庙会实践的逻辑，即香客竭诚进香，这是因为他们

① 调查表设计人与调查人鲍江，调查地点河北涉县娲皇宫旅游景区入口附近售票处旁，调查时间2009年4月5、6日。调查样本总计200份，实收202份，其中编号064、065的表格重复，去掉其中的一份两张表，实际计入统计分析的表格为200份。

进香的对象是功德卓著的女娲。④从社会治理的角度阐发圆融神鬼门的意义，所谓“神道设教又以佐礼乐，则被之所不及者”[①]。现代门实践者承袭儒门路数，并进一步发挥，把女娲嵌入社会进化论的脉络，将其明确定位为一位母系氏族社会时代功德卓著的部落首领。对于古籍所载的女娲叙事，现代门实践者将其凝练为“六大功绩”的说法，即炼石补天、抟土造人、正婚姻、殄共工、止洪水、制笙簧，加以圆说。譬如，涉县本地学者江耀堂的观点。

江：我对这个女娲的认识，我认为她是一个真正的、现实当中的一个女性，一个伟大的女性，她就是一个人。

鲍：就是一个祖先，是吧？

江：对，就是一个祖先。就是在母系氏族社会里边，就是一个社会，由于她的，可能她从小，小时候，就聪明过人，所以说，在她成长的过程当中，被部落里边，推为自己的首领。她是实实在在的一个人。你像咱们就是在有历史可考的这些人，都是现实社会当中真实的人。就是在传说当中，这些人物，既然被人们千百年来传颂下来，肯定是有其人。

鲍：只是把她神化了，是吧？

江：只是把她神化了。这个人确实是有。没有，人们是杜撰不出来的。[②]

女娲的六大功绩，按他的阐释，炼石补天，这里的“天”字指屋顶，炼石补天指女娲开创用石灰加工屋顶的方法；抟土造人，这里的“造人”指造化于人，抟土造人指女娲开创一种提高婴儿成活率的方法；正婚姻，指女娲确立群外婚制度；殄共工，指女娲消灭恶势力维护社会安定；止洪水，指女娲治理洪水；制笙簧，指女娲发明乐器。

江：从这六个方面谈，咱们现在就记得她六大功绩吧。这六大功绩

① 参见古碑碑文《重修娲皇圣母庙碑记》，此碑镶于娲皇阁石阶一侧墙体。

② 摘录自我访谈江耀堂音像资料。江耀堂，涉县人，生于1960年，曾当过小学教师、校长，我访谈时（2009）他就职涉县文化馆，任馆长。

里边，你看这个女娲，是一个全才，她是一个全才。

鲍：什么都懂，是吧？

江：什么都懂。她主要就是一个，很可能啊，在当时的这个生产，物质生产方面和精神生产方面，在利用自然与改造自然，在女娲的那个时代啊，恐怕就积累了前人的很多经验。也有很多经验，并不是从女娲这儿刚刚开始，恐怕在过去就积累了很多经验，但是到她这一代手上，她就善于能把前人的这些经验更好地进行总结，并且使它规范化，使它程式化，并且有一些东西是她形成了法律化了。从这几个方面看，这个女娲啊，善于总结经验；再一个，善于发现问题，善于分析问题，善于解决问题。为当时人类的生存与发展打下了一个比较程式化的一个基础。人们之所以怀念她，就是因为她的功绩太大了；再一个就是说，她对过去这些经验能够很好地总结；另一个就是能够打破当时的一种这个……

鲍：习惯吧。

江：习惯，能够打破习惯。我认为，这个女娲，这个母亲啊，按现在来说，这个人的思想相当解放，相当解放。不被过去的一些经验、程式化的东西所束缚，她能够跳出圈来。思想相当解放。所以说，她的功绩，她没有解放思想，她就不会有这么大的功绩；只有解放了思想，才能够出现大的成果。你如果你就被古人的思维固定了、程式化了，因循守旧，那你还会发明创造吗？你就不会了，是吧。凡是有大成果的，帝王将相也好，或者就是专业人员也好，都是，出大成果的人都是思想相当解放的，不被古人……

鲍：束缚。

江：所束缚。我认为呀，应该，咱们现在应该学习她解放思想这个精神。实际她留给了我们只是个精神财富啊。解放思想只是个精神财富。不要想着是古人就都是因循守旧的，并不是。在咱们的古人里边，思想相当解放的人，多的是。凡是做出大成果来的人，都是思想解放的。这是她的一个精神。现在咱们就是。在咱们涉县这个地方，也是学习她这个精神。①

① 摘录自我访谈江耀堂音像资料。

在实践层面，现代门嵌入神鬼门的努力，分两个层次，物和仪式。物的层面，涉及国家层面的文物事业；仪式的层面，涉及国家层面的非物质文化遗产事业。具体到娲皇宫，在旅游文化时代，这两项事业，尤其是非物质文化遗产事业的伸展呈现为跃进态势。

(1) 1996 年，娲皇宫及石刻，列入第 4 批全国重点文物保护单位名录。①

(2) 2003、2004、2005 年，涉县，连续三年举办“中国涉县女娲文化节”。②

(3) 2003、2004、2005、2006、2007、2008 年，涉县，连续六年举办“公祭女娲大典”。③

(4) 2006 年，涉县，被中国民间艺术家协会命名为“中国女娲文化之乡”。④

(5) 2006 年，涉县，“中国女娲文化研究会”成立。⑤

(6) 2006 年，女娲祭典，列入第 1 批国家级非物质文化遗产名录。⑥

(7) 2008 年，涉县，举办“中国女娲文化首届高层论坛”。⑦

(8) 2009 年，涉县，举办“中国首届女娲文化节”。⑧

(9) 2010 年，涉县，举办“中国·涉县庚寅年公祭女娲大典”。至此，涉县已连续举办了四届女娲文化节和七届公祭女娲大典活动。⑨

下面，全文转引涉县县长在 2008 年涉县举办的“中国女娲文化首届高

① 参见国家文物局网页 http：//www. sach. gov. cn/tabid/96/InfoID/22/frtid/96/Default. aspx。

② 参见新华网网页 http：//www. he. xinhuanet. com/zhuanti/2009gk/2009 - 09/17/content_17741723. htm。

③ 参见新华网网页 http：//www. he. xinhuanet. com/zhuanti/2009gk/2009 - 09/17/content_17741723. htm。

④ 参见新浪网页 http：//news. sina. com. cn/c/edu/2006 - 04 - 11/11258668160s. shtml。

⑤ 参见新浪网页 http：//news. sina. com. cn/c/edu/2006 - 04 - 11/11258668160s. shtml。

⑥ 参见中国文化遗产网页 http：//www. ihchina. cn/inc/guojiaminglunry. jsp？ gjml_ id =486。

⑦ 参见《中国艺术报》网页 http：//www. cflac. org. cn/ysb/2008 -12/05/content_ 15102516. htm。

⑧ 参见《中国艺术报》网页 http：//www. cflac. org. cn/ysb/2009 -09/18/content -17737207. htm。

⑨ 参见《邯郸日报》网页 http：//www. handannews. com. cn/epaper/handwb/html/2010 - 09/17/content_ 1592146. htm？ div = -1。

层论坛”上题为《打造文化品牌促进经济发展——涉县保护开发女娲文化情况汇报》的发言，以见作为现代门实践者的涉县政府“书写”女娲文化的大致脉络。

尊敬的各位领导、各位专家、各位来宾，新闻界的朋友们：

经过近两个月的精心筹备，由中国民间文艺家协会、河北省文联、涉县县委县政府、中国女娲文化研究中心共同主办的中国女娲文化首届高层论坛，在革命老区涉县隆重开幕了。在此，我代表涉县县委县政府向各位领导、专家、学者及新闻界的朋友们，汇报一下我县女娲文化的保护开发情况。

涉县作为女娲之都中皇山所在地，位于河北省西南部，晋冀豫三省交界处，是一个有着悠久历史的千年古县，早在50万年前就有人类在这里繁衍生息，是神话传说中女娲炼石补天、抟土造人、断鳌立极、耕稼畜生、制作笙簧、通婚立仪的地方。坐落在中皇山上的娲皇宫是我国建筑规模最大、肇建时间最早的奉祀始祖女娲的古建筑群，被誉为“华夏祖庙”。女娲是华夏古代人类和古代文明的伟大缔造者，是几千年来广大民众崇拜和敬奉的女神，是中华民族始祖之一。近几年来，我们致力于打造、传承和弘扬女娲文化，付出了不懈的努力。2005年，娲皇宫被评为国家4A级旅游景区；2006年，中国民协命名涉县为“中国女娲文化之乡”，并在涉县挂牌成立“中国女娲文化研究中心”；同年，“女娲祭典”被列为首批国家级民俗类“非物质文化遗产”。所有这些奠定了涉县在晋冀豫“金三角”地域文化的核心地位，也为我们在更大范围、更宽领域、更深层次传承和开发女娲文化打下了坚实的基础。回顾历届政府的不懈努力，我们主要做了如下几项工作。

一是从统一思想观念做起，注重引导群众对弘扬女娲精神的正确理解和认识，从而夯实传承女娲文化的思想基础。

几千年来，女娲文化得以传承发展的根在民间，人民群众是女娲文化薪火相传的主体。为使女娲文化及女娲精神的内涵真正为广大民众所熟知、了解，进一步深化对祭祀女娲的认识，我们多次举办女娲文化研讨会，采取多种形式广泛宣传女娲文化所承载的“造化自然、造福人民、自强不息、奋斗不止”的深刻内涵和炼石补天、抟土造人、断鳌立极、通婚立仪等济世救民、肇启文明的伟大壮举，大力弘扬始祖女娲战天斗地、勤劳勇敢、博爱仁慈、创世立业的高贵品德，在全县逐渐形成了一种保护和传承优秀民族文化传统的大环境，使女娲文化的传承和光大成为全县人民的共同心愿和自觉行动。

二是从建设精品文化景区入手，注重对娲皇宫硬件和软件的双重提升，从而打造传承女娲文化的坚实载体。

娲皇宫是全国重点文物保护单位，也是承载女娲文化的标志性建筑。在尊重历史、还原历史的基础上，我们坚持“硬件建设上档次、软件服务上水平”，全力锻造精品文化景区、龙头文化景区。景区建设，突出“文化”二字，以能够充分展示女娲文化形象、体现女娲精神为目标，突出人性化、精品化、规范化，先后聘请中国社会科学院、北京达沃斯巅峰规划设计院、山西省城乡设计院等国内知名规划设计单位进行了论证、设计和规划。2003 年以来，累计投资 3 亿多元，完成了娲皇宫一期、二期、三期恢复重建工程，修建了娲皇宫生态景区、门区、专线道路、停车场、服务中心、补天广场等重点工程，完善了基础设施，丰富了景区功能，提升了景区品位。如今，我们正在建设补天湖等工程，还计划建设补天台、女娲演艺宫和中国女娲文化博物馆等项目。在景区服务水平上，先后制定出台了《涉县旅游业管理办法》《景区导游服务规范》《游客投诉办法》《娲皇宫景区票务管理暂行办法》等一系列规章制度，规范了人员管理、票务服务、游客投诉、导游服务、文明礼仪等各项工作，并从北京等地聘请专家定期进行女娲文化、文明礼仪、讲解技巧等方面培训。如今，娲皇宫已经由最初的当地群众定时定点祭祀朝拜地，变为吸引晋、陕、甘、鲁、豫等广大北方地区群众齐集涉县、寻根祭祖的大规模活动场所。

三是从塑造文化品牌着手，注重发挥文化对经济社会发展产生的作用和效果，从而增强女娲文化的凝聚力。

在抓发掘与保护女娲文化资源的同时，我们从打造文化品牌入手，以女娲文化为纽带，以举办女娲文化节为载体，不断增强女娲文化的凝聚力、向心力和感召力。自 2003 年以来，我县连续三年成功举办了“中国·涉县女娲文化节”，连续六年成功举办了公祭女娲大典，每届文化节都邀请专家精心策划，邀请国家、省、市领导参加，邀请国内知名演员助阵演出。特别是连续三届女娲文化节，不仅吸引了众多当地群众，许多华侨社团、海内外宾朋、各地客商也踊跃参加，共签订名优特产品销售合同、协议278份，总金额48亿元；签约引资项目72个，总投资34亿元，引进资金28亿元，其中引进外资3400万美元。可以说，女娲文化节，不仅扩大了女娲文化和涉县在海内外的影响，而且繁荣了区域文化，促进了经济发展。

四是从保护文化遗产出发，注重对女娲文化内涵的发掘和整理，从而扩张女娲文化的生命力。

为切实加大对女娲文化的保护传承力度，县政府每年拨款30万元，一方面深入发掘其内涵，邀请全国各地著名学者对女娲精神和文化内涵进行深入的考证与定位。另一方面，系统收集和整理资料，先后编辑出版了《女娲文化和摩崖刻经研讨会论文集》《女娲文化》《娲皇宫的传说》《女娲故事》《女娲文化节资料汇编》等研究专辑，拍摄制作了《涉县与女娲》《女娲补天的地方》等影像资料，建立了女娲文化网站，组建了娲皇宫艺术团，创作了大型舞剧《女娲》，今年又计划投资3000万元筹拍30集电视连续剧《女娲》等。

五是从联合申报世界文化遗产着眼，注重对女娲文化的升华和包装，从而提升女娲文化在国内外的影响力。

在历届县委县政府的努力下，我们虽然做了一些工作，但站在提升女娲文化国际影响力的新高度，我们过去那种各自为政、单兵作战的方式和效果，已经很难适应当今世界文化大潮的冲击，亟须携手合作，共同努力。为此，县委县政府提出如下发展规划：一是在中皇山下建设中国女娲文化博物馆，高起点设计，高标准建设，全方位展示，使博物馆与娲皇宫互为补充；二是联络国内各女娲遗迹地和专家学者，成立中国女娲文化联谊会，加强沟通交流，联手互动举办学术研讨活动，深入发掘和研究女娲文化，联合申报世界文化遗产；三是在举办“中国·涉县女娲文化节”的基础上，创办中国女娲文化节和举办全国女娲公祭大典，把祭祀女娲活动升格为国家级祭祀，把女娲文化节打造成国际一流的文化盛会，从而使女娲文化在当今经济文化建设和构建和谐社会中发挥更大作用。[①]

---

① 参见新华网网页 http://www.he.xinhuanet.com/zhuanti/2009gk/2009-09/17/content_17741723.htm。

通览全文，突显一个“大”字。文本中高密度的“大概念”，华夏、国、国际、世界，如此体量，相形之下，娲皇宫，乃至涉县都化作微粒，不容易看清楚。

2003年，作为现代门实践者的涉县政府创办“中国涉县女娲文化节”。其中，有两项主要内容，一项是恢复三月庙会“摆社”仪式，一项是创建“公祭女娲”仪式。

公祭仪式，这在当时的中国并非孤立事件，据曾参与创建公祭女娲仪式的涉县文化局文化科干部李平义回忆，他们是在外出考察、学习交流的基础上做出来的。

鲍：李老师，你当时就是它公祭的时候，是以前没有什么摹本可以参考，也没有做过，是吧，当时你参与了吗？怎么操作这个事情？

李：公祭呀，它的程序，一个是访问这个老人；再一个就是伏羲文化节办了好多届，涉县组织有关人员到甘肃的天水，去那儿参观、学习；还到河南，这个，他们搞大型的这个公祭的仪式。参照他们的程序，内容是女娲祭典的内容。

鲍：哦。

李：互相学习、互相交流的一个过程。那个，张科长又专门，和带着有关人员，到陕西、山西、河南、湖北，都进行考察，还有山东的，山东济宁。搞这个文学艺术的、民间文化保护的，他们也过来，我们都进行过交流。①

2006年9月27日，第四届公祭女娲大典在娲皇宫举行，新华网河北频道进行网络直播，全文摘录直播解说词如下。

[09-27 08：45] 为大力弘扬女娲文化精神，深刻挖掘女娲文化内涵，涉县于今日9时50分举行以“弘扬女娲精神、传承华夏文明、展现崇州风采、建设和谐涉县”为主题的公祭女娲大典。

[09-27 08：43] 公祭大典会场设在涉县娲皇宫补天广场，祭典的

① 摘录自我访谈李平义的音像。

广场花团锦簇，各式各样的彩旗迎风招展着，有火焰旗、彩旗、四季旗、功德旗、刀旗等，这些旗都以黄色为主色调。

[09－27 08：44] 本次活动由中国民间文艺家协会领办；邯郸市政府、省旅游局、省文联主办；涉县县政府、市旅游局、市文联承办。涉县是革命老区，亦被称为“娲皇故里”，传说中，始祖女娲在这里炼石补天、抟土造人，娲皇宫也因此被誉为“华夏祖庙”。

[09－27 08：47] 自2003年起，经文化部批准，涉县依托这一独特文化旅游资源已成功举办了三届女娲文化节，提升了涉县对外知名度和美誉度，推动了该县旅游产业的快速发展，促进了涉县与全国各地的文化、经济合作。

[09－27 09：10] 今年，涉县女娲祭典被列入第一批国家级非物质文化遗产名录。为扩大其影响力，涉县将继续举办公祭女娲大典活动。同时举办招商引资及旅游推介会、文艺演出两项活动。届时国内外从事女娲文化研究的知名专家、学者和文化名人（包括非物质文化遗产命名机构及研究学者）。国内大中城市旅游主管部门、旅行社、旅游协作组织代表。全国各地工商企业界代表等将齐聚涉县，共同参加这一盛事。活动期间，该县将组织独具特色的文化、旅游活动，中国京剧院的艺术家和著名演员将为来宾奉上精彩的戏剧节目。

[09－27 09：11] 在祭典即将开始之际，多家新闻媒体的记者已经架好照相机、摄像机，准备对大典进行报道。

[09－27 09：14] 工作人员们相继各就各位，为大典的开始作着各种各样的准备。

[09－27 09：20] 村民们陆续来到大典现场，准备观看祭典活动，好多村民都戴着黄色的佩巾，带着期待的心情准备为他们心中的“女神”祭典。

[09－27 09：28] 各个代表团都来到了现场，在指定区域站好。

[09－27 09：38] 播音员开始向各位来宾讲解涉县概况和现场布置情况。

[09－27 09：46] 现在是上午9时50分，公祭女娲大典正式开始，祭典主持、涉县政协主席樊爱国开始讲话。

[09－27 09：47] [涉县政协主席樊爱国] 尊敬的各位领导、各位

来宾，女士们、先生们、朋友们：女娲是中华民族伟大的人文始祖，炼石补天之功上际九天，抟土造人之德万世颂扬，功德无量，位列三皇。今天，五湖四海的华夏儿女，相聚娲皇故里、中皇山下，公祭始祖女娲，缅怀先祖功德，承继开辟精神。我宣布：丙戌年公祭女娲大典现在开始。第一项，请中共涉县县委书记崔建国先生致欢迎词。

[09 -27 09：48] [中共涉县县委书记崔建国] 尊敬的各位领导、各位来宾，女士们、先生们、朋友们：金秋太行，景色宜人；漳河两岸，瓜果飘香。今天，我们相约娲皇故里，汇聚中皇山下，隆重举行中国·邯郸·涉县公祭女娲大典。我谨代表涉县县委、县人大、县政府、县政协和全县39万人民，向各位嘉宾表示热烈的欢迎！

[09 -27 09：49] [崔建国] 涉县历史悠久，文化灿烂，是中国女娲之乡、千年古县。相传上古时期，人文始祖女娲曾在这里抟土造人，炼石补天，形成的战天斗地、敢于拼搏、造化民生、仁慈博爱的女娲精神，成为中华文明的重要组成部分。今年，涉县被中国民协命名为"中国女娲文化之乡"，并批准在涉县成立"中国女娲文化研究中心"；《女娲祭典》入选首批国家非物质文化遗产名录。20万年前，这里就有先民生息，西汉置县至今，历史长河的浸润穿梭，孕育了勤劳善良的英雄儿女，遗存下遍布全县的人文古迹，被联合国地名专家组评定为"千年古县"。

[09 -27 09：49] [崔建国] 涉县千峰竞翠，钟灵毓秀，是红色革命圣地、太行明珠。20世纪40年代，刘邓大军运筹帷幄，鏖战太行，救民族于危亡，解百姓于倒悬。九千将士进涉县，三十万大军出太行，谱写了一曲历久弥新的英雄赞歌，从这里走出了一代伟人邓小平和360多位将帅，被称为"中国第二代领导的发祥地"。改革开放以来，涉县继承革命传统，致力全面发展，老区面貌发生了翻天覆地的变化。如今的县城，街宽路畅，楼靓桥美，到处绿树成荫，鲜花盛开，宛如一颗璀璨的明珠镶嵌在漳河岸边；走进广大农村，处处青山绿水，村村整洁亮丽，就像一颗颗耀眼的宝石撒落在太行峻岭之中。

[09 -27 09：50] [崔建国] 涉县政通人和，发展迅速，是创业投资热土、经济强县。近年来，涉县着力筑巢引凤，招财纳宝，打造了投资的宝地，创业的乐园；发展大产业，培育大基地，做强大园区，建设

大项目，搭成了“三城一中心”框架。沟岭层田，行行果树缀满了农民致富的期盼；塔吊林立，个个项目承载着经济腾飞的希望；商贾云集，处处生机孕育了涉县美好的明天。古老的崇州有着辉煌的历史，现在的涉县更是生机盎然，一派繁荣。朋友们，让我们同祭华夏始祖，传承女娲精神，共创美好未来。

[09－27 09：51]［崔建国］祝中国·邯郸·涉县女娲祭典活动圆满成功！祝各位来宾精神愉快，身体健康，万事如意！谢谢大家！

[09－27 09：51]［樊爱国］第二项，请邯郸市人民政府领导赵险峰先生致辞。

[09－27 09：52]［邯郸市人民政府领导赵险峰］各位领导、各位来宾，女士们、先生们、朋友们：在这清风送爽、硕果盈枝的金秋时节，我们相聚在中皇山下，隆重举行中国·邯郸·涉县公祭女娲大典。这既是涉县人民的一件盛事，也是全市文化生活中的一件大事。在此，我谨代表中共邯郸市委、市人大、市政府、市政协和全市871万人民，向参加公祭女娲大典的各位宾朋表示热烈的欢迎！

[09－27 09：53]［赵险峰］邯郸位于河北省南端，西倚太行山脉，东接华北平原，邻接晋鲁豫三省，总面积1.2万平方公里，是国家历史文化名城、中国优秀旅游城市、国家园林城市、全国双拥模范城和中国成语典故之都。邯郸历史文化底蕴深厚，具有8000年的人类活动史和3100多年的建城史，战国七雄之一的赵国在此定都达158年，秦汉时是我国五大都会之一。邯郸历史文化博大精深，先后孕育和形成了女娲文化、磁山文化、赵文化、建安文化等十大文化脉系，其中尤以“中国成语典故之都”“中国女娲文化之乡”“中国磁州窑之乡”和“中国太极拳之乡”享誉中外。依托丰厚的历史文化，邯郸积极推进文化强市战略，全面提升文化竞争力，有力地带动和促进了区域经济的振兴和城市综合实力的提高，2005年全市生产总值和财政收入分别达到1166亿元和121亿元。

[09－27 09：55]［赵险峰］太行明珠涉县，是邯郸市极具文化特色的地域，相传女娲在此炼石补天，抟土造人，别男女、通婚姻、立四极、造万物，功德荫及后世，被誉为中华民族的第一始祖，涉县也被称为“娲皇故里”。国家4A级景区娲皇宫是我国建筑规模最大、肇建时

间最早的祀奉女娲的古建筑群，被誉为“华夏祖庙”。20世纪40年代，刘伯承、邓小平率领八路军一二九师浴血太行，“二次补天”，谱写了一曲曲壮丽的民族救亡之歌。无论是祈福人类的女娲，还是奋起抗战的将士，他们的精神将永远激励我们热爱生活，创造未来。

[09－27 09：58]［赵险峰］2003～2005年，我们连续三年成功举办了女娲文化节和公祭女娲大典，弘扬女娲精神，展示华夏文明，取得了丰硕的成果，打响了女娲文化品牌，进一步提高了涉县和邯郸的知名度。今年6月，涉县“女娲祭典”被国务院列入首批“国家非物质文化遗产名录”，与陕西黄帝陵祭典、湖南炎帝陵祭典、甘肃伏羲祭典、浙江大禹祭典并列全国五大祭祖大典。我相信，有各位领导、朋友们的鼎力支持和社会各界的积极参与，我们一定能够把以“女娲祭典”为代表的女娲文化塑造成为全国知名的文化品牌、优秀的旅游品牌。

[09－27 09：59]［赵险峰］祝中国·邯郸·涉县女娲祭典活动圆满成功！谢谢大家！

[09－27 09：59]［樊爱国］第三项，请河北省民间文艺家协会副主席杨荣国女士宣读中国民协贺信。

[09－27 10：00]［河北省民间文艺家协会副主席杨荣国］中共涉县县委、县政府：欣闻贵县隆重举行公祭女娲大典，这不仅是涉县人民的一桩盛事，更是中华民族的一件盛事，在此，中国民协向女娲公祭大典的成功举办表示热烈的祝贺，对为保护和传承女娲文化做出巨大贡献的涉县人民表示由衷的感谢和敬意！

[09－27 10：00]［杨国荣］女娲是我们中华民族的始祖女神，在我国文化发展史上流传时间最久远、地域最广阔，是最具民族特色和亲和力的伟大女性先哲。由此形成的仁慈博爱、造化民生、勤劳勇敢、战天斗地的女娲文化，在漫长岁月中已经化为支撑中华民族数千年传衍不衰的民族品格和魂魄。

[09－27 10：00]［杨国荣］涉县作为女娲文化的重要发祥地、流传地和祭祀地，多年来致力于女娲文化的保护，取得了斐然的成绩。无论是女娲遗迹的保护修缮、女娲文化的阐释研究，还是女娲文化的社会价值挖掘、文化形象打造，都走在全国的前列，代表了全国女娲文化保护、研究和开发的最高水平。今年授予涉县“中国女娲文化之乡”并

挂牌成立“中国女娲文化研究中心”，表达了中国文联和中国民协对涉县女娲文化保护、研究成就的高度肯定，也使涉县在女娲文化保护和研究方面担负起更重的使命和责任。

[09－27 10：01] [杨国荣] 我们希望涉县在已有成就的基础之上，继续发挥固有女娲文化的优势，在新时代继承和发扬女娲文化中的优秀基因，弘扬伟大的民族精神，将女娲文化品牌做大做强，为增强各民族人民的向心力和凝聚力，开拓进取，促进祖国的团结统一和社会的和谐发展，实现中华民族的伟大复兴做出更大的贡献！

[09－27 10：01] [杨国荣] 祝公祭大典圆满成功！祝涉县经济发展、文化繁荣，人民生活日新月异！

[09－27 10：02] [樊爱国] 第四项，全体肃立，奏祭乐一分钟。

[09－27 10：03] [新华网河北频道] 祭乐响起，大典广场的来宾都肃穆地望着女娲神像。

[09－27 10：03] [新华网河北频道] 祭乐奏毕，主持人上主席台宣读：第五项，鸣炮34响。

[09－27 10：04] [樊爱国] 第六项，击鼓9通，鸣钟9响。

[09－27 10：05] 鼓声、钟声，声声响起。

[09－27 10：06] [樊爱国] 第七项，向始祖女娲敬献花篮。请邯郸市委副书记杨慧先生代表中共邯郸市委、邯郸市人大常委会、邯郸市人民政府、政协邯郸市委员会敬献花篮，请河北省旅游局副局长赵学锋先生敬献花篮，请河北省文联副秘书长梁秀辰先生敬献花篮。

[09－27 10：06] [樊爱国] 请邯郸市文联主席杨英芹女士敬献花篮，请邯郸市旅游局副局长季松安先生敬献花篮，请中共涉县县委副书记栾亚飞先生代表中共涉县县委、涉县人大常委会、涉县人民政府、政协涉县委员会敬献花篮。

[09－27 10：07] [樊爱国] 请国电龙山电厂副厂长李悦康先生敬献花篮，请天铁集团总经理助理王国山先生敬献花篮，请新华社河北分社杨守勇先生敬献花篮。

[09－27 10：09] [新华网河北频道] 在背景音乐《祭祀音乐》之中，各位领导各位来宾纷纷走到女娲神像前，向女娲献上花篮。

[09－27 10：11] [樊爱国] 第八项，向始祖女娲敬香。请河北省

文化遗产保护中心副主任杜云生先生敬香，请邢台远大阀门有限公司董事长闫国安先生敬香，请河北宏达集团董事长郭红先生敬香。

[09－27 10：11] [樊爱国] 请河北华裕集团董事长王连珍先生敬香，请邯郸亚盛工程机械有限公司董事长常玉堂先生敬香，请长春联华档圈厂总经理于长春先生敬香。

[09－27 10：13] [樊爱国] 请邯郸中道实业有限公司董事长王孟堂先生敬香，请邯郸三龙房地产开发有限公司总经理秦克龙先生敬香，请中铁十二局四处工程队经理师书保先生敬香。

[09－27 10：19] 各位来宾在司仪小姐的引领下走到女娲神像前，向女娲敬香。

[09－27 10：19] [樊爱国] 第九项，请涉县人民政府县长范保平先生恭读祭文。

[09－27 10：20] [涉县人民政府县长范保平] 公元二〇〇六年九月二十七日，时值农历丙戌年桂月己未日，各界宾朋汇聚娲皇故里、中皇山下，谨以五谷三珍、雅乐礼仪，公祭华夏始祖女娲，致颂辞曰。

[09－27 10：21] [范保平] 始祖女娲 建功中皇 旷世伟业 千古颂扬 抟土造人 功绩无量 炼石补天 分明四象 通婚别性 始定伦常 制笙造簧 礼乐谱章 弭灾除患 万象安康 华裔夏胄 世代敬仰

[09－27 10：21] [范保平] 中华儿女 发奋图强 千年古县 传承优良 抗击日寇 浴血太行 紫荆丁香 情系帅将 攻坚脱贫 造福梓桑 扶弱济困 百姓欢畅 抵御洪灾 万众昂扬 重建家园 更显荣昌

[09－27 10：21] [范保平] 锦绣崇州 百瑞呈祥 科学发展 改革开放 建设“三城”民富县强 构筑“中心”活贸亲商 文化繁荣 环境优良 与时俱进 和谐共襄 身膺重任 荣辱不忘 披肝沥胆 再铸辉煌

[09－27 10：22] [范保平] 五岳巍巍 四海荡荡 吾祖恩德 山高水长 谨备薄祭 伏惟尚飨

[09－27 10：23] [樊爱国] 第十项，向始祖女娲行拜祭礼。一鞠躬，再鞠躬，三鞠躬，礼毕。

[09－27 10：23] [樊爱国] 第十一项，乐舞告祭。

[09－27 10：26] 音乐响起，祭典女娲的舞蹈跳起来，来宾们都在

各自的区域认真观看。

[09－27 10：37] 现在是神鼓告祭，演员们走上舞台敲起神鼓打起锣，神鼓告祭表演正式开始。

[09－27 10：38] “中国邯郸涉县丙戌年公祭女娲大典”直播到此结束。[①]

如果说，公祭女娲仪式是作为现代门实践者的涉县政府对外文化交流的成果，那么“摆社”仪式则是对内文化交流的成果。

俺舅舅（程耀峰）有几个愿望。一把会（庙会）恢复起。现在真正的没有恢复起来，过去，除了骡马什么物资交流都有。二恢复塑像。三把社恢复起来。他说的无心，俺听者有意。俺来（娲皇宫）了以后就着手了。作为兴趣爱好，老人来，俺与他们聊。后来，这些材料整理出来了。杜学德[②]看了，启发我继续做这个活儿。

03 年。旅游局第一任局长李民富，干了两年，不知什么原因，调走了。第二任局长李福成，他当了以后，找我到旅游局，下达命令：只有 25 天时间，要搞女娲文化公祭大典，你组织得起来吗？要人给人，要钱给钱。我拿了一个包天胆。从 1939（年）就中断了，到 2003（年），中断了 64 年。恢复不容易的。那时候我 59 岁。我又不是本地人，又没有家传。但有好处，这是俺舅舅没实现的愿望，群众呼声高。为老奶奶做好事，问心无愧。我接受了任务。我要了 5 个人，第二天就安排工作，有会写的、会跑的、会说的。

第一步，打听道具的价格。上安阳、邢台、山西长治。第二步，群众怎么办？哪里呼声高到哪里去干。先选唐王峧。想着一道社就行了。跑了几天效果不大。冥冥之中，奶奶有灵。有一天，俺去唐王峧温庄，唐王峧有 8 个村。回来晚了，碰到一个工具车，坐车兜里。车到土后门村，与工具车的师傅聊起曲峧办社的故事。曲峧是全朝銮驾。巧的是，

① 参见新华网网页 http：//www. xinhuanet. com/zhibo/nvwa/weizi. htm。

② 杜学德，民俗学者，就职邯郸市群艺馆，现已退休，合著有《邯郸地区民俗辑录》，天津古籍出版社，2006。

曲峧的书记也坐在这个车上。一路聊。书记跟俺说，你呢，共产党不干这个。

第二天，俺骑自行车去了曲峧。俺有个本家叔叔在那儿，没见过。到曲峧，一打听，有这么回事。曲峧磨盘山上有个庙，这个庙由10个人主管，每个村出2个人，5个村10个人。俺跟他们一谈，他们求之不得。他们提出经济怎么办？跟俺去的旅游局年轻人李斌，放口答应了。俺说了，只负责技术。俺就不回了，在那里连住了15天，发动开了。群众的积极性很高，全都出动了。村书记不反对，也不参与。这10个人里可能有原来的老书记。

曲峧他们有财路，邯郸到长治的高速路，在东阳关那儿有个收费站，那儿是山西与河北的交界。有一条穿过曲峧的小路，可以绕过东阳关收费站。他们曾经在那条小路上设路卡，收过路费。这事中央电视台焦点访谈爆过光。

第二天就干开了。分工下来，采购开了。中间俺回过一次，拿资料。做轿，锯树，把电中断了，他们立即跑到索堡供电局，说明情况，也得到支持，立即修复。东西绝大多数是赊的。总共花了三万六，赊了三万。

15天后，俺回来。这下，唐王峧就慌了。群众起来了。召集8个村的书记。十几天就做起来了。他们全部是买的，曲峧是自己做的。

俺在高家庄组织了一个扇鼓队，40个人。婆媳、妯娌之间，姊妹之间，矛盾都冲淡了。不设门槛，愿意参与就可以。村书记也参与。

俺跟你讲，俺是按十几年的经验，有俺的发挥。可以说，百分之三十是传统的，百分之七十是发挥。那几年，俺真的费尽心血了。无论如何，搞起来了。没有先例，中断了六十多年。类似白手起家。曲峧陈兆陆，他尊重俺是旅游局的，他支持俺，他是10个管庙人中的一个。搞起来了。

2003年农历三月初一，摆社。实际是为九月份的女娲文化节打基础。

有些东西是无中生有干的。俺塑像时就有这样的经验。

关键是群众呼声高，有钱出钱，有力出力。咱说了话算数，可了不得了。

上面的文字摘录自我访谈陈水旺的笔记，当事人回忆当年事，令人感触深切。透过文本，可以感觉到，神鬼门强烈的伸张需求，按陈水旺的说法“群众呼声高”，一拍即合，15天的时间弥合64年的断裂。

曲峧，以前是一个大队，现在是一个行政村，包含五个自然村，南沟、陈家庄、王家峪、北庄和南庄，人口3000多。

摆社，也称作上社，是娲皇宫三月庙会期间的一种祭祀形式。摆社的核心内涵是集体性的人神交流，以社为组织单位。社是神鬼门的一种组织形式，以庙为依托；社的首领称作香劳，所谓“管庙的”，负责社庙的日常管理、组织工作；社的成员称作执事，负责在庙会活动中充任角色。曲峧社涵盖的范围与曲峧行政村一致，涵盖五个自然村；曲峧社的成员包括四个香劳和五百余个执事。曲峧社有自己的社庙，称作“奶奶庙”，坐落在磨盘山顶，庙殿里供奉有三尊神像，大奶奶（娲皇圣母）、三奶奶（进轿奶奶）和香奶奶。按曲峧信众的看法，索堡奶奶庙（娲皇宫）的主体是大奶奶，曲峧奶奶庙的主体是三奶奶。曲峧社摆社包含两个内容：三奶奶巡游曲峧五村、三奶奶朝索堡奶奶顶与大奶奶姊妹聚会。

［2009年3月26日］

今天一大早就被叫醒，如昨晚村广播通知：5点起床弄早饭，6点到大队前空地集合。执事的队伍颇大。他们都从家里穿戴整齐了过来。装束似乎沿自清代，看上去与古装电视剧里的装束差不多。队伍中，有扛旗的、扛兵器的、敲鼓打锣的、举华盖的、扛轿的。摆社的大致流程是这样：执事先在山脚空地集合，按其扮演角色照一定的次序排队，络绎上磨盘山。进奶奶庙后，在殿前空地朝已安置在殿门正中的奶奶轿子磕头，领一条红布带，寓意吉祥。此前，先已将神殿里的三奶奶像移入轿子。等所有执事都磕过头，起轿。队伍中，轿子位于后头。轿子后跟几个扛旗帜的角色。再后是几位不穿执事服装的老太太，她们每个人手里都捧有燃着的香炷。

摆社实际上内涵是奶奶巡游五个村子，次序为南沟、陈家庄、王家峪、北庄和南庄。上午走前三个村，走完将轿歇在村公所旁边的社房里。下午又从这里出发走剩下的两个村。中午各人回家吃饭，我跟张向陆到南沟他家吃。奶奶，轿子，执事队伍，每进一村，沿途一路供奉。

各家各户在自家门前设供桌，恭迎奶奶。供品有馍、水果、香，另外还烧整块的黄纸，放鞭炮。每个村都选一空地，打扫干净。执事们将轿子停在这里，在轿前演出节目（面朝轿子）。节目有五项：一为唱戏（三个男演员）、二为扇鼓舞、三为扇舞、四为扇舞、五亦为扇舞。伴戏伴舞的乐器有鼓、二胡、锣、响板等等。

[2009 年 3 月 26 日]

早 6：30 从曲峧出发，途经下温、上温两村，大约 10：30 抵娲皇宫。据香劳樊玉田说，这趟行程有 16 里地。经过这两个村子时，各家各户举案相迎，热情一如曲峧五村。

曲峧摆社习俗恢复于 2003 年。这个过程有两个关键人物，一个是陈水旺，他是旅游局派去的；另一个是陈兆陆（陈家庄人），当时他已经 80 多，他 17、18 时参与过，有记忆。中断 60 多年后，硬生恢复起来了。并且，参与执事抬奶奶轿子走村串巷，从居民的态度上看，给我的感觉就仿佛未曾中断过。庙宇毁了，但信仰之弦未断。据江耀堂回忆，他生于 1960 年，他 13 周岁时他母亲在家里给他做开锁仪式，面朝奶奶顶方向，这印象很深。他 13 岁那年即 1972 年，正值“文革”，但神鬼门实践依然在进行，只是不出现在公共空间。

到娲皇宫，与曲峧社的队伍一块儿上顶。在三阁楼拜殿里，执事们落轿，掀轿帘，香劳张向陆念祭文，祭文念完，全体执事朝奶奶三叩首，礼毕，执事起轿回曲峧。①

神鬼门的核心理念是“心诚则灵、有求必应”，心诚是大前提。下面摘录我访谈曲峧社现任香劳樊玉田、张向陆，前任香劳樊满堂，曲峧村委书记张民旭，以及涉县文化馆学者江耀堂的几段对话，以见其诚。②

对话 1

鲍：咱们这个庙是什么时候修复的？

---

① 摘录自我的田野日志。

② 摘录自我访谈他们的音像。文字记录中，鲍江、樊玉田、张向陆、樊满堂、张民旭、江耀堂等分别简写作鲍、玉田、张、满堂、民旭、江。

满堂： 二十多年了。

玉田： 二十多年，恢复起来。

张： 二十六年，二十五六年了。

江： 八几年吧？

鲍： 当时是怎么恢复起来的，你们记得吗？

玉田： 俺村的老百姓们，自己盖的。

张： 捐钱，捐款投工吧。

玉田： 国家没投钱，自己干。

对话 2

民旭： 这儿老爷多了。可不是一个呢。

鲍： 不止一个。

民旭： 光主要神像，三奶奶，娲皇圣母，跟进轿奶奶，主要神像是这三个哩。

鲍： 什么三个？

民旭： 三个主要神像。

鲍： 哦。

民旭： 一个进轿奶奶。

鲍： 哦，进轿奶奶。

民旭： 有一个进轿奶奶，有一个香奶奶，就是烧香那个香，香奶奶，中间是娲皇圣母。

鲍： 咱们这个庙里面？

民旭： 嗯。

鲍： 三个都供了。

民旭： 所以说是它这个。

鲍： 哦，供了三个，其实只是一个，是吧？

民旭： 下边还有雷官庙，下边最下边有关公庙，庙两厢那都是卫兵吧。

鲍： 但最主要还是进轿奶奶，是吧？

大家： 对、对、对。

民旭： 娲皇奶奶跟进轿奶奶。

江：娲皇奶奶那就是三闺女？

张：进轿奶奶是三闺女。

民旭：可不是，可不是，娲皇奶奶是三闺女。

张：不，进轿奶奶。

民旭：可不是，不是。

张：是，娲皇圣母是大。

江：就是大奶奶的位子在这儿，进轿奶奶是三闺女。那个香奶奶是谁？

民旭：进轿奶奶是三闺女？

张：对，可不敢乱说。

江：香奶奶是谁？

张：香奶奶就是香奶奶，就一位，又一位。

民旭：咱知道就是，正中就是娲皇圣母，右上方是进轿奶奶，这一边是香奶奶。

张：对。

鲍：您说中间那个是进轿奶奶，是吧？

大家：不，中间那个是娲皇。

民旭：一进门，右手这边是进轿奶奶。

张：南面这个是进轿奶奶，靠北面这个是香奶奶。

鲍：哦，一般人看不出来吧，区别？

张：看得出来。大像在那儿立着的。

江：这个进轿奶奶是在左边右边？

张：靠南面。

江：不能说靠南面。

张：左边。

鲍：左边，对。

张：大殿是面朝西，她是靠左边的。进门，也就在右边，一进大门，面对她，她就在右边。

鲍：右手边，我们的右手边，是吧？

张：对、对、对。

鲍：她自己就是左边了，是吧？

张：对、对、对。

江：那就对了，这个左为大，右为次。

鲍：她是坐在左边的意思，香奶奶在右边，是吧？

张：对，对。

鲍：但我们又去看她的话，她又是在右边，是吧？

张：对、对、对。

鲍：中间还是娲皇圣母？

张：对。

鲍：她还是东顶的那位？

江：嗯，是东顶的。给她留了个位子，其实她不在这儿，如果来了，有座位。专门给人家设的一个座位。

张：对。

对话 3

满堂：盖这个庙的时候，还是老人，过去拆了庙，拆了庙那个时候，老人们他记得过去那个庙，是在哪个方位，再一个是啥样法，它整个是用老人去指挥建起来的。

鲍：哦，老人还是有记忆。

满堂：对，老的还记得。

江：它的地基还有没有？

满堂：有，有，有。原来旧根基都还有。墙都推倒了，根基还在。

鲍：那个奶奶像是怎么做的呢？

满堂：那个奶奶像，过去也是雕刻的，雕刻的，那个时候，奶奶庙，这里是三位奶奶，现在都叫，听说是要拆庙，晚上偷偷地把老爷偷走了。

鲍：哦。

满堂：偷走了以后，现在有两位知道是在谁家里，但是人家不往外拿，也做了工作了，做了工作，也做不通，不往外拿。

江：原来是啥材料做的？

满堂：就是那个香椿木。

江：哦，是木雕。

鲍：当时那个是被村里面的人拿了？

满堂：嗯，现在还在个人手里。

鲍：那现在的是重新做了的？

满堂：现在重新雕刻了。

江：是泥塑？

满堂：不是，还是香椿雕的，也是木雕。

鲍：他们不愿意拿出来？

满堂：不愿意。

江：为啥不愿意？

满堂：因为，你瞧，不敢往外拿的原因，就是说社会怕不稳定，不敢往外拿。要真正拿出来的话，还是说实在话……

江：文物？

满堂：文物，哦。

江：怕这个被盗了？

满堂：被盗，对，对，对。

江：也是一种善意，也是一种善意。

满堂：对，对，对。怕盗了。

鲍：就是三尊都还在，是吧？

满堂：还在，在，在。

鲍：三个奶奶的像都还在，是吧？

满堂：在，在，在。

江：都被群众保护起来了。

满堂：对，对，对。

鲍：他们也是保护？

满堂：是，是，是。

鲍：他们就不愿意被人偷或者卖掉？

满堂：嗯。

江：他也不敢卖。

满堂：不敢卖。

江：绝对不敢。

鲍：他拿下来并不是为了图财，可能为的是信仰，是吧？

江：对，信仰。

鲍：他当时拿这个也不是为了把它拿去卖什么。

满堂：不是。保护起来。

鲍：他当时拿这个也是有风险的，是吧？

满堂：可有风险。偷嘛。那是偷啊。偷上去拿的。

对话 4

鲍：咱们这儿什么时候去奶奶庙呢？

张：三月初一。

民旭：三月初一。就是二月底，就是说有小敬吧，按农历。按农历，二月底，三月初的头一天，不管二十九或者三十一，按农历，最后的那一天，就是在俺本村转，转一天。抬上以后，不上去。俺这叫西顶，那边叫东顶。

鲍：咱们这儿叫西顶，是吧？

民旭：对对，也叫磨盘山，也叫西顶。

鲍：是哪个顶字啊？

民旭：就是顶上那个，顶住的顶。

张：山顶的顶。

江：按这个地方的方位说的。

满堂：对，对，俺在西面，它在东面。

鲍：她们俩是姊妹。有没有说法是，三月一号是老奶奶的生日，是这样说吗？

张：不是。

民旭：不是生日。三月初一就是去走亲戚这个意思。

满堂：对，对。姊妹们会会面。

鲍：聚会一下。

民旭：三月十八唱戏是为啥唱戏？据听说是，解放前，那个时候，抬老奶奶去顶了，朝拜她姐姐的时候，姊妹们会面的时候，时候稍大的一会儿，大了一会儿，轿就抬不动了。因为她姐姐那儿毕竟要宽敞，也宏伟，所以去了不想回来，不想回来轿就抬不动。最后就，当时抬轿的领导吧，给她许愿说，“咱回吧，回吧，三月十八了，给你捐一台戏”。这么才抬回来。虽那会儿走一直到现在，每年三月十八，好赖戏，闹一堂。

鲍：它的起源是，她去会东顶老奶奶的时候，不回来了，答应捐戏给她。

民旭：所以说是这儿这个朝顶，去那儿，马上把，祭奠的语言吧，祭文念罢，磕头，就马上往回走，不敢时间长。

对话5

鲍：三月一号那天去东顶，怎么组织去呢？

玉田、民旭：步行，排着队。

鲍：你说的抬轿是抬着什么东西？

民旭：抬轿，就是有轿。那轿还在顶上，可漂亮了。

鲍：那轿上，三奶奶的像就搁在里面，是吧？

玉田：对，在里边坐着。

鲍：就是先把她请出来，请到轿里面，然后抬着去东顶。在那儿待多长时间呢？

民旭：就是上了以后，把祭文念完，就走。就这么长时间。也不过是，从进去到出来也不过十几分钟。反正不能长了，嘿嘿。时间主要是耽搁在路上，它是这个。

鲍：要到阁楼上吗？

民旭：就在主殿，最下边那一层，主殿。

鲍：哦。要进殿里面去吗？

民旭：到，到。把轿子抬到主殿里边去。

鲍：然后念个祭文？

民旭：老奶奶是不下轿。落了轿以后，把轿帘拉起来，就念祭文。念完祭文，磕了头，就走。

鲍：这个祭文的主要内容是些什么？

满堂：那个祭文在我那儿放着，在我家放着。我那个祭文就是去东顶上的。

民旭：实际上是跟公祭那个祭文差不多。

满堂： 东顶下边碑上写的祭文都是那个意思，都是那个意思。

江： 歌功颂德吧。

满堂： 对、对、对。

江： 最后一段都是，保佑苍生。

玉田： 对、对、对。

对话 6

鲍： 现在过年的时候，家里面烧香吗？给老奶奶。

满堂： 家里边没有，就是过年都上顶。

民旭： 从初一到初七吧，初七那天晚上，在顶上，也会闹到十五。

江： 整个春节都可以在上面过。

满堂、玉田： 对，对。

民旭： 初八那就是给老奶奶拜见呢，初八呢，那就是基本上，也不说都在吧，大部分都要去。正月初八，基本上是每户都上。

鲍： 哦，以户为单位，是吧？

民旭： 一户一个人，代表的意思吧。

对话 7

鲍： 那比方说我要去做生意呀什么，可以去拜一下，有这种风俗吗？

张、满堂： 可以。

民旭： 那得分个初一十五吧。

鲍： 要讲究时间是吧？

民旭、玉田： 讲究，初一十五吧。

鲍： 结婚那些跟这个有关系吗？比如说婚礼这些？

民旭、满堂： 那个没有，没有。

鲍： 求子。

民旭： 可以说这个啊，除了结婚以外，区别没有。大部分是求子、求福、求财。

张： 求平安。

民旭：求官、求学，现在不是上学了么，有求学。

满堂：对。

民旭：其他，都是想好事吧，总的来说人都是想好事的，呵呵。

对话 8

鲍：咱们这个庙是怎么管理的？咱们西顶这个。

民旭：那民间管理。

江：这个就是民间，它跟东顶不一样。

民旭：没有正式组织管理，像他们这些也都是愿意干，愿意去跟随老奶奶服这个务，尽这个义务，都是这样的。

江：咱农村，这就叫行好。

玉田、民旭：对，对。

江：也就是做善事。

张：行善。

江：行好，咱们这儿就叫行好。老百姓都叫行好，实际上就是行善吧。

鲍：就是不计较报酬。

江：不、不、不，没有报酬，就没有报酬。

民旭：就他们收个香火钱，不敢花。

江：他们不敢花。

玉田：可不敢。

江：不敢干私事，不像当官样，咱财政的钱逮住随便花。

玉田：呵呵。

江：自己也可以往回装，这个他们不敢。

玉田：可不敢。

江：有一分钱，必须花到庙上。

满堂：花到老奶奶身上。

民旭：修缮庙啊，唱戏啊，这个可以花。或者你像下边值社里边，添个衣服了，道具啊，就是说，你还是花到顶上去。

鲍：还是用在这个事上。

民旭：对，对，只是说无形这个东西，胜过有形啊，有形可能就要花了。

江：现在你像这个法律法规，约束不住人。这个传统的文化，它可以约束人。这个，这个，你不敢越雷池一步。你只要花掉里边一分钱，你这个心里边老是觉得有事。

鲍：就是说比法律还有效，是吧？

江：这个比法律有效。

民旭：法律，那是颁布下来，我做了，可能领导看不见。这人人心里头，就是说，我现在花了这儿一分钱，过去不是说，“头上三尺有神灵”，是不是经常就跟着我呢，看见了，可能。

玉田、满堂：呵呵，对。

民旭：这就说，心里头有鬼，他就不安神。所以说他们不敢去动那个。

江：中华民族呀，过去这一套，可比现在这一套厉害！厉害，管用。你就也不用公安局，也不用检察院，也不用法院。

鲍：呵、呵、呵。

江：不用发工资，不用人管这个事，他自动，非常自觉，非常自觉。

满堂：就跟俺这儿的值社一样，四五百号人嘛，要不是老爷显灵，你能管住啊？

玉田：可不，可管不住。

江：你瞧啊，每年，就是到顶上，从这个地方，村里边，组织五百人的这种仪仗队，那就是说家家户户，都要出人，都是自觉。

民旭：这个都不计报酬。

江：这个，一个没有报酬，另一个就是也不用狠下通知，到时间，他们自动就来参与了。

鲍：是这样吧？

民旭、满堂：是，对。

对话 9

鲍：这个（摆社）是哪一年开始恢复的？

民旭：恢复就是六年前，六年（前）可能有了。

江：04 年？可能是 04 年，就是奶奶顶上第一次公祭，公祭是 04 年。

鲍：之前没有搞过啊？

张：还一直发扬呢。

鲍：我的意思是 03 年前不搞，是吧？

大家：没有，没有。

民旭：从“文化大革命”，不到“文化大革命”，可以说是有了共产党以后，战争时期可能就，拆了庙以后就没了，拆完庙以后就停止了，一直到 04 年，才恢复起来。

鲍：03 年吧，第一次女娲艺术节是 03 年。

民旭：不是 03 年就是 04 年，反正到现在就是六七年时间了。

张：去年已经六年了。

鲍：第一次公祭的时候开始，是吧？

江：对，对。

鲍：到去年是六年了？

张、玉田：对，对。

江：03 年。

民旭：你像这个仪仗队，不是说光置装的有点还有优厚的待遇呢。这一天，来回还得摊路费，不挣钱还得摊路费。你像有的邯郸一回吧，山西长治一回，去打工的，都要赶在三月初一，农历三月初一，二月二十九号到二月三十，反正都是初一前一天，这边就要搞值社呢，初一前一天、前两天就得回来。来这儿搞两天值社，在本村搞一天，然后第二天不是初一了，就去东顶那儿一天，来回都要扔了工资，还得添路费。这你就不用通知，他自己来。

江：这个，他要是不参加，心里面一年不安。

民旭：到时间他就记得，这个不用通知。

张：也就是说，不惜一切代价，回来办这个事情。

鲍：大家还是很信这个东西。

民旭、张：嗯，对，对。

鲍：自己信的话也就不需要谁来动员了，是吧？

江：对，不需要。

民旭：这就是神的力量。呵呵。

鲍：第一次还是咱们政府组织的吧？

民旭：没有。

鲍：动员了一下？

民旭：没有，没有。

鲍：公祭的那一次？肯定吧？

民旭：公祭的那一次，组织了吗？那时候是你呢？

满堂：没有，没有，不是说旅游局组织的，主要是旅游局组织的。这个起源就是旅游局来支持着干的。[①] 派人在这儿住了一个月来的。

玉田：水旺不是在？

满堂：水旺，还有那个小李。他在这儿专门排练这个值社这个，练打鼓的这个点啊，啥子，练这个呢。

鲍：这之后就是自己做了，是吧？

满堂：嗯，对对，自己干。

鲍：当时，第一次可能还给你们一点钱吧？给了没有？

满堂：值社的服装给了，锣鼓，工资没有，主要是置办了道具，对，对，对。给了，给了。

鲍：这几年呢，给了没有？

满堂：这几年是，每年到东顶，初一去呀，给两千块钱生活费。

鲍：整个队上给两千块，是吧？

玉田：嗯，对，对。

鲍：那一个人也没有多少钱，是吧？

民旭：四五块钱工资、生活费。

满堂：按人平均也就四块钱。

鲍：每个人就四块钱。但是，我想不给你们也会去的，是吧？

民旭、玉田：去，不给也要去。

鲍：这个跟钱已经关系不大了，是吧？

江、民旭：这个跟钱没有关系。

---

① 这里我所谓的“政府”，是广义上讲，指党委、政府以及各种事业管理部门。就涉县而言，党委与政府这两个系统，在乡村层面均有延伸，但各种事业管理部门系统并不一定与之匹配，譬如曲峧村设有村委与村政府，但不设村旅游管理部门。

象征体系的圆融落实于具体的实践者，格局因人而异。包容格局体现于单一象征体系伸展充分的实践者，他们缺乏跨文化敏感，想当然地从自身所熟悉的价值立场诠释所有象征现象。譬如，在某些以现代门为立场的实践者看来，神鬼门实践与萨满门实践是同一种文化类型，归类为“民间的东西”，超然其外，不与之冲突，但也不参与。又譬如，在某些以神鬼门为立场的实践者看来，现代门在娲皇宫的实践是对神鬼门的回归。

水流千里归大海，归来归去归回来，还有老人这么样说，嗯，还和过去一样，挺好。这个，他们有这个意思。①

交融格局体现于跨象征体系伸展较充分的实践者，他们对两个以上的象征体系都有较深入的探究，对象征现象的诠释从理所当然跃入反思之维。

鲍：石老，我想问你一个，您自己对这些迷信怎么看啊？您自己，您也是过来人了。

石：我不具备这个信神信鬼，这就是从小孩，童年时期，受教育。我不好，不过也这个也不是什么保密的事情，我跟我老娘，曾经闹过一次别扭。老娘红绿五色纸，折叠折叠，烧香。那个时候，买香挺贵，买不到，谁做点香那保密，私下在家里边做的。她是，那个时候身体不大好，那些好多年身体不好，烧香拜佛求神保佑，她是这么想法。我在索堡那儿上这个小学，后一段呢，高小。我回来以后，我就照老师讲的，我说，“这个没有用，你买点药吃吃比这个有效。”她动火了，打我耳光。嘿嘿嘿。我说你这个不需要这样。这个这个那就好多天，跟老娘闹思想情绪，或者不搭话，还有几天。曾经我这一生有过这一次。这一点，这就说明我这个思想模模糊糊，对这个，对这个神是，是，因我，也不什么，没有什么文化水平吧，老想，宋朝曾经有三位这个管家，一个是包拯，一个是寇准，一个是范仲淹，他们都在这阎王爷里边。

鲍：在哪？

石：阎王，那就是在这个娲皇宫的后边，你没有去过是吧，那个净

① 摘录自访谈石华堂音像资料。

泉庵，那里边有十位阎王，大阎王、二阎王，一直数到十。其中就有包拯、寇准、范仲淹，宋朝有三名，那是阎王。死后，社会人类对他们有感恩，把他敬奉成阎王。

再说财神里边，有三国的关羽。这个这个，你看吕祠吕祖爷，从书本上，知道他是山西什么州人，他是道教里边的一员，神仙。你像这个这个，这个道教祖师爷老子，是河南，什么县来，忘了。知道他们上古时候都是人。像咱们十方院，有华佗神医，三国时期，他是江西九江市。那个修这个京九铁路，到那儿，记者采访，姓华的还考察，了解到它那儿有华佗的几十几代孙子。过去神医什么，药王扁鹊，都是神。福建有个广德忠王庙，那又是个名医，过去，他死以后，这个社会上的人类都对他感激不尽，福建的那个广德忠王庙规模挺大的，我听说，那是中国的规模最大的广德忠王庙。

你看敬海神，敬什么河神，敬山神，咱们这山庄养上一群羊，养上，欸，一圈猪，狼虫虎豹，不断出没，所以它一个黑夜给你蹦到羊圈里边，一咬就是十多只，你搞这个畜牧放牧，你这不最大的损失？那敬山神是第一。

漳河边敬河神第一。漳河边，你在田间稻子里拔草，突然就上游山西左权县那边洪涝灾害，山洪暴发，你被河（水）冲走，田亩冲坏了，你人在那儿干活也顺水漂走。敬河神那挺带劲，村村都有河神庙。

到咱们山沟里边，没有河神庙，仅有山神庙。吃羊吃猪。

就通过这些，我这个脑筋，也多年了，就这样想。至于说这个宗教，咱们这里也有耶稣教，跟他们都接近过，听他们说过，都办好事。所以，我对这个敬神处于这个怀疑吧。

我老父亲啊，这都过去的事。我老父亲曾经是佛教里边一个支派，是一个会道门，也就说他是个道徒，那就是佛教里边的，九宫道，在肃清那个反革命。

鲍：佛教还是道教？

石：他这个九宫道是属于，他念什么经、念什么咒的，念的是释迦牟尼佛。大概是佛教吧。

在74年那一年，肃清这个，村里边隐蔽多年的这个这个有些反动会道门。这个村里边啊，我老父亲、杨长顺、李孝东，它那一行话，十多名二十名，都不在了，只有他三位还活在世上。那个时候就调查，咱们这个乡镇这个公安组织治安组织，了解，你们这三个人里边谁是个头？要抓典型、抓头，“你们这些以烧香拜佛为名，你是台湾蒋帮的别动队”，就这样一个帽子，戴上。其实，这三位都不是头，可我老父亲因为识几个字有一点文化，领导上公安干部他们用推理判断，可能他就是一个头吧。拯救那两个，咱们这儿土话叫“三男罢其叶”，三个人有两个人说你是头，那肯定就是你是头。抓这个头，抓到涉县公安局，住看守所一整年！最后，通过这个调查访问，不是春节后又让他回家了。曾经遇过这个事情。

所以，我说，我小时候看到他，黄昏晚间，烧香，跪，磕头，他是经常习惯了，每天要这样。我就认为，我说他这些没有用，谁保佑他？要有神有灵、神灵，他流落不到这步这地。脑筋在这儿随便想吧，随便转圈。就是这样想的。

所以，你再说，成千上万的社会的人类，要么思想就跟我都不一样，从这一点来想，老百姓有折中的话，“不得不信，不得全信”，嘿嘿嘿，就处于一个这状态。

鲍： 这个“不得不信，不得全信”，是吧？

石： 嗯，这句话，我就采取这句话的处世，嘿嘿。①

从石华堂先生编织于个人生命经历的文化反思，可以看到，他的文化观的变迁体现为这样的一个轨迹：从封闭到开放，从点到环，从理所当然到反思，从冲突到圆融，最后安身于文化圆融的交融境界——以现代门为立场，对神鬼门怀抱“不得不信，不得全信”的态度。

化境格局体现于跨象征体系伸展充分的实践者，他们对两个以上象征体系体会深入，对象征现象的诠释进入在系统间出入自如的局面。譬如程耀峰先生，20 世纪 70 年代末期，他以现代门为立场，抱定干一番文物保护事业的坚定信念，以谱写“娲皇宫再生颂”为愿景，投身娲皇宫的恢复与重建。据他回忆，一开始他不信娲皇宫老奶奶，但后来他亲身经历一些事情，他便相信了。

① 摘录自访谈石华堂音像资料。

鲍： 程老师我想问一下，不知道妥不妥，就是，您自己信这个奶奶吗？

程： 不信。

鲍： 您不信啊。

程： 我过去是不信的。有一次，我有点迷信了，有点相信了。那是83年，可能83年，10月2号，国庆节的10月2号，我这个时候。可是以后就有点信了。有点信，为什么有点信呢？嘿，跟你说，几个问题。那天晚上，不是秋天，这儿收秋的时候，那些临时工，也没几个，八九十来个，他们都是附近村的，都在家，早晚收秋，忙，晚上就不在那儿。那天晚上，娲皇宫留的就我，俊义，我小子。我小子在娲皇宫，可以说，过年也是，很是几个年，元宵节都在娲皇宫。那天晚上，我一个人，就在那广生宫，那儿不是有个客房嘛，接待室吧。

鲍： 我住过，嘿嘿。

程： 就在那儿住。那天晚上，还有个大师傅，在伙房那儿住，叫刘什么。那天晚上呢？知道有两个事啊，到现在闹不清楚。这个事警告以后，在思想上可能就有点儿，相信了。原来没有，不相信。原来不相信，究竟有没有啊？当地群众也给我介绍一点，啊，这儿的娲皇，老奶奶嘛就是，娲皇宫怎么样灵，怎么样。我还根本不相信。那天晚上，一个人在，在那个里间。那儿还做着客房，还不是这个，增加收入了嘛，客房。这个，正中间，进门这儿，外边是五张床。靠东，靠娲皇宫那边吧，两张，墙里边墙外边各一张。这一边还是一张床，大一点的一张床。我是在这一边睡觉。我睡觉的时候，把那个隔扇门关住，你在那儿住过吧，隔扇门里边有搭扣。

鲍： 可以反扣起来。

程： 对，推紧，扣起来；放开，门回来一点，响一声。我弄好，点着手电筒往里边走的时候，我顺便说了一句：我说你老人家，你有个灵验没有，是吧？神不神？今天晚上光我一个人在，你给我来个动静，来个什么响声，让我知道知道。说罢这个以后，声音很小，一个人嘛。你老人家，究竟有来历没来历，今天晚上就我一个，要是有的话，给我来个动静啊。说完这个，进去了。

进去以后，这不还要销门嘛，关住，扣上。在这边，床靠窗户这边，靠院这个床上，我睡觉了。睡了以后，脱了衣服，上了床。开始，我记得很清楚，我还是这样躺着，睡着觉。最后，我一翻身，面朝着院里。从躺到发现动静，不超过十分钟。啪的一下，把外边那个隔扇撞了一下。呀，我就仰着了，我心里边想着：就是有个动静呢，也可能就是有个动静。这个还没想罢，没想罢，这个直接走到隔板那儿，不是隔着木头嘛，那个时候隔的还是糊着纸，后来去了，暗得不行。后来，去了，坏了，破坏文物了，这是。这个，怎么办？就那个隔扇，就是间隔那个，咔嚓，它全是木头的，一推，纸咔嚓响了一下。这一次，我害怕了，害怕了，哟，是不是进来了？这回害怕了。头一次没害怕的地方是说，因为群众跟我讲过：你晚上要出来，晚上要出来的时候，应该有个，你想出院，你得在家里边、房子里边，必须有个动静，或者啪啦推推屋子，或者怎么响一下。在外边，说白了就老奶奶吧，有个什么活动也就不了，也就走开了，是吧。那天，一直说这个事。但是你不要害怕，院里有什么动静，听到听不到，你别管它。欸，咱这，听隔扇响的时候，我真的不害怕。我说，咦，这也可能是。最后，推里边的间隔的时候，这我害怕了。咦，睡也睡不着，怎么办？

鲍：整晚上睡不着觉了吧。

程：这不行，这不能睡觉了。最后，那时候还挂着蚊帐呢，隔着蚊帐，有个手电筒，俊义让我拿着个手电筒，隔着蚊帐，那个，电灯绳是在进门那儿，瞧瞧，没有。哟，赶快起来吧，我下来先把灯拉着。赶快起来。起来以后，俊义还在这个停骖宫那儿休息呢，那个时候有两个，停骖宫那儿还有一个，迎花，他是石家庄的，他在那儿看苹果园呢，看苹果园的。那个时候，文物保管所刚买了一个小黑白电视，12英寸的黑白电视，正在那儿看呢。我说：俊义，快来。叫俊义出来，出来以后，我跟俊义说有个动静。

全部，广生宫所有方向都淘了个遍，就在地下边就发现了一个，外边这儿中间，发现这么点儿的小老鼠。俊义还去那个，广生宫靠那边，那不是二楼嘛，那个上面看了看，啥也没有啥。

我说，这可是。出来以后，在停骖宫，跟俊义讲，跟小子说着话的时候，出来以后，我在下边，院下边，两层嘛，“老人家，服你了”（抱拳示意）。

这是一个。自那以后，我思想还是有点，有点觉得有神了。这不回来以后，我跟公安局长，跟我差不多，跟我不错，都跟他讲过。杨志国，人家都不错，那个时候是头呢，副书记，我也跟他讲过这个事。你不管怎样，有神没神，反正我遇到这个事。最后，这是一个事。

鲍：那是不是风吹的呀？

程：没有，没有，没风，一点风没有。那个门，响声很大；那个门，你看，扣住以后，它就返回来，再也不能动了，不能响了。窗户外边是玻璃，里边这个隔扇，它根本就刮不着，也就没风，那天一点风都没有。这是一个事。还有一个事，就是造像。塑成像以后，那个老头说吧，塑像老头：老程，咱这个塑像，按迷信讲吧，像塑起来以后，不装脏，不开光，还是泥坛；装了脏，开了光，才有神呢，咱怎么办？他说：咱办办呗。我说：咱就办吧。办一办需要什么？跟我讲了讲需要什么，需要什么，装脏的时候，需要镜子多少，镜子；还需要公鸡，公鸡血，那个血吧；还有这个，多少红布，多少黑布，这个；还有什么枣，红枣，什么串起来，需要这个；需要脸盆。我说可以。那个时候怎么办？那个时候还怕出问题的，没有叫任何人参加，那一天。当然，准备这个东西他们知道。要装脏装什么脏？十二位神仙。我叫水旺，叫我家外甥去办。

鲍：装脏是什么？

程：装心肝五脏啊，神，原来不装脏它没有心肝五脏嘛，就是心肝五脏这一类的吧，装脏。叫水旺准备的。到装脏那一天晚上，夜里十二点，开始。另外一个，那个塑像的那个老人家：必须是你。说我吧，跟我儿子。你们两个谁？这个，当时，我一想：那我。从年纪长少，我是父亲，是吧。从职务，我是文物保管所所长。我该。就说万一，群众说吧，万一出了问题，是吧，也是我先死，可以。不好吧，出问题，那由我来吧，不能让儿子，是吧。是不是？也就说：就按你的规定，你的模式，该怎么办怎么办。嘿嘿嘿。

人在，烧着香，也许还有一尊神，我没瞧，也写着字嘛，在旁边烧着香。按你的规定要求嘛，怎么样磕头怎么样磕，我也就照那样办。

那天晚上，就叫水旺去，我儿子去。为什么？防止这个，防止有人抓辫子，搞迷信了，装脏了，怎么样。所以就水旺跟我儿子。为什么？

我儿子他不会出卖他父亲；在水旺呢？他也不会出卖他舅舅。别的人，那就不好说了。倒是说得很好，但是，也不敢全信。防止万一，防止万一。还有呢，塑像的两个，他父子两个。就去。去了以后，先从大石窑，就是那个大窑吧，拜殿里边那个，先从那儿开始。装了脏以后，把那个所用的东西，盆啦，用的这个，都放在一个地方，就放在拜殿的有个石头供桌；现在还在，那个大长条，放在这一端。就上三阁楼了。你恐怕那儿也熟悉了，三阁楼也都知道了。三阁楼，一阁、二阁、三阁，都装了。装了以后，该子孙殿那么下来装了。我从梳妆楼那儿下来，都装了。装了以后，大石窑那脸盆还在那儿放着，没动。其他，上面装的，每一层都有一套，连梳妆楼。最后，装下头，那个灵官庙。灵官庙不是在下面，不大，是吧。去那儿以后，水旺，他准备着东西，光我和俊义，我小子，两个人没事不是。我是管装罢脏以后，跟点祭奠，祭拜一下，怎么磕头怎么样呢。最后，没事，我就上那个，靠着外边围堰，下边不是有段石头嘛，我就上那儿，靠那儿坐。俊义也靠在那儿。我一上那台阶，啪，脸盆响了一下，当时我没听清楚哪里响的，我就问水旺。他手里端着脸盆给灵官装脏呢。“没有呀，脸盆还在我手里端着的”。欸，我说这是啥，可能我耳眩了，是不是？最后，这个，我就没有当事，可能是耳眩了。我就靠着，就几秒钟的时间，脸盆响了，啪啦，一下，啪啦，一下，间隔有这么点时间。哟，我说：水旺，你听到了没有？都没听见。奇怪的就是，我们五个人，他们都没有听见，就我一个人，听得清清楚楚。这回是听清楚了，是那个脸盆响了。最后，他们跟过去，一瞧，脸盆还是放着很好。

这是我亲身经历这两次，这是我亲身经历。嘿嘿嘿。

鲍：他们四个都没听到？

程：他们都没有听见。他们就都没有听见，我听得清清楚楚。可以说耳眩了，没听见。都没听见，我说可能我耳眩了。也就不当是个事呀。欸，结果，又两声，这两声清清楚楚，就是在拜殿那儿。[①]

对于程耀峰在娲皇宫的作为，据我听闻，社会上有两种评价，颇能体现

① 摘录自我访谈程耀峰音像资料。

基于不同象征体系立场的包容式圆融格局。一种评价以现代门为立场，说他为涉县的文化事业做出过突出的贡献；另一种评价则以神鬼门为立场，说老奶奶保佑他呢，80 多岁了，身体还那么硬朗。评价所呈现的跨象征体系认同反证程耀峰在娲皇宫的实践本身在文化圆融层面所达到的境界——臻于化境。

> 我现在呀，弄这个也不错，虽然我现在没钱，这是个事实——心干净，身体为什么那么好？娲皇宫的群众就那么的，“啊，你还是这个样啊，身体行，有老奶奶，你给老奶奶出了这么大的心，还能不保佑你吗？”哈哈哈，群众就这样讲的。①

作为跨文化实践者的程耀峰，他的经历体现出的圆融境界的转化，映射出某种一般性的象征事实：神鬼门力量强大，现代门主体一旦投身其间，二者即形成流水与河沙对话的态势，胶着缠绵，并在某一刻，直抵人心。以这束境界转化之光，照进旅游文化时代的娲皇宫，透过包容式圆融格局的水面，在社会时势面具背后的实践者内心，交融式格局乃至化境抑或更为鲜明。

① 摘录自我访谈程耀峰音像资料。

中卷

留白篇

影片《女娲奶奶的荣耀》(*Granny Glory*)

(见光盘)

下卷

对话篇

（向南。热、动、浊。布朗运动。）

人类学的职志是基于具体田野点的长时段调查探索一般化的文化理论与方法。本书上卷拈出神鬼、萨满、现代、儒、道、佛六门，以及描写门与门之间关系的冲突与圆融这对概念，以解析娲皇宫具体文化事实，并为观察、倾听思考文化提出一种一般化路径。

本书下卷的起点是中卷留白篇，即题名为《女娲奶奶的荣耀》（*Granny Glory*）的影片。从人类学影片类型上说，这是一部观察式影片。在影片拍摄过程中，我采取“作壁上观”的工作方式，尽可能不干扰拍摄对象的生活，力求如实记录拍摄对象的生活现场。影片制作完成后，我带着影片，回到田野点进行了数次放映交流。本书下卷是根据影片放映交流现场录音录像整理出来的文字。

从构思影片拍摄计划到以影片为媒的对话交流，我所怀抱的价值取向是探索一种更具开放性与包容力的人类学表现形式。从实践结果看，有两个主要发现：①“影片+影片放映交流”这种人类学工作模式蕴藏形成一种写文化体裁的潜力，此体裁的特色是以影片为媒介，通向围绕具体象征的多元理解与诠释。一方面，影片凝固具体时空的音像；另一方面，围绕影片的交流，使人类学者与田野点实践者的思想都得以鲜活呈现。②影片回到田野点放映交流形成的对话文本，与人类学者的独白文本彼此呼应，增强了象征志文本内部的张力。一方面，从娲皇宫相关实践者的言谈中，本书上卷独白篇提出的神鬼门、萨满门、现代门等概念的解释效力得以检验；另一方面，对话本身即为本书上卷独白篇提出的圆融概念的一项具体实践。

一　我与影片中人物及娲皇宫本地人

时间：2011 年 4 月 3 日至 17 日（农历三月初一至十五）

地点：涉县娲皇宫

1. 程金苗、段保恩

时间：2011 年 4 月 3 日

地点：娲皇宫广生宫接待室

鲍：就是，我那个片子是在娲皇宫拍了嘛，是吧。然后，08 年我就来这儿，来过，然后呢，09 年也来过。来两次拍出这个片子，拍的就是你们熟悉的这些东西。你也在这个片子里面出现，那你也看这个片子，刚才看了这个片子以后，有些什么地方印象比较深，你跟我说一下吧。

程金苗（以下简称程）：有些地方深，深就是，感觉就是，像这个上社，现在后边这儿八个村呢，抬着老奶奶上社，那个最感动人心。再一个，这个曲峧三奶奶，一点钟往上步行走的都是，那儿有人跟我说过，一点，最迟也是说是，就两点钟不到三点，也就开始往上走。你看他们辛苦不辛苦！也就是说，他都是，心真，主要就是，心诚则灵，这就是要的心诚则灵，只要你心里诚，这老奶奶她就会给你达到目的，不管你弄什么都要叫你圆满了。

鲍：哦。

程：自古以来，这个庙宇，这个庙宇没有倒了，没有倒了，为什么呀？那个时候她救过，救过那个，中央，主席。

鲍：是吧，谁？

程：她救过，救过，那个时候，打仗的时候，这个庙才留下来，所以全国都打完庙了，就留下这个庙了，它就没有（打掉），保了这个庙。

鲍：哦。

程：当时那个时候啊，就这个补天娘娘，这个补天娘娘怎么补天呢？她怎么坐了庙宇呢？因为那个时候啊，就是，一对这个仙鸟，仙鸟，当时那个时候（程的手机铃声响起，程回电话：上来，上来，欸，你上来，快上来，这儿有个小师傅找呢，这个小师傅，上来你跟这个小师傅说几句话，快来，快来。），没事，叫他跟你说说黄粱梦，我跟你说说娲皇圣母。

鲍：先不说黄粱梦，咱们先说这个，那个片子里面，你也在教那个小孩敲鼓，是吧？

程：那个，山西所有打扇鼓都是我教的。

鲍：哦。

程：那个扇鼓都是我教的，我去山西住呢，就教他们打扇鼓。

鲍：哦。

程：潞城、长治、长子、黎城，那都是去那儿教打扇鼓。

鲍：哦，教他们打扇鼓，你传播出去的。

程：对，我连卖扇鼓。

鲍：你也卖扇鼓？

程：嗯。

鲍：你怎么会做这个？

程：我不是做的，是我那个，购买过来的。

鲍：哦，你进货来的。你又是跟谁学呢？

程：那我自己学来的。

鲍：自己学？

程：那就是娲皇圣母教来的，呵呵。

鲍：哦。

程：她教来的。

鲍：哦。

程：都是自己学来的。

鲍：哦，是老奶奶教你的。

程：就是靠老奶奶教。

鲍：那你也是马的，马僮吗？

程：呵呵。

鲍：是不是呀？

程：反正是，欸，也不能说，不能说是全都知道，不过是知道一些。

鲍：哦。

程：我不能跟他们这个半路人一样，因为我是从小修行盘道。

鲍：哦。

程：我一人单枪匹马修行盘道过来的。

鲍：哦。

程：我那个时候七岁上我就经常到这个庙顶上。

鲍：七岁的时候？

程：嗯，七岁。

鲍：那时候这个庙还没有恢复吧？

程：没有，那时候，“牛鬼蛇神”正劲呢。

鲍：哦。

程：我就跟你简单说几句啊。就是，当年那个时候啊，这个，娲皇圣母补天那个时候，它就是，那个窟窿是从谁下来的？就是有一对神鸟，它那个时候就是，它闹矛盾。

鲍：哦。

程：闹矛盾，那就仙鸟啊，根本就是，那就是一男一女。

鲍：哦。

程：那就是一男一女，它就是这个，两个人争吵起来了，争吵起来争天宫，它为了争天宫，它就是争吵得，它就，两个人吵，吵，一直到天宫去评理。

鲍：哦。

程：它一直到天宫去评理，两个人，它就到天上，那是闯到天宫才把天上穿了个大窟窿。

鲍：哦。

程：穿了这个大窟窿，在娲皇圣母那个时候，当时那个时候，这个为什么说女娲女娲呢？当时她就是个，就是一个落后女，那个时候，她就年纪小，那个时候她就。

鲍：落后女什么意思啊？

程：就是落后女，就是一个女人，就是一个小女孩，那个时候。

鲍：哦。

程：她就开始，那就是她在，她就是看着这个天上这个窟窿头一直在寻找，她一直在寻找，她一直就寻找，寻到高山顶这个山上。

鲍：哦。

程：她就用，那个时候，当然这本身是唐王峧的山，这就是唐王爷，就是他到这儿呢，唐王爷，唐王爷这就是这儿的老根，他是认为就是（程的手机响起。程回电话：进来，东屋这儿，东屋这儿，水亭哥叫你来，进来，进来。)，就这个时候啊，这个她就开始，她就是，唐王爷就说："男不跟女斗。"

鲍：就是，娲皇圣母跟唐王爷争，是吧？

程：对。"男不跟女斗，"说是，"这是我采定的山，"唐王爷说，"这是我采定的山。"女娲说："是我采定的。说为什么你采定的山，你采定的山，咱说你有什么凭据呢？"唐王爷说："我宝剑做凭证，宝剑就在山尖上插着呢，在山尖。"后来，这女娲说："我是用绣鞋做凭证。"他说是："这个，你做凭证，在哪呢？"她说："你拔开，在山下，这绣鞋在山底下。"她就是要了一个赖皮，要了个赖皮，她就把这个绣鞋诈的，因为她看中这儿风水好。她就说："只需要给修个，修修这个庙宇。"（她）坐了这个山。后来，唐王爷就说："我另采选地，我男不跟女斗，以后你要是坐了，登了基，你登了位，但不能给我改我这个老名。"他就是这样说，这样说呢。

这不是，有战事的时候，她因为就是前线上，那个时候显灵。我跟你简单点说说，她就是那个显灵的时候。前方不是部队都在前方困住了，部队困住了，困住不是就也没吃的也没喝的。部队在前方那会儿打仗的时候，喝那个马尿呢，马一尿他就接住，也是一直在，也没有了，马不上水它也不会尿，不用说人的喝水了。这就是，当时她就变了一个凡间一个老人，变了一个老人，她就拿了一个水壶，拿一个水壶，拿，挎一个篮，竹篮子，那个边都是破的，她就去前线，支援了。她说是："那个，都叫吃的。""敢说这也吃不饱。""不信？管你都吃饱，管你喝饱吃饱。"后来，这不是部队就吃就喝，说是，咦，这就是越打越有，一直那个东西都能吃饱，都能喝好。说是这个，"你是哪点的？"她说是，她说是，"我是，我是那个，我是那个唐王峧，我是"，她说是，"到那儿以后，登了基，都解放了的时候，就去那儿给我修座庙"。这不是就都想不到，隔了，一直到，一直到这个解放以后，他都才这个想起来，说当年部队上这个老人说过的一句话，这才返过来来这儿寻找，他们才到这儿呢。

鲍：打仗是打什么？

程：打仗那个，上甘岭、越南，都是老奶奶去支援过。

段保恩（以下简称为段）：她这个，变馍馍这个是在越南，越南猫耳洞。

张水亭：越南反击战。

段：对，越南反击战。

鲍：那你刚才说的心诚则灵什么意思？

程：心诚则灵，只要你心里边，诚心，你来敬，姥姥她会教你。心诚则灵就说，你心里边信她，这就是心善良，你一心为正，这就心诚则灵。你心里边有那个忽二忽三的，就说你这个心在摆动，你想想东、想想西，她就不会给你显灵呢。

鲍：哦。

段：这个，实际这个，就是说这个，“心诚则灵，有求必应”。说这个，这就是说，在这个情况下，就说，我们信仰这个宗教，我们道教的这个，欸，只有讲的这个，民族这个传说吧，就说，人要诚实，要朴实，欸，要尊重这个仙人的指点，说这个道理。

鲍：就是心要朴实，是吧？

段：欸，心要实嘛，你心诚则灵，就说，你心就诚，有诚，诚心诚意，不管你干什么，欸，你求人呀，求神也是一样的，就说，求神，（影片里）写的这个对联就说，欸，你有诚心，老奶奶就必应你的事情，叫你得到满意。

鲍：哦，你的心愿就能实现，是吧？

段：嗯。

鲍：你也是在镜头里面，那个电影里面有的。

段：嗯，是，是。

鲍：你就是在唱的那位？

段：对，对，对。

鲍：哦，你觉得这个片子怎么样？

段：嗯，片子拍得还差不多，但是按你这个在宗教信仰里边，你不应该把这个戏剧加在里边，只能那个山水跟风景。

鲍：哦。

段：你看，有这个，有这个，你看，现在民族的这个活动吧，这个活动你拍了以后，你就该，应该把这个镜头对准神像摄，摄完神像再返回来，再摄这个我们搞的文艺节目。

鲍：哦。

段：这是你的专辑。但是，你要说，把那个戏来说，平常这个戏上有什么？它就不过就说，这是我们过会时候有的这个仪式。

鲍：还愿戏，是吧？

段：对。你这个，拍戏这个情况就说，不大合适吧，对你这个专辑上，就说，不应该拍戏。

鲍：就是说，戏曲的成分太多了，是吧？

段：嗯，这个里边，就说，我们就专访，专访就说，专访我们民间活动这个，民间信仰跟这个民间文化这个古迹，就说，欸，有多少民间神话传说这个，传说这个动作啦，跟这个说话啦，传说这个声音啦，这是我们都是民间留下的这个文化。我们把这个文化，欸，你们能把它们录下来，记起来，欸，在以后，你们作为一个，这个历史的一个陈列记吧。就说，你们记到这个，我们拍摄了，经过这个，各个庙宇上的活动，文化活动，欸，看到我们民间文化生活多少多少精彩，这个富有的神话传说，跟精彩的节目吧。这就是我说，你们这个搞摄影的，跟这个，专辑这个神话传说拍摄的，主要就是搞这一点。这就是我们中国古老文化嘛，对不对？我们中国就是说，为啥他们要说这个文物重建，发扬我们这个宗教信仰文化精神，欸，每个公民，欸，都有这个，在中国是一个崇拜的、神圣的一个信仰，欸，这是一种崇拜。其实你每个人，你还得劳动，你不劳动没有果实。

鲍：哦。

段：你不管到哪儿，你都得一个生活方式。欸，你没有生活，你不可能你要来这儿搞这个活动，是不是？你自己连饭还没有吃的你搞什么活动啊。

鲍：是，是。

段：欸，都是人富有了，欸，再把民间这个文化活动提升高了，我们就活动场所也多了，各个庙宇都能见到，寺院也有活动。

鲍：我看你也喜欢跳的啊。

段：没事就说搞一个这个娱乐场所活动活动吧。

鲍：你带着他们跳，是吧？

段：嗯，对。

鲍：那你是不是马僮，不是吧？

段：也可以这样说吧。像我这个吧，我这就是，按我这个师傅的这个，传说这个，给我传的那个口言说，我是华山弟子。

鲍：哦。

段：我是这个十七代掌门人。

鲍：哦。

段：为什么？你看，我在包这个寺院的情况下，说，有很多师傅啊，出家的师傅叫我皈依，我不皈依，因为咱们有咱们继承道教的传统，跟这个神圣职责，就是扶贫救人，救苦救难，欸，叫大家避免瘟疫跟灾难；祝福这个苍天，咱们就说，多多保佑；教大家都，可以说，以行善为主，是不是，以行善以心宽肚宽。欸，这就说，我们必须，你想想，这个文化说得好，这个，有这个佛教上边讲的，说这个，老佛爷大肚弥勒佛，说就是，能容天下一切万物大事。就是教育人，就说，都要这个，度量要大。欸，比作，好比就说，比作海阔天空吧。意思就说，我们都要有这个忍耐心、劝说心，欸，不必要有点小事我们就跟人争吵，欸，就说要跟人家和睦相处，欸，和谐社会嘛。

鲍：呵呵。

段：就是说这个，和谐社会这个总称就说，我们大家都要以和谐为主，欸，互帮互助，欸，我们这个佛教道教也是讲的就说，我们，欸，来庙上烧香来了，行好来了，其实说，这个行好就是，欸，你心肠好，欸，你能渡人帮人救人，是不是，这就是好事嘛。老奶奶她坐庙宇，她也不可能说，今天你偷了东西了，我明天再帮你吧，但是说，没有说当时给你暴露目标吧。欸，以后你家里要，有些困难事要出现。

鲍：哦。

段：这就说是，对你这个作恶人的惩罚吧。你看，咱们这个国家惩罚有公安，你这个神圣有啥？欸，就有神圣的一个权力，就让你遭到一些个不应该受到的灾难，你就得到你的灾难，就说，降临了嘛。

鲍：会有报应的，是吧？

段：对，这是给你的回报。就说，做好人。欸，行善者，你有好报，儿女双全，家里能过得太平，五谷丰登；你要是说做恶人，你看那个，有些人家里就不断地出事，不是撞死、压死，再不就杀人犯，放火、偷盗啊，就被人家逮了。那就说，你这个人做事呀你就心不正吧，你不公平。当然说，对咱们这个娲皇圣母来说，中国有这个文化传说。就是说，你看，现在中国说，最大的名山有一个泰山，说泰山老姥。就说，欸，照常日月坐山顶吧，观日月，观日出，观日落，这就是老奶奶修行。当然，这个传说在哪儿呢？就是从那个原始上，就是盘古开天地的时候。这就说，天下啊，咱们天下大乱，在宋朝有一个天门阵，但是在这个天盘上有一个诛仙阵，这就说是三仙奶奶，就是三仙岛。欸，三仙岛上不是有三个圣母嘛。欸，她们就，传说请下来了以后，但是她们原先是作为一个反派、反面人物，经过这个封神榜以后，她们这个灵魂打回到天下，被这个无生老娘，就是这个北斗、北斗星吧，北斗极姥，就说这个无生老姥把她们这个灵魂给收回来。欸，叫她们修成正果，这才封她们，一个山东，一个河北。这一个说坐山西，结果山西没坐到，坐到涉县来。

鲍：哦。

段：欸，这就是三奶奶坐这个最高楼门，为什么这个楼门要，你看，脸朝西坐。本来她就管的山西方面，比较大，这就说管辖区吧。欸，这就说三仙奶奶。你看，她们为什么说要叫一个琼霄、碧霄、云霄呢？欸，碧霄元君，那就是泰山，泰山老姥。这个，这个，云霄，这不就是这个，就在河北咱们涉县东边不是有个武安，武安有个土山，那就是无生老姥跟这个二奶奶坐的地方。欸，那就是为什么，你看，他们来上庙，武安人来了，就说来到这儿，武安乡的人来，自报神话说，就说，我们是娘家人来了嘛。

鲍：哦。

段：人家来了就是，有的就是来这儿光看不磕头嘛，有的说磕起头来就没完了那就。欸，他们都是娘家人。

鲍：哦。

段：在这个传说中，就是说，咱们这个娲皇圣母，这个女娲娘娘在这个，就说在我们中华文化圣地上边这是一个宝地，也是一个灵感之地。

鲍：她是老三是吧？

段：欸，她是老三。

鲍：哦，是叫什么霄呢？

段：嗯，琼霄吧，琼霄、碧霄，琼霄就是她。

鲍：哦。

段：琼霄就是这个三奶奶。

鲍：哦，琼霄就是三奶奶。

段：碧霄就是大奶奶，泰山，碧霄元君嘛。但是三仙奶奶这个活动场所还是从东到西，从山东到山西，一直在民间传说。就说就是，各修庙宇各保救苦救难吧。欸，她们救灾是相当地，比别的神仙要多一点那个贡献。

鲍：那这个也不属于道教吧。

段：这就属于道教，你看，信神那个，这都属于道教。

鲍：哦。

段：你看不管是奶奶啦，也不管你这是个什么爷爷啦、仙家啦，它都是修道者嘛。

鲍：哦。

段：你看，我们国家僧道儒嘛。欸，儒家，儒家就是，跟僧道，儒，你看，他们讲的有三家。说最后，盘道盘到哪儿啦？盘到佛祖，说这个佛教，说是在我们中国是首先地位吧，他们讲经说法，比道教、比儒教要讲得好一些。

鲍：怪不得曲峧人都说这个地方就是三奶奶，他们说他们那里是三奶奶。

段：对，这个三奶奶就本身在他们每个人的民间传说，就说，都能够叫你看到她的本身。欸，他们才这个崇拜她，利用她的灵感给大家伙，给我们万民去病救灾，指点迷津。这就是我们这个中国文化的迷信的一种传说，这也是我们这个道教这个活动的宗旨吧。

鲍：那你这些知识是怎么学来的呢？

段：我这个呀，在我这个，你看，各方面说，搞迷信传说来说，就说，欸，这个神也要利用这个有、这个有才华的人。

鲍：哦。

段：欸，我原先我可是信神我也是贪财，就说，贪人家的财，师傅给了二百块钱。那二百块钱是干什么呢？我那时在内蒙（古）当兵呢，他就看到我这个身上这个黑痣吧，说，你这个背着有七颗星。说你这个，说我应该把这个民间这个东西，信仰的东西传给你，说我是这个十六代华山弟子，说我们敬的就是这个太乙真人。欸，这就说，他们就说太乙真人就是在我们这个民间。你看，演那个电影，你就看到，就说，孙悟空他师傅，就是太乙真人。但是，最后说，华山论剑，就论到真武大帝，跟太极这方面。就说，欸，我们中国有这个华山，有昆仑，有峨眉，有三大派嘛，三大派都是我们道教之中。但是说在华山论剑的时候，这就说，华山那个剑就是，以道家之长，欸，就是我们这个，以太极，以我们华山论剑。剑是一种这个护身保护作用，它有一些个，按这个国家来说，研究这个兵理论，是个短兵刃，但是以剑说，剑是最锋利的。欸，论道说，华山论剑，这个剑侠们，就是说，欸，我们信仰总称就是说，他们能降妖伏魔，为民办事，这就传授给了我。就说，你接上这个，你不久以后你就明白了。结果，我接了这个以后，我回家。

鲍：哦。

段：有一个，头一胎是个小孩，有一个女孩，没成人，就死了。第二胎，这个小子我是给庙上，就是求这个老奶奶啊，在我们村有。东边有个普惠寺，普惠寺那边有，寺院外边有一个阳泉庙，就是树咱们西顶三仙奶奶的小庙。我一个同学跟我说，“你去那儿求求吧，这老奶奶可灵了”。但是，咱年轻吧，也就是二十二岁吧，我就去那儿求了。结果，二月初一就生了一个小子。咱就特高兴。高兴以后，就说，我也是搞文艺放电影嘛，我在家里有三台机子，租片子往外；后来，我就给庙上边，演了有三场电影，三个机子演开，演到（天）明吧。那个片子是自己往外出租的，可有片子，随便演，捡好片子演。结果第三天，我出外喝酒了。到半夜，一两点钟回来了。生了个小子，咱也高兴吧。欸，结果，这个，儿子哭开了。就那小手才几天呀，抓脸上都抓出血道，哭了，不停地哭。我回家了，老婆就骂开了，说你光要小子，你也不管。当时喝醉了，也不知道这个神圣有灵感附身，就说，我要来，给你烧个香，往那儿写了个位牌，结果坐那儿也不知道念了什么语咒，就说，欸，小孩不哭了。我在那儿就坐，也动不了了，最后把老婆吓坏了，就去把我妈叫起来。我妈不懂，把我奶奶叫起来。我奶奶说，她不知道做什么功，按迷信说就是，她不知道是哪项功，她也不懂，说，“你别管他，喝了酒了，也动不了他”。结果，第二天早起，一脚，就把我踹翻了。

鲍：哦。

段：踹翻了以后，我一看那墙上，我说，“坏了，这个郑光荣，我这老神管不管用？”“你这反正孩子不哭了，反正你在那儿说了，也不知道说什么。”说的是什么？那是东北这个师傅传授的时候，那就是藏语，就那，哇啦叮呱啦，也不知道说什么。后来，以后，这不是，醒了以后，到九点，大队喇叭喊了，“段保恩，你来大队拿封信”。

鲍：嗯。

段：结果，一拿信一看，东北师傅把信寄了一个月才到，一个月到，一看师傅已死了。信上嘱托就说，“我死了以后，你看这个灵感你接到了没有?”结果，咱又，本来咱也不知道，结果有那个小孩的时候，这不，这不，感觉就给你了。给了你以后，你又敬上神，这就说，这个事情就说，欸，你把这个位就给你定下来。

鲍：哦。

段：当时给我的时候，我有一个宝剑，就是，那叫这个，天子剑；有一本书，那么厚，就是那个，老式那个，码头纸，就那个字，掀也掀不起来。欸，那叫天书。

鲍：哦。

段：那个上边写的就是，说，传说是，以奇门遁甲的功夫吧。

鲍：哦。

段：说叫你修炼，还有二十四套口诀。这才我才走这个。结果，我学了这个以后，欸，那三四年做买卖还挺好，你走哪儿哪儿顺风。

鲍：哦。

段：后来，这就不行了，自从我奶奶不在了，这就，家里，我们迷信叫说，家里供的这个神位堂吧，有那个堂口，有全神，这都找到了。就，就非找你一个代功不可，这才又我才朝庙朝山拜顶，这才开始走开了。

鲍：哦。

段：你不走不行，这个任务就是。今天抽这一签，还是，上边写的就是，这个，“执有”签，就“执有”。那一签就是说，在那个签的圣意上写的就说，你这个人不干这活就不行，你就得为民传道，救人，普度众生，不能在家。

鲍：哦。

段：它这个签上也是这样说的。但是说，咱们今天对这个，今年 2011 年吧，11 年的这个文化活动还是比较，今天三月初一，还是比较隆重的。还是，你看，我们这个民间人还是来的不少。

鲍：对，对。

段：大小车辆，你看，底下那个广场站满了，这儿这个广场满了；你看，人今天还是相当多，崇拜这个娲皇圣母还是每个公民还是都愿意来这儿看一看。欸，抽时间来这儿看一看。对你今天这个录访来说，这个神话是一种看不到摸不到的东西。欸，你如果说你不相信，她有些事，你说，这个人讲了，就说，你不知者不怪，但是你不要骂她不要惹她。

鲍：是，是。

段：你惹了她，你比他们遭罪就要大。欸，我们这个民间传说只能跟你说到这一点了。但是说，在这个理论上，还得说，初步探讨，文化上还是没有那么多丰富的经验吧。只能跟你说到这儿了。

鲍：谢谢你啊，谢谢你。

2. 陈水旺

时间：2011 年 4 月 4 日

地点：娲皇宫广生宫陈水旺宿舍

陈水旺（以下简称陈）：如果想要观众一目了然，应该加文字和解说。我看，上社这些，一般观众看了都不知道。你做这个最终目的是什么？

鲍：表现娲皇宫庙会，跟书结合，但庙会的气氛靠文字是难得表现的，影片就起这个作用。

陈：影片突出舞台唱戏，上社的镜头不多，增加一些上社的内容，再加 20 分钟，一个钟头不会烦，加上解说词吸引。或者加前言，娲皇宫在什么地方，流传在什么地方，女娲的来源，解说，让观众一看，明白。我直言不讳地说，最后可能在什么地方我俩起矛盾，但这不伤个人感情，只是观点不一样。加上解说，人家一看，一目了然。很可能。

鲍：您对自己片里的形象满意吗？

陈：我难看，还是难看的多。我应该这么说。

鲍：不会吧，我觉得挺好的。哦，我明白了，你是谦虚，人不应该自己夸自己。

陈：夸是别人的事，自己不该说自己好看吧。

鲍：其实，一般的香客不关心神姓啥名啥的。

陈：是的。我见神就磕头，我是来烧香，不管你是儒佛道哪种教。老奶奶是大众化的。比你年龄大应该叫奶奶，是吧。娲皇圣母、什么元君，这些名字在老百姓当中不亲切。一个老奶奶就把全部辈分包括了，高于一切，大于一切。不能叫老老奶奶、老老老奶奶，是吧。最后一句话，就当玩儿了吧。

鲍：您怎么理解心诚则灵这话？

陈：这可难了，你说说你的看法。

鲍：我觉得，心指精神、意志，诚指真，只要精神上真，做什么都可以成功，灵字我是理解为成功的。

陈：心诚则灵，心比成精神，不指心脏，精神又比成神，像电一样，看不见，但存在。精神肯定有，精神可以说支柱一切，万能的。像只要有电，能使所有电器动起来，有精神就能成功，能成功。

鲍：您信神的？

陈：冥冥之中，为老奶奶服务了。咱不烧香，但咱做的是为老奶奶服务。

鲍：意思是，你与老奶奶之间交流的载体跟香客不一样，你是通过做事，他们可能是通过烧香。

陈：咱不烧香，不等于别人烧香就错了。俺受佛教影响，认为烧香是廉价的东西。比如，今早起来，见一个老太太，我不认识，看她昨晚坐夜冻坏了，我请她到屋里。请她上炕，她不上，彼此还有距离；不像熟悉的，我不让上她都要上炕。我跟她说，她跟俺姐姐一样。她在屋里待了两个小时。这是我“烧香”了。我常做善事，但说反话：我今天“骗了”几个人。积功德。我只信奉有神，不信老奶奶。

鲍：不会吧。你是不信神像，但信作为神的老奶奶吧？

陈：对，我不信神像，这里头有个原因。这里人把老奶奶当作神像，我不信神像。不信的原因？我亲自找人、亲自设计、亲自领导做的神像。比如，丹阳奶奶，那是最重要的神像。连塑了三回。头两回，我觉得不得劲，但也说不出来哪点不得劲。重塑，重塑脸，眉、眼、鼻。第三回，我发现问题所在。按塑像规矩，神像的眼光应该落在门槛内；香客磕头时，与神像相互有眼神的交流。但咱这里特殊，香客是在门槛外的拜殿磕头，就觉得奶奶垂着眼，没有交流。发现问题，就改动了眼睛，一下就好了。塑像的崔师傅就神化我了：“水旺知道奶奶是什么样，是被奶奶拿住了。”后来，来参考这个奶奶像的挺多的。

鲍：后来，03年文化节前，重塑了一个丹阳奶奶？

陈：是的，换了一个，是玻璃钢的。这个是受佛教的熏陶，是菩萨形象。佛教讲究四大皆空，慈眉善目。像你说的神鬼教里，老奶奶是杨贵妃那样的，珠光宝气。我与塑像老头无所不谈，甚至叫他干爹，很亲近。我觉得，想法让老头把像塑好，我也就为老奶奶出了力了。神我是信的，但不信神像。我在哪儿看到一句，我补充成这么一句：一尊神像，二目无光，三餐不食，四肢无力，五官不正，六亲不认，七窍不通，但却八面威风，久坐不动，十分无用。这是贬低神像的。但六亲不认是高抬了，可以改一句。精神上我是信的，冥冥之中有神。塑像的时候有这经历，我跟你讲过了吗？

鲍：没有。

陈：86 年，俺舅舅（程耀峰）把这活交给我。那时候还少有塑像的，俺上哪儿找塑像师傅？被舅舅催，第三天，在那儿，求老奶奶指方向，把手里筷子掷出去，筷子落地，指着西方。第二天就买火车票，往西走，到长北。

鲍：长北是哪儿？

陈：长治北。下火车，不知道该去哪儿。一会儿遇到一个老头，是邢台人，在那儿做生意。两个一约，一块儿去长治。到长治，住旅馆。第二天早起，灵光一显，到英雄坛看看，那儿是长治最热闹的地方。到那儿，十来分钟，看见对面来一个长胡子老头。看见救星似的，上去搭话。那老头去过东顶。给俺指了路：去黄碾村找崔儒贤。到黄碾，一打听，说崔儒贤，都不知道，说有个塑像的崔老二。到他家，他一推门，第一面就有好感，穿着、脸色都好。一聊，知道他是河北永年迁去的。他爹是裴文功的徒弟，裴文功在黄粱梦画过像，曾经得到光绪帝赐的黄马褂，名气很大。当晚，我和他睡一个炕，聊了一晚。我想如果他的学识让我满意，塑像也就大致可以。结果一聊才发觉，如果说 100 分，他是 90 分，我自己就 60 分，人家可能社会经验丰富。第二天去看了他塑过的像，是老君像，在一个窑里，看上去是一个柜子，实际是神像。那时候偷偷塑，不敢公开。我一看那像，就约定他第二天就出发，说需要俺舅舅拍板。他带了家里弟弟、儿子、侄女，一块儿就来了。俺舅舅叫他先塑个小样。俺跟俺舅舅说，就先塑下面的一个像，看行不行。俺舅舅同意了。塑得很快，塑好一个，俺舅舅一看，非常满意，定下来请他塑 40 个，由我负责。我对他非常不错，待他就像干爹一样，他非常感动，临走把装脏的咒语教给了我。

鲍：那你自己后来装过脏吗？

陈：做过四个。小曲峧的三尊神像是我给装的。

3. 赵喜田、陈水旺、张水亭、李合元等

时间：2011年4月5日

地点：娲皇宫广生宫陈水旺宿舍

鲍：我看您姓赵是吧，赵师傅，是姓赵吗？

赵喜田（以下简称赵）：是的，是的。

鲍：您也在这个镜头里面出现了啊。

赵：哈哈。

鲍：您对这个形象还满意吧？

赵：很满意。

陈水旺（以下简称陈）：这不是他姓赵，他父亲、他祖上都姓赵。

大家：哈哈哈。

陈：有意思不是，扔个包袱，哈哈。

鲍：哈哈，我说错了，说错了，哈哈。

陈：哈哈，玩儿，他这个精神不要（紧张）。

鲍：对，对，对。

陈：难免有一点，他倒不太紧张，但是可能万分之一要紧张一点。

鲍：对，对，对。

陈：我是活跃气氛啊，哈哈。

鲍：您这个话特别幽默，哈哈。

赵：是的。

鲍：那您喜欢这个片子吗，还是觉得不行呀？

赵：嗯，喜欢，很喜欢。

鲍：整个片子，哪一部分您印象深一点，现在想一下，回忆起来的是哪一段、哪几段？

赵：在什么，老陈你想，在那个女娲塑像前，跟子孙殿，许愿还愿那个场景还是比较满意，是吧。其他，比如说像上社那个，是民间的；它民间，没有经过什么训练，但是就是纯朴、真实，反映这样的情况。你比如说，像，原来响铃说那个说，出门那个，放神枪，那是理所当然的。

陈：那是，他是这个跟导演一样，他导演的事，跟这个鲍老师，他接受这是真实。

赵：是的，是的，那个场景，不太十分隆重，看了是，我认为是。

陈：不，不，那是摆社的时候。

鲍：刚才您说，这个，感觉曲峧社这个不够隆重，是吧？

赵：哦。

陈：那是上社的事。

赵：那个场景不太隆重。

鲍：您的意思我理解了，如果要拍上社的话，应该在广场里面这些（活动）应该拍下来，是这个意思吗？

赵：不是，不是。应该是出行，隆重点，放炮呀，鞭炮齐鸣。

鲍：哦。

赵：对，对，对。

陈：这跟你录像两回事，你需要它真实。

鲍：哦，您觉得小曲峧还是不够，做得不够隆重，是这个意思？

赵：是的，是的，是的。

鲍：应该有些什么活动，您觉得，开始的时候？

赵：它应该，出门，好像应该哈，有放神枪什么哈。

鲍：哦。

陈：对，鞭炮齐鸣。

赵：礼炮更好，礼炮更好啊。

鲍：它放那个神枪是在村子里面的时候放。它不是五个村子嘛，一个村一个村，这样游，然后每到一个村，它都要放神枪。但这一部分我没有编进去，但是有，他们是有这个过程。

赵：那个好说，那个，以后，比如说，那个，那个，要那个场景，跟村里边一说，很简单，也很简单。

陈：鲍老师，鲍老师他的意图，我替你说啊，可能因为我是当地人，说话好沟通。他的意图说，我拍出这个片来，我从艺术角度也好，或者弘扬角度也好，你有什么看法，在这原有基础上怎么充实一些什么事、东西呢。究竟说，放炮呢，怎么长短，那都是摆社的事。

鲍：没有，他的这个意见也是对的。就说，他觉得这个，在他印象里边，就上社应该更隆重点。在我这个，不管怎样，这个片子里边表现得不是那么隆重，是吧？

赵：对，对。

鲍：这个，您不说，我不知道的啊。

赵：应该是，那个。

鲍：这个，您就教我东西了，我自己就意识不到这个东西。

陈：对，对。

鲍：因为他熟悉，他就知道。

赵：因为这个片子呀，要是面世的话，一定要观众一看，一定有这样的，有这样的，啊。

陈：有这种感觉。

赵：有这样的感觉。

陈：怎么这么平淡？

赵：既然女娲，是不是，那么伟大，我们当地农民啊，是不是，村民们对她那么敬仰，应该是隆重点。

鲍：哦，哦，哦。

赵：这些都无非就是突出一个传承女娲文化，发扬光大，呵呵呵。当地农民对娲皇圣母十分敬仰，这个场景还是拍得，是吧。求子还愿啦，看病啦，那也是蛮真实的，还是可以。比如像山西这个，襄垣，那个，那个，在，就在这个检票口吧，那个是相当好的，特别真实。

鲍：就是还愿，唱愿戏那几个瞎子。

赵：嗯，说的还是比较好的。像其他那个就不比这个。

鲍：您觉得这个最好，是吧？

赵：对，对，对，应该是，应该是。像弹音这个，在这儿跳这个，也是经过，说实在，也是经过老陈，老陈认为这个，哪一部分能拿得出手来。因为这个，比如说吧，录像吧，好像最后，后边就是，面向观众啦，比较拿（得出手），代表我们啊，当地村民一点心意啊，相当有代表性的啊。不能说，随便来一个，随便来一个好像是，不能说对女娲的不尊敬啊，但是它表现得不到位。

鲍：哦。

赵：弹音办得是不错的，弹音是弄得好。其他的，可以。

鲍：可以，是吧？

赵：实际上可以，还是可以。

鲍：是不是您觉得那两个唱戏的不是很好啊，是吧，不是很满意，不是能代表当地的水平，就是愿戏的其他两个？

赵：嗯，嗯，嗯。

鲍：哦。

赵：它那个水平好像。

陈：不要受拘束，听明白了没有。

赵：那倒无所谓，因为它就是当地农民吧，当地农民，它不是专业剧团。

陈：你跟鲍老师，现在不是解决问题的时候，把问题越提得简单越好。

鲍：您觉得无所谓，是吧？

赵：是，是。你这反映就是真实，那个就是真实，咱们要的不是专业剧团那个水平。

鲍：对，对，对。

赵：当地嘛，农民，还是可以。

鲍：对我自己来说，我觉得是，我是不看重这个演得技术很高，但是他们是用心在做这个事情，我觉得。

赵：是，是，是，是的，是的，代表他们一点心意，咱们不是要它表演艺术水平的。

鲍：对，对，对。

赵：是，是，是。就这个。你讲两句。

鲍：来，坐上面吧，坐上面。

赵：说吧，没事，没事，没事。

鲍：说两句，说两句。

赵：不要受拘束，这不就说，权当没有，权当没有录像。

鲍：对，权当没有录像。

赵：权当没有录像，拉闲话的，拉家常的。

鲍：可以把这个摄像机忘记掉，呵呵。

张水亭（以下简称张）：哈哈哈。

鲍：那天你没看吧，那天（影片放映）效果不是很好，那个，那个厅里面。

张：那天，我在子孙殿呢，我在子孙殿呢，没有去。你瞧啊，反正我这会儿瞧这个片吧，里头主要是说啥呢？我先不是说呢，尽量少拍剧团唱那个戏。因为啥？唱戏这个，跟它这个、民间这个不一样，你想是吧。比如说像民间这个吧，还有就是，来这儿呢，特别你前边说的这个，还愿这个，我跟你说，我在这里还过愿。

鲍：哦。

张：我看是，八……八七年，八七年那个时候，那个时候，咱是比较最穷了。

鲍：哦，八七年的时候。

张：八七年，那个时候，我最后，在这儿许了愿以后，最后，老实说是，行。最后，那年，我就计划，把这借款还完，就达到咱的目的了；可是，翻过来以后呢，不但是还完借款，你还，手里还有个钱。我请了县剧团，唱了三天戏吧；我往这里献了两千块钱。那个时候么，吃一碗面才两毛五分钱。

鲍：哦，门票才两毛五，是吧？

张：不是，吃一碗面，才两毛五分钱呢，吃面条啊。

鲍：哦。

张：吃一碗面。

鲍：哦，一碗面才两毛五。

张：才两毛五。

鲍：你捐了两千多啊。

张：我那个时候捐了两千块钱。

鲍：哦。

张：不是，那一天，我在这里，不是就说了，我说，“你这，我原先出的这个（捐款）碑，就在这后头这儿的”。老陈知道吧。

鲍：哦。

张：我是第一个碑，写的是两千，是不是。

鲍：哦。

张：后来，碑也给拿掉，哈哈，我来这儿找了好几回。到这个时候，这碑咱也不知道是在哪里。

鲍：哦。

张：这就说是，宗教信仰，就是说是，这个人，好像就说是，对老奶奶，反正总是有点，感觉到，就说是，反正咱说出这个话来，能达到咱的目的了。

鲍：哦。

张：实际上，你就你录像吧，你也不是也是就是为了一个，就是说是，欸，真正真实情况，是吧，不是这个事？

鲍：对，对，对。

张：这就我说是，你也是在这里，你见咱在这儿拜药，是不是？

鲍：拜药，对。

张：那回是，我拜了一个，老陈拜了一个，还有王怀中拜了一个。

鲍：对，对，对，真的是有药啊。

张：那，咱在这儿看着的，药不是在桌子上搽着的，是不是？

鲍：是，是，是，有一点点东西啊。

张：欸，对了。可是，再一个来说，你说，（药）往哪儿、究竟往哪儿来？不知道。

鲍：是。

张：是吧，反正糊里糊涂就有了，这儿有这个东西。你说不灵？你说灵？咱也弄懂不清。只能说是，老奶奶就是，确实是行。是不是。所以说是，你来这儿拍了，我瞧了哪点也不赖。就是说是，剧团，拍得有，觉得是，有一点吧也可以，但是，因为毕竟是这样的东西。再一个呢，民间这个吧，就是随便，自然地显现，你说是这个道理吧。

鲍：你说的民间这个更真实？

张：就说俺这个耍扇鼓一样，耍扇鼓，你看这不是我今儿来我也带。耍扇鼓这个，你看，原来俺索堡吧，俺组织了一帮二十多个人。

鲍：哦，索堡？

张：对了。你要说是，你要说是，耍起扇鼓来，论打扇鼓，我可以说是，（其）他都打不出索堡。

鲍：哦。

张：可是，你要说是，像老陈要排练这个，像石家庄、高家庄，像弹音这个，欸，它是不打。你要是走，我看，走着，瞧了，确实不下点功夫肯定是不行。这就是这个事。

鲍：是，是。

张：哎呀，这个，有时候没法说。反正是，宗教信仰，这是一个人一个心想的那个事，自己想了正确就是正确的。不是这个事？实际上就是这个道理，呵呵。

鲍：我看那个锦旗上，经常也就说，“心诚则灵，有求必应”这句话，是吧？

张：对。

鲍：你怎么看，怎么理解这句话呢？

张：反正是，自己省来，觉得办啥，反正我是忠，忠忠实实的，咱就这个说，咱是说的土话啊，忠忠实实的。我就说是，我对老奶奶，来这儿是真心办事的，可是老奶奶也就达到我的心愿了。

鲍：哦。

张：实际上，心里边就是这个，我不是先跟你说是，我来这儿还愿，可是我来这儿许愿时候说是“能叫我今年把借款还完了，就达到我的目的了”，可是我，究竟咋个还呢，我没有说。

鲍：哦。

张：可是你还了以后就说是，还完借款以后，我手上还有个钱。

鲍：哦。

张：我这心里谢她，我又往顶上又捐了两千块钱。那个时候，你说，捐两千块钱，差这个时候多少呢？

鲍：现在成两万了。

张：两万也多。你算啊，那个时候，一个□□才二分钱啊，这个时间一个□□多少？那个时候，我说啥，吃一碗面两毛五分钱，这个时候吃一碗面四块。

鲍：对，对。

张：你说隔多少。

鲍：涨了二十倍啊。

张：嗯，就是。再一个，那个时候呢，炒一个□□吧，吃了一个□□，一块五毛钱；这个时候，你叫炒一个□□，十几块，甚至还二十多块，是不是，能跟这个时候一样？

鲍：十几、二十倍了。

张：对，就是说的。那个时候，你瞧，捐两千块钱，那个不是容易的。

鲍：是，是，是。

张：可是，咱感觉到，就说是，我达到我的目的了，我就愿意拿出这个钱来建顶。顶上那个时候，神坛那里边都还没有做好呢，正在用经济呢。

鲍：正在恢复重建的时候？

张：对，正在恢复的时候，我来这儿捐了两千块钱，老陈他们都知道，是不是。这个，像他，在这儿，都知道。你看，那个时候吧，有的捐几十块钱，或者是，就说捐几百块钱，可是我那个时候捐两千块钱。就没心想说是，我这两千块钱，咋个，反正我糊里糊涂地，献了，给咱奶奶捐两千块钱，给捐了两千。反正达到咱的目的了。不就这个事了。还有我瞧哪一年吧，三月会上，从初一到十六，我几乎哪天都上来。

鲍：是吧，天天上。

张：对，天天上来，几乎哪天都上来。上来以后，我爱玩，来了以后打扇鼓。我可以说，你见过我打扇鼓吧？

鲍：见过，见过，打得挺好的。

张：打起扇鼓来，咱不说自己夸自己，反正是他都赛不得我。

鲍：哦，您是打得最好的，哈哈。

张：咱是爱沸了[①]，说起来吧，这咱也没啥事了。你瞧，小孩们上了班，孙男女上学了，现在咱一个人。

鲍：你都当爷爷了？

张：哦。

鲍：看着那么年轻，哈哈。

张：你，昨，前天你没见？你在这儿，两个小孩，那是我一个孙女一个孙，都来，都在这儿，中午俺给牵回去了。

鲍：那你带他们来上顶了，上顶吗，还是不是？

张：有时候也上。你瞧，这会儿咱也是不赖，小子在公安做的，媳妇在龙山电厂，孙儿跟孙女都在城里上学呢，家里就撂我一个人，哈哈。

佚名：看上去可精神。

张：咱锻炼身体，呵呵。

赵：我瞧这个全称，有求有应。

鲍：有求有应，有求必应。

---

① 爱沸，涉县话，爱玩、爱耍的意思。

赵：有求有应，对你这个，真实的、切身的体会，证明那个，就是有求有应，挺灵验。

张：这个事啦，你要说是。

赵：你所求的，已经达到你的目的了，应验了。这说明的话，就是有求必应啊，娲皇圣母，对吧，还是照顾我们当地这些村民，平安，保佑平安。最起码是平安啊，其次就是发财，是不是。咱们理所当然，继承女娲、传承女娲文化，发扬光大。

张：我跟你说吧，我以前是最不相信的。这个你谁也不知道。

鲍：哦。

张：因为以前吧，俺娘会瞧病，老陈这你知道吧，俺娘的本事，俺娘就是看病呢，就是号脉的。

鲍：哦。

张：但是人家去看病，我说"你不要相信"。我是最反对。

鲍：您反对，您小时候反对，是吧？

张：我是最反对，因为啥呢？我就相信，说是，不可能是真实的。可是，最后，没俺泥奥；最后，没办法了，我来干这个，这我才。

鲍："没俺泥奥"什么意思？

陈：俺妈。

张：俺娘。

鲍：哦。

赵：没有妈了，妈去世了。

张：俺娘，俺娘活了 84 岁。

鲍：哦，也是高寿了。

张：嗯，才没了。

陈：他说罢，我一会给你介绍介绍。

张：我，我现在，这不我到今年我都 61 了，可是，咱就爱沸，你说是他都找咱了，咱能说不给他瞧。

佚名：你这个，我……

张：反正这个土方啊，比较那个，反正我只要在家吧，反正找的人不少。反正我这个不跟，咱也不是，哧哧哧，说的，不是这样。反正我来了就号脉，反正我给你号脉，你是啥病，你赶紧买药买药，就是这个，呵呵。

佚名：你会号，给我号号我啥病？

鲍：你这个，号脉这个是，不是马僮吧，不是马的？

张：我这个号脉？

鲍：对。

张：我这个号脉，实际上就是。没人教过我，我就从来，我就，因为我是反对，就不相信。

鲍：哦。

张：自从没了俺娘以后，我自然地就学会。

鲍：自然就会了？

张：自然地会了，就糊里糊涂就会了。

佚名：哈哈。

张：就是这个。你知道，究竟是咋回事？咱也弄不清。是这个意思。你叫老陈给你介绍介绍，老陈能够说下来。

鲍：老陈都知道，这些情况？

张：嗯，他都知道。

鲍：娲皇宫的事，老陈不知道的没有吧，呵呵，他什么都知道。

张：就是十方院，十方院那个千手佛。那个时候，那个千手佛不是挺大。那个时候，他（老陈）舅舅，就说是程（耀峰）所长在这儿的时候，请回来像以后，进去，往里抬时候，抬不进去。

鲍：哦。

张：最后是他舅舅叫俺娘，俺娘来这儿以后，后边进去了。那个时候，进去以后是，砸了一个胳膊，是吧，砸了一个胳膊烂，说进去以后给它安上。俺娘进去了（做双手合十礼拜动作）。

鲍：哦。

张：有时候，这个事啊，回答不清楚，反正是，就是糊里糊涂的，呵呵。你说你不相信吧，你这个事就能过去了？你就说，俺们的啊，我跟你说的都是土话。就是说的是，咱不用跟你拴一根弦，俺那儿，俺索堡啊，有一个白衣大士。

鲍：白衣大士？

张：嗯，白衣大士。

鲍：今年也上顶了啊。

张：那个不是。

鲍：不是那个啊。

张：不是那个。白衣大士啊，他是这个，最后说是，做的那个像不好看，因为做像那个师傅不会做。但是不会做，做了也不好看，但这个像挺灵。

鲍：是吧？

张：因为它都装了脏啊，特别灵。接下来呢，就是从邯郸又请回一个像来。请回一个像是请的什么像呢？就是请的这个铜像，铜像是没装脏。现在不是挪到一边了，不用它。因为什么呢？这个装了脏呢，那神坛全部是泥做起来的，特别重，往外推的时候推不出。从屋里往外走，咋个都推不出。可恰那天我去了，我去了以后，我就在那儿说呢，我说“你要是挪像呢？”人家说“推不出去”。因为绳绑着，我说“咱这样说吧，我让你摆走，你愿不愿意？”

鲍：哦。

张：可是一会儿，有人说“这个事咋个办？”我说“好办，用平板车，把它抬到平板车上”。

鲍：平板车？

张：嗯，平板车。抬到门以后，再往外推。推，像高，门低，推不得呀。说咋个推？有的说“叫它这样（比身体后仰动作）推”，我说“你要这样出不去。叫它头低，低着头出去”。

佚名：有时候弄不清，不知道该咋样。

张：对了，你说，弄得清吗？人家，还有上岁数的，还有七八十岁的，就这，谁都弄不来。最后，我去以后，我这样说的，顺顺当当就出来了。最后，出了以后，往里边一挪，挪到这个，就是东屋，往东屋里一挪。我当时啊，觉得，打了个凉颤，觉得不得了。

鲍：觉得不舒服啊？

张：觉得不舒服。这个，从那儿呢就开始，我在那儿站了一会儿，有五分钟时间。就是，白衣大士的脸，汗，往下流啊，滴答滴答，汗就往下流。一个泥坛，你说是，你说这个水从哪点来呢。

佚名：哦。

鲍：白衣大士像在流汗？

张：在流汗。流汗了，我一声没吭，我扭头就走。回去以后，我在家躺了两天。

鲍：躺了两天。

张：我在家连着躺了两天。没办法，到后来，又把像又重新挪进去。现在还是树了那个像。

鲍：哦。

张：铜像，铜像撂到一边，铜像没用。那个东屋啊，那是雷公闪电，但是现在没有座，就是索堡又出了问题。就是说了，本身是雷公闪电在的地方，它结果呢？年轻人们做像做的是啥？做的送子观音。现在就，可乱呢，那个庙宇，现在乱得很。从这以后，我去是去，但我去扭过头来，我就走，不耽搁。俺们的这个奶奶庙，就是这儿的奶奶。

鲍：哦。

张：我说，跟你说过这个话。

鲍：对，对。

佚名：奶奶庙不是在□□？

张：粮店那儿。

佚名：对，对。

张：原先的奶奶庙啊，是二月初一起了会。

鲍：什么？

张：二月初一，就跟这个顶上一样，二月初一起会，半个月会，十五天会。这儿是三月初一起会，十五天会。

鲍：哦。

张：所以说是，该到后来，俺们地方卖，改革开放，改革时候，就是“破四旧立四新”，把这个地方就卖给了个人。现在倒是回来了，写的是位牌，没有神坛，写的是位牌。

鲍：哦。你说的是索堡的奶奶庙。

张：嗯，索堡奶奶庙。索堡是大奶奶，小曲峧是三奶奶。

鲍：对，对。

张：对吧，原先上社，原先社不少。

鲍：对。

张：你瞧，有玉泉社、唐王峧社、索堡社、弹音社、曲峧社、中原社，中原社卖给了黎城呢。

鲍：哦。

张：中原社卖给黎城了。原先就这么一些社，到这个时候，撂了个弹音社，撂了个曲峧社。索堡本身今年能建社的（做摇手动作），建不起来，不好建。为啥说是不好建呢？一建就麻烦了，知道不……

赵：这会儿录了没有？

鲍：在录。

陈：先录这个老头。

赵：这个里边啊，应该增加点。比如说，这个里边，比较，女人比较多，缺的、缺的、好像我认为是缺少，就说男的，老头，当地老头，带上孙子也好，孙女也好，来庙上，求这个增福增寿啊，老人啊。或者孩子在开锁这个，开锁那个场景，要加个旁白。

鲍：哦。

赵：我们当地叫开锁，现代语言翻译过来，也就是等于是说，开发智力，对吧。

鲍：开发智力。

赵：嗯，应该就说开发智力，开发智商，保佑你，娲皇圣母保佑这个小孙孙，孙子也好，聪明伶俐呀，也就是这样的意思。

鲍：哦。

赵：增加点旁白，是吧。

鲍：还是有必要，是吧？

赵：很有必要，这个很有必要。因为这个其他人不可能，我们虽然这个表现方式，是叫开锁，用现在这个话来说，很可能也就是，我认为吧，也好像就说，开发智力，开窍了，也就是起个这个开发智力这样一个作用。应该增加点、充实点。关键，好像就是欠缺点这个。你比如说，再有那个，好像增加点。比如说，身上哪儿不舒服啊，或者是身体上边，经过这儿的话，现场，现场。就是说，明人，就是说师婆，神汉也可以啊，现场，经过求告、祷告，欸，现场治了治就好了。

鲍：嗯。

赵：就说起到这个，立竿见影。这无所谓，也就是说，娲皇圣母就有求必应，挺灵验的。这个应该有，应该有这个素材。

鲍：这样的场面还是很难碰到啊。

张：哦，对，不好碰。

鲍：因为我这个是不能表演。

张：对。

赵：很难碰啊，让老陈给你。

陈：也可说不难碰。

赵：不难碰。在这十来天里边，肯定能碰到。

陈：什么时间不知道，什么场合不知道，肯定会有的。

鲍：那我今年等一下。

赵：嗯，捕捉这个信息，掌握这个时机。

鲍：治病的啊。

赵：嗯，治病的。

陈：有，有。

赵：其他那个，算卦、看相，那个。

陈：白巫就是给你吃药了；黑巫就是这么做的，捏一捏，碰一碰。有，咱们不是说白巫黑巫？这个有。

鲍：哦。

赵：增加点这个还是好的。你比如像，有个别人，他要收钱的，这个那就（比摇头动作），有损女娲形象。

鲍：什么东西？

赵：比如说，有个别那个，外地来的，神婆啊，经过看病什么收钱。

陈：咋会不要钱啊，你这思想还没进步到那个，你看现在唱愿戏，哪不是（请唱愿戏的）拿着钱往（唱愿戏的钱箱）里塞呢，应该有他的报酬。

赵：是。

大家：哈哈哈。

鲍：劳动报酬啊。

赵：那个是理所应当的。这个，它是属于，比如说，是不是？

鲍：不是。这个不是拿不拿，拿是肯定应该拿，因为他也付出劳动了，是吧？

陈：对。

鲍：但是拿，不能拿得太过分，是吧，程度的问题。

陈：原来就不是这个问题了。

赵：理所应当的，就说，分文不取，分文不取。

鲍：哦。

赵：因为你是求的是神圣，是求的是娲皇圣母，而不是你个人。

鲍：嗯。

赵：你是做手术啊？或者你是打针啊？

鲍：但你换个角度说，他是当了娲皇圣母的马吧，但是他也是，也是。

赵：也就是娲皇圣母的代言人。

鲍：不管怎样，反正他是也出力了，就应该给他点钱，多少给一点还是应该的。

大家：呵呵。

陈：原来就不能这么说，现在就可以了。因为它是这个所谓的“迷信”吧，它已经不是那么禁锢了，好像是迷信就不能拿钱，现在可以。

鲍：哦，以前是不能拿钱吗？

赵：那当然是，分文不取啊。

陈：原来，以前是反感的。现在吧，随着与时俱进，拿点。

鲍：解放前肯定拿钱的吧？

陈：原来拿就是受众人谴责的。

鲍：哦。

陈：现在，好像是与时俱进，与时俱进，欸，拿点钱是应该的。你这思想，跟他这个思想，他这个思想固定到原来那个模式上。你现在，好像，拿点应该，既然有付出，就得有回报。

赵：就得有回报。

鲍：赵师傅的观点是老传统的观点，不能拿，是吧？

陈：对。

赵：哈哈哈。

陈：也无所谓，原来咱们这里都管过，不能这个，不叫。现在，没人管了。

鲍：娲皇宫管过，不准拿，是吧？

陈：嗯，我就管过这个事。

鲍：哈哈哈。

陈：刚开始可不是。这就是社会的进化。

鲍：但我想，这个只是一段时间。

陈：这是社会的进化。

鲍：解放前可能还是拿的，我想是。还是怎么说？

陈：嗯，什么时间都应该拿的。

张：以前，不拿钱。

鲍：都不拿？

张：不要。

赵：像他妈妈为人家办事的时候（比摇头动作），根本不可能，不许。

张：我对你说，就到现在，就他去找我的时候，我也没有要过他的一分钱，一分钱我也不要，他去那儿上供，东西我也叫他拿走。

佚名：……

张：我跟你说，既定你要是为神办事，你就得真心真意，你要东西，那就不是真心真意，就是拿了神位办事的，不是吗，为了他自己挣钱。

佚名：……不挣钱的话，粮哪里来呢？

张：对了，咱这样说吧，俺既不求你，你看初一那天吧，我在这儿给他们开锁，武安那个（马僮），先在这儿，电视上边放的那个呢，不是跟俺说呢"你给他们开锁，要钱不要？"我说"我开没粮锁"。"你就一根烟你也要一要？"我说"我半根烟我也不行"。为啥呢？初一我在那儿开锁，究竟开了多少不知道，可有量。哎呀，一个换一个，一个换一个。

佚名：要钱的话，可挣的。

张：哼，你是为神办事，采你这个马的，你就是为神办事的。你要说你做生意吧，我就是挣钱，是不是。这里买了，那里卖，我就是为了挣个钱，是不是。

鲍：你是区分得比较清楚，是吧？

张：嗯。

鲍：这里边，不同的，不同的人可能观点不一定一样，是吧？

陈：那是肯定的。

张：我跟你说啊，俺们那儿有一个叫他憨豆，这个人怕是死了，给人家瞧病呢，说是"老爷爷说了，□树长得不好，买点化肥"。咱说了"老爷还要化肥？老爷还种了地？"他这不是纯粹可以说是胡闹。你知道不，你为神办事，就是说是，你给他瞧了病了，啥病。像我这个吧，我给人家瞧病，咱也没有药，我给你瞧了病了。欸，你是本身病，你是啥病，该去拜啥药买啥药，你去买药，我也不管你，买多少钱。但是有时候，这个药，既然我说出来，我就知道这个药，多少钱。可是你叫我认，我也认不得。咱也不吃药，我身体相当好，咱也不吃药。可是有时候，就是说是，嘴自然地说呢，这个是啥药，是多少多少钱，你去买吧。就是这么个说。

佚名：……

张：不知道，不知道，根本就不知道，根本就不知道。再一个呢，我跟你这个说，像俺这个，我可以说是，像我这号，我就一天书少，一天我也没念过，一个字也不识。

李合元（以下简称李）：哦。

张：人家都不知道我不识字。

李：可不知道。

张：都不知道我不识字，我还是一个字不识。

李：是？

张：但是你要说我不识字，我可以说是，我要坐了坛了以后，我跟你说，我拿起笔来我能写。

李：能写下来？

张：我也能写下来，也能念下来。

赵：咱们这个，只有想不到，没有碰不到，事太多了。

张：就这个的，究竟是咋回事？不知道。

李：哦。

赵：你比如说，还应该再增加点什么？再增加点学生参加高考。这个很多呀，太多太多了。学生参加高考、考公务员的，家长带着孩子，来这儿许愿，一旦心愿实现了，来感谢，这些事也是相当多的。

鲍：哦，就是考上大学，是吧？

赵：嗯，考上大学，或者就了业了，就业以后来这儿感恩戴德，回报娲皇圣母，又来感谢。

鲍：这样的也比较多，是吧？

赵：这还是比较突出的。特别是子孙殿里边，求子还愿的，一定要突出的，因为这是娲皇圣母这事办的太多了。为什么，你见了吧，山西的人来？

鲍：抱小孩的，是吧？

赵：抱小孩的太多了，是不是？可想，女娲在这方面的贡献是太大了，繁衍人类，是吧。你瞧，这样一个场景，有抱男孩的有抱女孩的，就比如我刚才提到，到学生考学了，哪怕是考公务员了，金榜题名了，一旦心想事成以后，来这儿还愿了，你比如说还灯了，给老奶奶送点什么被面了。为什么送啊？旁白就拉开："为什么送？"他自然而然就有回答："我是怎么怎么样，向娲皇圣母祈祷过，现在我如愿了，我来了却我的心愿，滴水之恩涌泉相报。"这不就是很朴实的场景吗，是吧？

鲍：对，对，对。

赵：最后，咱们做下来啊，只有咱们有时候想不到，绝对没有碰不到的。相当多了。内容相当广泛了。

陈：再一个，上边有个碑，知道不知道？什么意思，不知道你留下来了没有？千载娲皇庙，还是什么，万仞，千载娲皇庙，那个？

鲍：哦？

陈：缘何香火旺。

鲍：是一个姓任的一个人写的，那个碑，是吧？

陈：姓邢。

鲍：姓什么？

陈：邢存智，原来的河北省省委书记。

鲍：哦，那个没有看。

陈：但是没有写省委书记啊，下边写着邢存智题的。这两句我瞧挺有意思的，"唐王峧娲皇庙"，这是地址，地方的地址。"为什么香火旺呢？""赖以神功高。"为什么香火这么旺？是神功高，才导致香火旺。

4. 樊玉田

时间：2011 年 4 月 6 日

地点：涉县曲峧村樊玉田家

鲍：我来到这个地方就看到这个，不管是咱们曲峧这里，还有娲皇宫这里，是吧，大家都是那么地信老奶奶，是吧。所以，我就想，就是说，老奶奶这么一个人，就说，因为又有人还愿，又有上社，做这些活动，还唱愿戏，是吧。就说，我想，就是说，我这个片子的题目是叫老奶奶的荣耀，老奶奶的光辉这个意思。就是说，因为通过，因为那么多人在做这些事情，所有这些事情都是为老奶奶做的，所以，我觉得，老奶奶特别厉害，特别有灵验的。所以，想通过这些活动来说这个事情。那您刚才看了这个片子以后，您觉得，给我提些意见，就是说，您看了，觉得哪些地方印象比较深一点啊？

樊玉田（以下简称樊）：你瞧啊，叫我说啊，我想啊，这个，你拍这个，这个录这个像吧，我看，放这个，放了一遍啊，放了一遍，我看了是挺好。你瞧，有烧香，有磕头，有还愿，有咱们曲峧的整个这个，整体一个，搞一个值社吧。

鲍：嗯。

樊：当然是，有些地方，队伍走得有点不，不整齐。

鲍：哦。

樊：这个因为啥？因为人多，也不好管，对吧。这个，这个，咱以后，尽力咱把这个队伍、部队整好，把这个仪式必须搞好。不过你，看了你录这个，镜头安排这个，我瞧还是挺适当，行。地方各方面，瞧看东顶，俺曲峧村里，到河峧温村，那个走路啊，或者是街道，对，这个镜头还是挺不错的，看了是挺不错。奶奶呢，就三奶奶，哦，这就是过去遗留了这个文化，三天的活动吧，对吧。从俺这儿到两三天的活动，我瞧你安排还是挺不错的。我这个意思吧，从瞧这个片上面，各方面我瞧也凑合得，行，就是这回事。你要说是，要讲这个，奶奶以前咋个，咱年年下去，安排不下的。不过是，听传说，上岁数的人，搞值社，搞起来以后，继续到今年是，八年了么，搞起来有八年了。

鲍：有八年了。

樊：嗯，有八年了，组织吧，农村的组织吧，这个意思。总的说来，农村这个，讲究吧，讲究这个奶奶，俺们这儿主要是三奶奶。哦，很过去说，可灵的吧，可以这样说吧。可是现在，这东西，谁都，就说，说不清楚的，对不对。不过是，根据你这个片来说，欸，对咱这个，镜头，各方面，还是挺不错的。从我想，就这个意思吧。就说，女娲文化的这个，每年呢，就是三月初一。哦，要是小月，二十九，在俺曲峧转一天，要是大月，就是三十；初一就上奶奶顶。反正就是，过去就遗留下这个，三百六十户执事，三百六十个人。现在说来，就多了，就不是三百六十个人了。

鲍：比这个还多？

樊：嗯，又是这个，后边，有这个，这个，烧香的在后边跟啊；又搞了一帮，搞了一个这个，这个文艺宣传队呢，人就更多，就是四五百人。

鲍：哦。

樊：现在啊。

鲍：哦，咱们四五百人啊。

樊：呵，四五百人，现在。就为啥人多规模大，这个，你瞧，这也是，消耗量也是不小的。你也看了、看了，不太容易的啊，办这个啊。可能是办不好。办好了吧，以后再，尽量，对吧。

鲍：在我看来倒是感觉办得还是很不错。

樊：我看到这个，按着这个片来，是合适的。那点有点儿陆陆续续，从俺小曲峧开始，在俺本村，到娲皇奶奶顶上、东顶上走路；呀，到温村，过好几个村嘛，才不是到奶奶顶了；上顶下来，广场上，啊，又是打扇鼓的。对吧，弄得是挺行。对，这过程还是差不多，从我的想法是不赖。就这个。

鲍：谢谢。

樊：就这个，你还有啥，你再问嘛？

鲍：如果要补充的话，你觉得哪些地方做得还不够完全、不够充分的？

樊：这个片子还是差不多。可是，俺们在路上，各方面，部队呀，走不齐啊，这是俺的缺陷。为啥？这个缺陷在哪点呢？不听话呀。只要按照咱的要求，两人一对，是吧；你是拿这个刀，还是啥，你都拿个整齐，对不对；他就耷拉拉的，有的部队可能有点不齐。就这个意思。

鲍：但还是已经相当不错了。

樊：呵呵，就这个意思。

鲍：原来执事队伍其实只有三百个，是吧？

樊：是。

鲍：但后面还是跟了一些演出队，还有烧香的。

樊：有，四五百多人的啊。

鲍：哦，那都是自愿来的？

樊：可不，自愿来，都是自愿来，没勉强，都愿来，都是自愿的。听说，很过去，没有这个宣传队呢。

鲍：哦。

樊：后边，现在，社会这个发展，对吧，它也是跟形势的吧。欸，咱到那会儿娱乐，娱乐场合，是吧，咱给奶奶沸沸。就这个意思。

鲍：哦。

樊：搞个节目，就这个意思。

鲍：就，让老奶奶红火红火。

樊：对，红红火火，就这个意思。对，对，对，说得是挺不错。对，就这个意思。不过，放了看，你在这儿拍的镜头挺适当，行，行，行。因为啥？因为从到了曲峧，到奶奶顶上。那点有啥？有顶上有唱戏，哦，有山西，有人来这个卖唱，都有。对，对，对，这个，还是挺不错的，我挺看行。来吧，你还有啥，咱再说？

鲍：还有，咱们这里信奶奶，里面有，他们经常会说，比如说，还愿的时候就会送一个旗，是吧？

樊：有。

鲍：这个旗上就说写上“心诚则灵，有求必应”，是吧，这个啥意思啊？

樊：奶奶顶上啊，到一年里头啊，到每年这个十二月吧，可以这么说吧，到十二月，这个十五吧，奶奶顶有求必应。对吧，有送锦旗的，送被面的，呀，可送的。这个事，你就，咱应该说，说不清楚。因为啥？那个道理咱讲不出来，反正是，这个，信用问题。

鲍：哦。

樊：民间故事，对吧，这个是搞自愿的，不是谁强迫的，不是那个意思。搞自愿的，咱们曲峧那么多，不是那个意思，是自行、自愿，自愿的。

鲍：哦。

樊：都这个传说，很过去，听说，这个三奶奶可灵呢。哦，有个访古呢，说这个，俺村有个马（僮），有个马，是在可能二十九那一天啊，在顶上，也不知有个啥事吧，反正咱也记不清，有个啥事。这个马啊，就在村这儿，后边这个村这儿，也是俺村吧，那条路行人不得的。那个那个小沟，就是说，过去那个么，缠的小脚嘛，三寸小脚嘛，从刺丛那儿就，反正是瞧着像是不应该，但就上到顶上。

鲍：哦。

樊：这是一个。还有一个传说，就是说，索堡奶奶顶，放枪吧，那神枪，你见过吧？

鲍：哦。

樊：神枪吧，放了这枪，装另一枪吧。

鲍：装药，装火药。

樊：装火药，装这个火药。还没有，没有这个（比小指头）粗点吧，有这么长的一个探条。那个探条就是说，要掏这个药，掏了掏，找不到这个探条，没了，探条哪呢？找不着。

鲍：哦，探条找不到了。

樊：找也找不到了，找也找不到了，就说"呀，我这探条咋的？"奶奶顶上，你没见，像你那个片里头，有那个马说话吧。（马）说："你这个，你这个探条别在这儿找，你回去你小曲峧奶奶顶上找吧，在供桌里撂着呢。"呀，就是，回来，就在供桌里撂着。这故事是个传说，你说咱见过没有？咱没有见。你说是咋个说呢？这不好说。这个，听说，过去是可灵的。就这回事，没法讲。

鲍：那樊叔，那个，心诚则灵是什么意思啊，在你看来是，心诚则灵？

樊：什么？

鲍：心诚则灵。

樊：心诚则灵？

鲍：心诚的话就灵了，这么一句话。那个，你看唱戏的那个地方，是吧，几个眼睛看不见的那个，拉二胡的，然后，底下有个布，是吧。那个布上写着几个字：心诚则灵，有求必应。

樊：你瞧啊，这句话啊，要我说，这句话呀，要我说，很过去来说啊，咱按过去来说，这个，现在也讲这个，你说这个没眼人啊，没眼人靠啥生活呢？

鲍：没眼？

樊：没眼就是都没有眼光，弄啥？干活干不了，你说去哪儿挣钱吧，没法。这就，过去，听说，这个没眼人出来，卖卖唱，坐在那儿给人端碗饭吃吃；再给你算个卦。这就是给没眼人的吃饭门路。

鲍：哦。

樊：听上辈人说来的吧，就这个意思。你说他在奶奶顶上呢，他不是来，他来不是，我在这儿支个摊演唱，万一来个人："我给你五块钱，你给我唱一段吧。"就这个意思。没眼人，那是正常现象。要不让他干活干不了，用啥生活呢。

鲍：他的一个职业了。

樊：嗯，一个职业，就这个意思。过去，可能也就这个意思。那没眼人，他干不了活。

鲍：其他活干不了。

樊：嗯，挣钱，卖卖唱，坐在这儿呢。还有这个，会算卦。比方说，你来找我了，我给你算算卦，算准了你就来谢我呢。有求必应，就是这回事，就是这回事，很正常。

鲍：还有，刚才你说，在那个顶上的时候啊，你说在那个地方停的时间不能长，是吧？

樊：有些故事和传说啊，过去传说，就是说，三奶奶去了，那边那个顶上不是大奶奶嘛，她姐姐吧，可以这样说吧。来了，这也是一个传说，相见了，好多年了，在那儿时间太长，那轿子抬不起来了。

鲍：你说，在那个地方待的时间长了？

樊：哦，时间长了，她不愿意回来，不愿意回来这儿呢，这就抬不动轿，那咋个走呢？有个马的就跪在那儿央讨，说："你回去，你回去么，咱到三月十八给你唱台戏。"

鲍：哦。

樊：哦呀，这样央讨央讨，才抬起来了。

鲍：就抬起来了？

樊：才抬起来，才往回走啊。回来，三月十八唱戏。这三月十八都要唱戏，订了台村戏，三月十八，十七号晚上起戏。

鲍：十七什么？

樊：十七晚上。

鲍：哦，十七晚上。

樊：就十七晚上，起是十七，十七、十八、十九、二十，七场戏嘛。

鲍：哦。

樊：七场戏。一场戏一千四，七千块钱。唱戏也是值社这样遗留下来。要不奶奶不愿意回来。央讨她："回，回家三月十八给你唱戏。"这是传说。

鲍：她还同意了。

樊：呵呵，她也同意，回来了。就这个意思。咱也是听传说吧。

鲍：哦，那她为，有没有说法为啥不愿意回来了？

樊：呀，这个原因我给你找，原因就是说，她姐姐住的这个地方好。

鲍：她姐姐住的地方好。

樊：嗯，地方好，三层楼，好几禅院，三五个院。这儿就一禅院，不是楼。咱可以这样想吧，对不对？哈哈。就这个意思吧。都是传说，说不来，有的你不敢说的。

鲍：那现在这个，就这三月十八唱戏的规矩就，现在有？

樊：你看啊，三月十八唱戏啊，十八唱戏，唱戏在台里唱戏，台底下呢，还用杆、用红布搭个篷啊，搭个篷啊，跟一间房一样吧，也是里外布、花布，轿在里边坐着，看戏。

鲍：哦，搭一个篷子，然后把轿子落在篷子里面。

樊：哦，外边该，台上该唱唱，唱七场戏。

鲍：哦，就敬在台子的对面，是吧？

樊：对，在台子对面嘛，面向台嘛。

鲍：哦。

樊：就这样讲究的。

鲍：就老奶奶在看戏嘛。

樊：对，对，看戏。就这个意思。

鲍：那是，三月十七从顶上抬下来？

樊：没从顶上抬下来。这个，三十，一抬下来，初一去顶上返回，就在大队咱这个仓库里边，不上（曲峧奶奶顶）。

鲍：哦，就在社房里边。是不是可以叫“社房”？

樊：还是在仓库那儿，就在那下神的服务部里边。

鲍：哦。

樊：唱罢戏了，不见得上，因为这个轿这个东西，这一遭可是不容易，那个轿，你见那个轿了吧。为啥不往上抬？就是说，顶上不是说一直有人在那儿值班，对不对？万一有这傻人啦，或各方面坏人，破坏了，因为这不上。赶到十二月，这个，初几，就把轿抬到顶上，过年。

鲍：什么时候？

樊：到年根吧。到年根，抬上，抬上，过罢春节，就还在这里。啥，二月九，把这个抬下，不上。因为这里，抬到这里，轿。这轿不太容易，还得保安全呢，怕被毁坏了。就这个意思。

鲍：轿还是搁在社房里面。

樊：对，对，还在那里藏着。

鲍：那老奶奶的像呢？

樊：像也在里边。

鲍：哦。

樊：也在里边，也在里边。

鲍：就是说，二月二十八或者二十九。

樊：小月是二十九，大月是三十，在俺本村小曲峧转，初一再上顶。从今年到去年，二月都是小月，二十九，两年了，都是二十九，在俺本村转。就这个意思吧。

鲍：那今年刚才您说还是要唱戏，是吧？

樊：唱，每年唱。你敢不唱？可不行，好赖得唱，钱多了唱个好戏，没钱唱个赖戏。今年子一千块钱一场啊，七场戏七千块钱，管人家饭，不管接送。

鲍：管什么？管饭？

樊：管饭。管饭，一场一千块钱。不管拉箱。

鲍：哦。

樊：不管拉设备吧，就这个意思。

鲍：哦，他们剧团自己拉。

樊：嗯，自己拉，自己来。管他们饭。

鲍：那这个一千块钱能请到的戏算好戏还是？

樊：差不多，中偏下等吧，你说好也不好，也说赖也不赖。它赖戏咱也不愿意唱赖戏，很好戏上万了或者一万两万也没钱唱不起。就这个意思。奶奶她不讲究这个。有钱了唱个好戏，没钱了唱个赖戏。

鲍：樊叔，那个，咱们这个唱戏的钱那些是哪里来呢？

樊：唱哪戏呢？

鲍：就是，付剧团的钱，那个钱是咱们怎么来的？

樊：这个钱啊？

鲍：嗯。

樊：钱也就是，钱是从俺村里老百姓们，要的吧。“三月十八唱戏了，给奶奶捐个钱？”说，“行。”没多有少吧，十块八块、三块五块，都有。从去年到今年，村上的老百姓们的话不要了，靠咋个呢？靠在城里边啊，很有钱的人，在当工头这个，在那儿搞货栈这个，工作的人，哦，就去跟他要要。欸，给个一百二百、三百五百，就这样。

鲍：就是咱们村子里边的人，在城市里边，当老板了，有钱了，就找他们要？

樊：对，对，对。对农村老百姓们，你要，前二年，就跟老百姓们要。一直要一直要，老百姓们，不拿就不拿，拿了是三块五块拿，拿了太费劲。曾经这样干，唱了戏以后，前边置上个桌子，置那个桌子，老百姓们去看戏了，你愿意上个钱就上个钱。可是有上的，三块五块、十块八块，有人上的，反正就是各尽力吧。搞预算这个钱，这个，钱多了，唱个好戏，钱少唱个赖戏。就是可以这样，没有办法的。跟国家，俺去跟文化馆呀，或者这个这个旅游局要钱，要不出来。

鲍：要不到？

樊：可要不出来。俺是跑了多少回了，要不出来，可不，要不出来，没法说。

鲍：那，还是，主要还是靠这些就老百姓自己。

樊：老百姓，咱可以这样说。不用管搞货栈也好，或者是工头也好，也都是，这都是老百姓，这都是从老百姓口袋里要钱，就这个意思。本来呢，咱可以这样说，他信这个他就出钱。

鲍：什么？

樊：只要他相信这，他都要出钱。就这个意思吧。

鲍：哦，相信就出钱。

樊：对，对，对。

鲍：樊叔，现在，等于你们两个是，怎么说呢，这个叫维首，是吧？应该是叫维首还是什么呢，你和（张）向陆两个？

樊：我跟向陆啊？

鲍：嗯。

樊：我跟向陆，就是俺俩主管的，两边两个配手。

鲍：哦，你们两个是主管，还是叫什么？咱们的词怎么说呢，叫主管，还是，用一个什么词？

樊：俺们这儿啊，俺们这儿叫香劳。

鲍：哦，向陆和您是香劳。

樊：嗯，香劳。下边的人也是香劳。基本上俺俩主管的，他俩是配行。就这个意思。

鲍：配？

樊：他是俺俩的配行呢，他也属于香劳。

鲍：配行两个？

樊：嗯。

鲍：是两个吗？

樊：俺俩是主管这个呢，主管这个，它下边两个，是配行。

鲍：哦，主管两个，配行两个。

樊：对，对，对。

鲍：下面执事就三百个，是吧？

樊：啥？

鲍：执事。

樊：执事，三百？

鲍：三百个人，一共有三百个人，是吧？

樊：你瞧，让我说，三百六十户啊，不论走旗，不论金瓜钺斧，或者打鼓的，大鼓、小鼓呢，拿着旗的，或者是啥子，三百六十户，三百六十人。哦，这是整个三百六十人是绝对的。

鲍：就是一户一人的意思，是吧？

樊：哦，对，对，对。三百六十个人，这是过去的要求。可放在现在，人多了，可就不是三百六十人了，可多了啊，乱七八杂添的，没数了，哎呀。

鲍：好，谢谢你啊。

樊：还是，总的说呢，你这个，拍这个片，我看了，没毛病，没毛病。

鲍：没什么毛病？

樊：没，没，没毛病，行，行，行。就这个意思吧。

鲍：樊叔，我这个，我把这个片子，还有这个，咱们这个，现在这个谈话，写成书或者是刻成盘公开发表没有问题吧？

樊：没问题，没问题。就说这个，我，刚才我说这个话，你听明白不明白，你要说是，我说这个话有毛病，你再更改更改。因为啥？我这个文凭脚跟没有你文凭沉，没有你这个文凭深。你需要哪点改，我说这个话，哪点不合理，你可就去了得。因为啥？咱是个农村人，咱们哪点有不合理，是吧，对吧，我这个话说了，再需要哪点修改修改，你就修改。

鲍：好。

樊：对吧。好，咱就这。哈哈哈。

5. 张向陆、樊玉田等

时间：2011 年 4 月 6 日

地点：涉县曲峧村某家

鲍：向陆先说几句吧，你觉得，哪些部分你觉得比较满意，还是觉得印象深一点的，这个片子？

张向陆（以下简称张）：拍得都不赖，挺满意的，主要是不很全面啊。

佚名等：哈哈哈。

鲍：呵呵，你们笑什么，他的话录不进去啊，你们笑多了。

佚名等：哦。

张：不很全面啊。

鲍：然后，你说是不是，刚才说什么，有一部分，说到什么，欸，烧香的时候，什么，纸是吧，包装那个怎么说，包装应该拆开，是吧？

张：嗯，拆开以后，点着以后，许愿。就这么回事吧。

鲍：哦，那他们等于是有些是不懂？

张：对，有些不懂，不是那回事吧。非得先点着以后，然后说是有啥心愿呢。你跟神家说这些，然后，说罢了以后，把香插到香炉里面就行。

鲍：哦，说是自己心里面说了嘛，是吧？

张：对，对，对。

鲍：所以，我故意把这个，那个部分，把，本来那个环境是很闹的，是吧，我把这个声音都去掉了，故意的，是想表达这个意思。

张：是，是，哦。

鲍：其他呢？

张：其他吧，看这个，这不是放神枪那里，就没有拍啊。

鲍：哦。

张：你看，在广场，整排放神枪，那个没有拍啊，整排那个。像我们跑那个围那些，跑圈那个，那个也没有拍啊。

鲍：就是到那个地方跑圈，是吧？

张：对，那个也没有拍，那个，啊。

鲍：那些还是比较重要，是吧？

张：对，那个最古迹了，在我们这儿呢，那个最重要了。

鲍：哦。

张：为啥奶奶顶下来以后，（在广场）落轿以后，就先跑那个。

鲍：那个叫什么名字？

张：那个叫“跑围”啊。

佚名：“撵围。”

鲍：撵围，是吧？

张：撵围子。

鲍：哦，撵围子。

张：那个最，那个就是非得给人家办那项不行，最重要了。

鲍：哎呀喂，你看，你一说。没有这个交流，我就不知道，我以为不是很重要。

樊玉田（以下简称樊）：因为他没跑，他不知道这个为什么。

鲍：那，撵围子啥意思呢？

张：撵围，具体不知道是怎么回事，下来非得给人家跑那个。帽花似的，那个撵围啊。

鲍：哦。

张：跑罢那个，就是唱那个“家庭”，几个人在那儿唱那个吧。唱那个家庭，就是唱过去那个。你像这个，像他们过去就是演故事吧，像罗成啊，这些啊。

鲍：罗成是什么？

张：小罗成这个，他是怎么回事。那个，三国像关云长怎么回事，像秦桧怎么回事，那个。欸，他们就唱些那个，家庭那个事吧。

鲍：哦。

张：唱家庭那个，你没有录他们那个？

鲍：那个也没有录到，是吧？

张：嗯，那个也是很重要。

鲍：就是，先是跑围子；然后呢，唱家庭。

张：对，对，对。

鲍：唱家庭是唱些什么？

张：你没见在那个跑罢围子以后，然后几个人在那儿唱那个，三个人，在那儿唱那个，唱家庭。

鲍：那个是属于表演吗，还是？

张：不属于。那就是给奶奶唱家庭。

鲍：哦。

张：唱家庭。

鲍：什么几个字啊，唱家庭？

张：三个人，三个人在那儿唱。

鲍：什么意思？我不太明白。

张：就是唱过去朝代这个家庭的这个，家庭的那个事吧。

鲍：就是历史上的一些故事吗？

张：对，对，对。

鲍：秦桧啦。

张：对，对，秦桧啦，罗成啦，关云长啦。

鲍：哦，关羽啦。

张：像那个，有好多吧，就过去这个朝代古代人物都在里边唱。

佚名：唱历史的。

鲍：哦，唱历史，是吧？

张：哦。

鲍：也是唱给老奶奶的意思？

张：嗯，对。这是唱。

鲍：这两部分漏掉了，是吧？

张：对，对，对，这两部分漏掉了。一般，最重要这个跑围，就是跑围、唱家庭这个。这两个漏掉了，这个是最古的。

鲍：哦。

张：其他方面，就是，那个神枪吧，就是显示奶奶这个威武的。那个，一放神枪，这个（眼神往上看），奶奶就听见了，就要从上边就下来了。

鲍：哦，放神枪是有这个意思，是吧？

张：对，对，对，有这个意思。

鲍：就是通知奶奶说。

张：欸（眼神往上看），一放神枪以后，这个，全面这个神家，都，都就听得了，听得以后，都就过来了，过来过会。

鲍：哦。那是不是，撵围子之前是先放神枪，是吧？

张：对，对，对。

鲍：哦，那撵围子这个？

张：一落轿就放神枪，落轿就放神枪。起轿也放神枪，像我们走围子也放神枪。

鲍：哦，太好了。还有什么，你帮忙想一下，还有吗？

张：其他，就光是在路上走这个，没有什么啊。你没有拍那个上，那个三阁楼，我们上，抬轿上三阁楼，落轿那个时候，你没有在？

鲍：落轿那个，我错过了，我被挤在后面。

张：两奶奶，见面时候？

樊：有，里头有。

鲍：那个没有，没有。

张：没有，没有，里边的没有。

鲍：就是在拜殿里面落轿的时候。

张：三阁楼，跟轿上去。

樊：你说了三叩首两叩首，你没见？

张：没有，没有，没有拍这个。

鲍：哦。

张：上三阁楼以后，轿上三阁楼以后，你没有进去啊？

鲍：没有，我进去晚了。

张：对，对，对。

鲍：我是在轿子后面，不是被，（进门）那个地方不是被卡住了嘛。

张：那个，你必须跟轿进去，你就跟，你就得跟轿；进去以后，这个轿落到这个桌上以后，跟，里边就是奶奶，跟外边的奶奶，这都见面了，见面；然后，在那儿念祭文啊，还念祭文。

鲍：哦。

张：然后，都跪下以后，跪下以后念祭文，三叩首，这才起轿，才往下走。那是最重要的，那个地方是最重要。

鲍：就是我进去的时候，已经是在三叩首了，前面这段就落掉了。

张：对，对，对，那就晚了，那就晚了，那举行仪式都完了，那都罢了。

鲍：那个，就是轿抬进去以后，落轿以后，要掀帘子，是吧？

张：就要念祭文。

鲍：帘子是不是要掀起来，轿子的帘子？

张：不掀，不掀，不掀帘子。那就显灵，显灵。

樊：就开着的。

张：就开的。

鲍：哦。

张：显灵，就说，这就是，这就是叩拜已经，叩拜圣母这人都跪下了。跪下以后，念祭文。这不是，奶奶们见面，一念这个祭文，这就说是，哪儿去了，这就是保佑哪儿的说是平安吧。

鲍：比如说咱们是曲峧。

张：欸，子孙兴旺，这都些家里平安，这都些财路这个，都保佑吧。

鲍：嗯。

张：就是，那儿就是起这个作用。

鲍：那也是一个关键啊。

张：对，对，对，那儿也是最重要的一个。

佚名：再说这个，值社吧，就三奶奶跟大奶奶。

鲍：坐这儿吧，我把你照下来。

佚名等：哈哈。

鲍：哎呀，帮我说两句啊，躲开？

佚名等：哈哈。

张：关键是，在我们这儿吧，关键是在（曲峧磨盘山）奶奶顶上起轿。起轿用什么？起轿就要点，点黄纸。这个最重要。

鲍：什么？

张：起轿的时候点那个黄纸吧，这个，这个也是最重要的。这个也是仪式，点黄纸那个仪式。

鲍：黄纸烧了，是吧？

张：对，对。

鲍：这个是拍到，是吧？

张：对，对，对，也是最重要的，这个。现在这都拍得晚了，拍的呀。那个也是奶奶准备坐轿，往下走，过这个，过值社这个节，各个组、各个村这个，走街串巷这个，游，转了街以后，在我们村就完成这个事了。第二天早晨么，就是往那个东顶上走。

佚名：那一年，头一年，前年来的，你来去也迟还是在外边有人卡那个，没进到里边？

鲍：哪个卡？

佚名：盖帽（保安人员）。

张：东顶上不卡他，东顶上不卡他。

佚名：那咋个还是去也迟呢？

张：他是光往旁边拍那个，你没看他先放的那个镜头，光在旁边拍，他没有跟住轿进，他不知道里边还有这种仪式。

佚名：哦。

张：他是这个。

鲍：我是觉得，我觉得这个，我这个片子的名字叫“奶奶的荣耀”是吧。我觉得，老奶奶最荣耀。我的角度看是，就说，有那么多的人，在，路上，在家里面门口处，摆供，是吧？

佚名等：这个奶奶的荣耀。

鲍：这是很荣耀的东西。

张：对，对，对，对。

鲍：重点就放到这个地方去了。

张：对，对，对，对。

佚名：奶奶这个荣耀吧，你就跑这个围吧，那也是。就像她去见面这个吧，主要就是见面、撵围，主要就是这个。还有，你瞧，打鼓这个，撵围那个。

张：那也是最最重要的。

鲍：撵围，是吧。欸，这个怎么恢复起来的？撵围这个，这个有点复杂嘛，是吧？这个跑的路线可能有讲究，是吧？

张：有，有，有，都有讲究，那个是跑就是一个帽花，帽花，帽花。

鲍：哦，帽花，就是那个一个杆上插好多花的那个，是吧？

张：嗯，对，对，对。

樊：你给他画一画。

张：他知道，帽花。

佚名：就跟它卖那个吉祥物，那个帽花一样。

张：对，对，对。

鲍：这个我见过。有人举着这个在跑，是吧？

张：对，对，对。我们跑，就是个帽花。

樊：也就是跟摆那个阵一样，摆阵。

张：哦，对。

佚名：转着鼓围子跑的那个。

张：那个他见呢。

佚名：跟下年头，下年录，正儿八经好好拍拍，这个你跟人家好好说说，哪点主要、哪点主要，你跟他说说。

鲍：以后可以，有机会可以专门拍一个咱们小曲峧的，曲峧上社的，是吧？

佚名：有机会再来。

鲍：这个，就题目，题目有点，不是，唯一就是以小曲峧，不是。它的题目不是小曲峧上社，而是奶奶的荣耀，是吧，所以就有些东西就可能遗漏了。

佚名：光拍小曲峧，就是给磨盘山，磨盘山（奶奶）的荣耀。这个是女娲奶奶的荣耀。

鲍：对，对，对。但是，这个是，很遗憾就有些关键地方真的是漏掉了。

张：对。

佚名：主要是你不知道哪点关键。

樊：他不知道哪点主要，就是这个意思。

张：我们这儿是，也是奶奶这个威风；再一个跟奶奶，她这个姊妹们到索堡奶奶顶上见面，姊妹们一年就这一次吧，见面这个，就是这个还是（关键）。

鲍：是，是，是。

张：只是这一种事，它都是那个玉皇大帝封下来以后，封了她们，我们这儿的是三奶奶，是值社先头开路这个，开路者、先锋。过去那个时候，我们这个涉县有七道社，总共七道社。七道社，他们的社都在索堡那个村，都在下边那儿等啊，非得我们曲峧这个奶奶去了，才，去了，走到头，他们跟着我们就上了，上奶奶顶了。

鲍：哦。

张：过去那个时候，他们村的有的说是，欸，等不上我们，这里去的迟，等不上我们，他们先上。走到那个半坡上，那个黄风就刮下来，他们就上不去。

鲍：哦。

佚名：磨盘山奶奶可灵着呢，可怪呢。

张：上不去。

佚名：三奶奶，三奶奶可怪呢，就是可怪呢，都说管用。

鲍：怪，脾气大，是吧？

张：对，对，对，对。

佚名：脾气大，三奶奶跟大奶奶见面，时间不能太长，太长了轿就抬不动。俺们三月十八这唱戏，这就是给她许下的。

张：过去就是说是，进三阁楼底下那儿吧，底层那儿呢，落那个桌上，那个轿，有一年就抬不起来了。

鲍：哦。

张：多少人也抬不起那个轿，最后可是给人家许下一个，我们这儿不是十八，三月十八，在我们这儿唱这台戏，这就是在那儿给人家许下，许下这台。说，回了给你唱一台戏，这样许过了，这个他们，每年值社罢了，三月十八给人家唱这台戏，这才抬起轿回来。

鲍：刚才，就这，樊叔说也就这个？

樊：对，就这个意思，刚才我也是这个说的。

鲍：刚才他给我说过这个事。

张：哦，像这个都能写进去。

鲍：哦，能写进去。

佚名：……

鲍：什么？

佚名等：哈哈。

鲍：向陆，这个，这个，也许我以后公开，可以吧，这个，这个录像？

张：啥？

鲍：公开发表可以吗？刚才这个，我们现在这个谈话？

樊：他说，你说这个，他可不可以公开？

张：可以，可以，可以。

鲍：录像也可以，是吧？

张：可以，可以。

鲍：那我就拍到这儿了。非常谢谢你啊。

张：不谢，不谢。

6. 王树德

时间：2011 年 4 月 10 日

地点：涉县娲皇宫广生宫陈水旺宿舍

鲍：好，就开始吧。反正有些东西，可能我看到了，可能我，我个人的观点是有限的，你觉得什么地方没有拍好啦，还可以补充的，哦，提提意见。

王树德（以下简称王）：我补充一个意见啊，这个就是，说来是拍这个，摆的供养啊，就是这个，底下四个，上头一个。不要拍这个，底下这个这个，放仨呀，上头放俩呀。我跟你说这个道理啊，你听听啊。

鲍：嗯。

王：这就是，就是，这个疙瘩，神家，上供，哦，不能以这个这个，底下仨，上头俩。像这个，意思怎么说呢？这就说，去了地了，才这个，往起摞呢。这个去地头，跟咱这个神家就不能一样了，这是分开的。所以说，我这，我说的就这个事。

鲍：您说的是，各地的信仰不一样，是不能搁在一块儿，是这个意思吗，不是吧？

王：这就是说，这个供养。

鲍：哦。

王：底下四个，上头一个，是为着敬神的。

鲍：哦。

王：那个那个地，那个那个，那就是，这个，往这个，底下这个是仨，上头俩，往起摞呢。

鲍：底下仨，上面俩，是敬什么的？

王：它这个就去地呗，烧纸呗，敬的这个咱这老人，去上坟呗。

鲍：哦。

王：上坟呗。

鲍：我听明白您的意思说，敬神是，应该是底下四个上面一个；如果底下三个，呃，底下三个，在上面两个的话，那是敬祖宗的，是吧，上坟的时候用的方式，是吧？

王：嗯。

鲍：那他们，电影里面是，有些是摆错了，是吧，他们没摆对，是吧？

王：因为我这个，传递一下，我就是咱这个，这个一楼上这个叫我传的。

鲍：哦。

王：这就说，下来，这就是这个叫我行起她的功来。我这个，就是，今天，我在上头，见一个戴白帽的，见这个供养是像这样摞的，我不想说，不想说，不行，当然我这个头疼就不行。

鲍：头疼不行？

王：头疼得不行。我只要我说了以后，我的头就不疼了。

鲍：哦。

王：只要我说了，我的头就不疼了。

鲍：现在不疼了吧？

王：现在不疼了。这就是这个，叫我传功我就得传呢。我不传，我头疼呢。

鲍：哦，我明白了。

王：今天晚上，我去上头，这就是，当然，这个就是，这个，有个戴白帽的，有个，供养就那个摞起来了，当然我头疼得歪了。

鲍：歪了，是吧？

王：歪了。

佚名：歪，病了，头疼，不舒服。

王：这就是，所以说这个，我提这个，这个意见。提意见这个，应该拍这个，这个，唱戏的呀，跟咱这个，庙上头啊，它就合乎起来了。你拍得也好。

鲍：哦。

王：我就表白这点。

鲍：好，谢谢你，谢谢你啊，老爷爷。

7. 冯爱如

时间：2011 年 4 月 10 日

地点：涉县娲皇宫广生宫陈水旺宿舍

冯爱如（以下简称冯）：这个，我代表啊，代表咱们河北省……

鲍：你代表自己吧，别代表谁了，哈哈，我的片子也只代表我自己，呵呵。

冯：我代表我自己吧。

鲍：对。

冯：这个，要说起咱们这个娲皇宫啊，说起咱们这个娲皇宫这个传说，还配每个人的这个心想，还有这个假想，这里边有几个问号。第一的问号，说起这个唐王峧啊，说起这个唐王峧在很久以前，在这个朝代封下来啊，这原本就是唐王李世民坐的天下，是他的歇地；但是呢，返回来呢，跟到咱这个神话的点化下呢。意思就说呢，欸，这三位奶奶，然后就说呢，为了想在这儿流落一个居住，然后就把这地方占了。结果，占了以后呢，唐王呢，就已经封主封到这个东天门；封到东天门以后，就到这个东方去，自己住了一宅歇地，才把这个传说坐下来。坐下来以后，结果就跟，根据咱这个就这个唐王李世民，欸，然后对这个佛教啊，道教啊，还配咱们宗教协会啊，这四教以来吧，他很尊敬。所以来说呢，这就好说是，这个神话上点化下来，也就好说是，南海菩萨呢，也就好说是，跟上天有一句说法，也就说的是，倒反这就好说是，一个使徒，东方一个使徒到西天呢，就是取这个，欸，咱们佛教里边的大佛大悲咒，又是弥勒佛主金刚经，或者就是什么等等；然后取上以后到这个东方啊，就是网开发展咱们佛教里头的这个佛经或者圣经，然后再是什么道法；然后每一种的传法吧，该有名扬四海，就传流下去了。结果，传流下去以后，一直到这个改革开放以后。然后这就好说是，毛泽东呢，也就好说是，在很久以前呢，这句话说，他为了就是占领天下，立下以后，新中国新社会；欸，然后在中国呢，有句传说，说就说的是，他遇难的时候，在这个娲皇宫，这就三位奶奶，然后就把他得救了；得救了以后，党中央国务院，也就好说，娲皇宫建设，在中央呢，是一个很尊敬的一个传说，然后就拨下很多的现金，修建起娲皇宫。但是修建起娲皇宫，这是为普天下，欸，众普善人，众黎民，为全世界，立下一个庙宇。三位奶奶也就在普天下呢，给这个送个小孩呐，那个救个黎民啊，又是这儿的普度众生啊，欸，然后就把这个神话就点下来。点下来以后，欸，她就是采下这个底下这个小人，然后替她讲话，替她说话，然后替她办事，就把这个路就修通了。

鲍：嗯。

冯：修通了。但是，我们当时上的时候，山上很自由，想上去就上去，想下去就下去，不分朝代也不分年月。可是，轮到现在改革开放以来，然后这就或者，咱们这个对这个道教里边吧，就有一个，这就好说，对这个国家级文物，在咱们中国，就有一个一级，相当有保护权。所以呢，就把这个统治，统治起来。去里边参观，欸，就要收一部分资金，然后为这个古迹批上一部分资金呢。工作人员呢，也可以能领到工资，也可以能保护住这个庙宇，不打破，不毁灭，为这个下一代的人员付出贡献了。

这一个，我个人的要求，也就说是，当年来到山上，也有住的，也有歇的。欸，来这里，人员很尊敬，也很高兴。可是，等过一段时间呢，也就说是，咱听说上边，有的收费呢，有的取钱呢。所以，有钱的，都上去了，给老神都送香烟，都跑到根了。可是留下这个没钱的人呢，然后上去呢上不去，没有钱么买不上票么，进不去；所以说，只好在子孙殿，在子孙老姥这儿，然后就是，欸，手举高香，然后表达他一个人的心情，郁闷、愉快，然后就是往上给老奶奶送香烟；老奶奶接住，也很高兴。

又都说了，欸，这个老奶奶，她虽然是生到河北，欸，住到涉县，然后她不管涉县。意思是说的是，山西离得那么远，山东离得那么远，她就是管他们的；她自己根的人，她都不管了。欸，可是，这个传说呢，在这个世界呢，根本就没有这个传说。一个奶奶呀，这是普天下，欸，全世界的一个奶奶。也不是某一个人，也不是某一个朝代，也不是他哪一家所买。所谓的只是一种神话，一种神道，只能说是降落到咱们涉县；所以说，降落到涉县了，也是为了全世界扶助下来。

可是我看不惯的一点，好说是，身为咱们干部也好，身为咱们村里也好，县里也好，镇里也好，一碗水端平，共同救下咱们一个世界。毛泽东当年说过一句话，要富一同富，要穷一同穷。咱就说，要穷了，欸，咱都穷了，都合不上门，咱都得受苦。富了，富起来了，咱都得能富起来。所以来说，这才是一个公平。这个不公平在哪里？不公平的意思就是说呢是，欸，为了统治一个社会，为了改革一个世界，所以来说在这个世界上边，它就有很多的方式都不符合咱们社会。

第二的部分也就好说是，每一个人的才华，每一个人的安排，都有各人的一个特点，有各人的一个想象。从我自己看法吧，也好说是，希望咱们这个国家这个社会呀，或者希望咱们这个庙上的待遇，能不能还归属在当年的情况。当年的时代不往前走，那是绝不可能。为什么？当年的时代，是在旧社会，可是没有那么多资金，也没有那么多发展。改革开放以来到现在，世界呢，已经规划开了。欸，各个道路呢，各个地方呢，都开放了，住宿呢，都安排得很好啊。所以来说，按照现在这个说法呀，一定是很满意的。

不过呢，拍出一个片子，欸，跟他们讲出的语言，反正说出来的话，具体上是很好呢。

8. 张和平

时间：2011 年 4 月 13 日

地点：涉县娲皇宫广生宫陈水旺宿舍

鲍：我还不知道你的名字。

张和平（以下简称张）：姓张，张和平。

鲍：张和平，是吧，哪点地方的，家？

张：土生土长的，这一块的。

鲍：这一块是哪个村的？

张：他一个村子，石家庄。

鲍：哦，石家庄的。刚才有点遗憾就是，刚才你看的时候啊，我们两个交流了很多，那时候就拍就好了，其实现在都有点忘了，是吧？

张：不是，其实那些镜头，你还能都能找见。

鲍：哦。

张：你都能重新再拍。制片倒好制啊，我觉得。那些镜头都能找见，就刚才我跟你交流的时候，就说，还是说的那些，用文字来讲述，又能阐述出来这些东西。你比如说，像，就这个，你去那个磨盘山那一块，看的那镜头，特别比较，感觉特别辉煌，是吧，那些人。

鲍：嗯。

张：第一，人为啥就说，把时间，他能误出来时间；第二，那些人，就是说，他就不讲究金钱，对不对，他这信仰是什么，这是第一。然后，就是说，第二，就是说，他能过来以后就是说，这些人，你就，然后就，一块一块来解释说这个事。就一块一块说："你今天，就是说，你们举办这些社，从几千年流传到现在，继承这个文化遗产，然后就是说，你们信仰是什么？"

鲍：你说的，刚才说的是可以采访一些人问一下，是吧？

张：对。

鲍：请他们把这个问题说说。

张：只要说，你拍，拍到哪个镜头的时候，你就可以就说，直接就问他，当时，就把当时的人物镜头、他的语言都沟通出来，然后再用普通话就说，用文字阐述一下。

鲍：哦。

张：还有刚才那小孩在磕头的时候，上香的时候，给她开锁。那个就说，到我们这一块，就说，小女孩到，小男孩女孩到十三岁的时候，这孩子要开锁。就等于说，锁就锁开了，孩子就聪明了，哦，就是来开锁的意思。你想，你镜头里边是有这个镜头，其实，人家都不知道到底干啥呢。孩子就在那儿跪，就知道是拜，肯定是拜神的，对不对，肯定是祈祷平安的，祈祷好的。意思在哪儿呢？说不出来。我刚才还是说到这个，在我们当地人一看，知道这镜头是干啥的；你拿出去，别人就不知道这干嘛的，只知道这可能是拜神的。这种感觉。

鲍：嗯，不知道这么做的意思，是吧？

张：对，对，对。为了就说把女娲这个辉煌一点，让别人感觉出来说，就是这么好，就是这么神圣，这么伟大，这么辉煌。为啥她有这么多辉煌？辉煌的目的就是说，你得用文字阐述出来。光看到这些镜头啊，然后就说，没有就说用这些语言去表达出来，还是感觉不出来。

鲍：那你刚才，还比如说过，说过马僮的事，应该加些什么话？

张：对，对，对，像那些马的那些，他是替神来说话的，对不对，欸，当时，比如说，他给姓王家的人说，或者给李家的人看事，哦，李家的人求人家来了，他是顶着这个神圣的人下来了，对不对，欸，是神附体了，他才能说出来这些道理，他替神来表达这些内容，去给他家办事。就跟我们拿医生去给别人诊断看病是一样的。我的感觉是这样的。然后就是说，他能说出来，然后您用他当地的语言能表达，然后，你用普通话去给他解说这些事，他说出来是什么目的。让别人一看，哦，一听，一看，全都明白了，知道这是谁，这是神汉。就你说的，这是，女的叫什么，男的叫神汉，女的叫什么，现在？

佚名：女娲吧。

张：不是。就是替女娲说话的那些？

佚名：马的。

张：哦，就叫马的，是吧？

佚名：男的叫端公，女的叫女娲，哎，叫这个马的。

张：叫马僮，对，对，对，女马僮，是吧，男端公。

鲍：男女都叫马僮还是。

佚名：不一样。

张：不叫，男的叫端公，是吧，男端公、女马僮，是这样的。对，它就这样的啊。然后，还有，刚才你说看到那个镜头，你这里边出现，好多这个戏的镜头。

鲍：嗯。

张：然后你可以从，从我们这个庙会期间，是从农村的，就说，我们（娲皇社）这个请社，不是每年是二月二十七，就来请社了，到三月初一送回来。庙会是从三月初一到十五，十五，这个半个月期间，戏就从来没有断过。为啥呢？就是，每个人来许的愿，每个人来还愿。来许的戏，它唱的戏就是说，有的是几万的戏，有的几千的戏。（影片）能表达出来，这台戏他个人付出了多少，哦，他拿出钱来要献戏，对不对，他心态是啥，他祈祷的是什么，应该把这些（表达出来）。我接个电话。（回电话：嗯，别了，我在这儿有事呢，我跟老陈在这儿说个话呢，等我十几分钟啊，嗯，嗯，嗯。）

鲍：那咱们这个戏应该是愿戏，是吧，到底是怎么回事，你说说吧，愿戏这个？

张：愿戏是每个人就过来，他自己许愿的。

鲍：之前是跟，比如说咱们这儿老奶奶许个愿，说我的事情是不是做成了，就给你献几个戏？

张：对，对。它是这样的，就拿我个人感觉，以我做生意的身份，我可能比如说，每个十五，我要来上香；上香的时候，我就把下一个月的任务，我就安排好了。

鲍：哦。

张：我比如说，我这个月，我的营业额能达到十万，你比如说，我就说，“达到八万以后，我给您唱戏。”达到十万，就是我特别满意，我肯定要还她愿；我许过了，我就要还愿。他的目的就，比如说刚才（片里）他们是房地产公司的唱戏，“我今年给你献五万块钱的戏，也可能是三万块钱的戏”，他可能是这样的。他献戏呢，就是说，目的不一样，“我今年能卖多少万套房，我要唱多少钱的戏，达到我的目的没有”。拿我做小生意的人来说，我也是这样的，我这个月我能达到十万，行。我一天，像我今年，我自己感觉啊，我到十三可能有一场、十四有一场、十五有一场。

鲍：哦。

张：也可能当时，或者是我十四、十五、十六这三天，我每天就拿出一百块钱或者二百块钱。他要去，为啥呢？他的心态就是说，“我想我的事肯定能成，我肯定要去许愿的，我许了愿我就要还愿”。他才去唱愿戏。然后你再，就说，经过你的解说。

鲍：但你这个愿望也不可能很离谱，是吧，你还是有自己的一个谱，是吧，你比如说，经营额会有多少，你自己对这个数字还是得大致地估计，不可能是无边地去。

张：你不可能无边地去说。你比如说啊，你一块钱的东西，你本身就是卖两块钱的东西，你不能说把它弄成五十块钱，你说我给老奶奶上香了，然后你就必须要我卖到五十。这种人，这种天文的数字，不能要。你得以现实来说。我一块钱的东西，卖两块，变成两块，我这就够加倍的了。这就是我达到我的目的了，对不对。我本身一块钱，加五毛就可以，我加一块，我觉得这就完成我任务了，我觉得目的就能达到。

鲍：嗯。

张：所以说唱戏那些，你也可以说：从初一到十五，这十五天的戏，由几家来完成，几家许的是什么心愿。经过文字解说。然后，以后，就是说，然后你说这个：就每个抬（轿）这些团队上，它都出得满身大汗。是不是？

鲍：你说上社那个？

张：对，上社的人。他付出这种精神，可贵不可贵？这是不是就老奶奶就荣耀？他有这种精神来支柱着，他才能做到这些事情。我感觉是这样的。

我感觉是这样的。你比如说，像我们去年，我们村里边办社；别人问我，“你想拿多少钱?”我说，“你拿多少钱?”当时我问我二大：“拿多少钱?”我二大“拿一千”。“人家别人有一百的，有五块的，然后还有十块的，你为啥拿一千?”他不说钱多钱少，他就说，他自己心态：“我拿一千，另外，我再买对花篮，我再放五百块钱的烟火。”然后，我又去邯郸他们引资过来，又引资不但一千块，两三千都拿回来了。目的在哪儿呢？就说，我要替老奶奶做些善事。还有，经常我跟陈大哥（陈水旺），我们交流：虽然我们没有皈依，我们不是居士，我们现在做的事，做的事情已经比居士都到位。

鲍：哦。

张：我们要行善，要积德，要办好事。还有别人问我：“你为啥要挣钱？挣钱的目的在哪儿呢?”我说：“挣钱两个方案。一个方案是不同的。要是人没有吃喝是不行的，对不对，解决温饱问题。要为好多人着想。”现在你知道我的心愿想啥？想办一些善事，做个养老院。

鲍：哦，是吧?

张：自己个体办，不愿要掺和别人办，自己要办。我壮大我实力，我要办个养老院。目的在哪呢？老人多了，孩子们工作太忙了，肯定照顾不过来。你做这些事，是不是给国家要分担一部分。好多人，经常我就来许愿，我第一件事情，把我事做好；第二件事让我顺顺当当地、平平安安地完成任务了，是不是，钱是不是就有了，有钱了以后做什么呀？我要做一些公益事业。

鲍：哦。

张：绝对要做公益事业。一个人的心态不一样。有的人“有钱了我要出国，我要到外边”，他就往外跑；有的人说：“不行，我就愿意做一些善事。”像他们，还有这一帮子人，就说这些马僮啊，什么呀，庙会期间真是不图什么回报，一趟一趟陪别人过来办事。哦，像这种精神在哪儿呢，是不是。我就感觉就说，你的影片好多片断呀，能体现出来。就说，我知道这个情况了，能体现出来。你拿到，比如说，把这个片断你拿到北京科学院去，你让他们研究这个事，他们知道里边内容，他们知道那个片段是，看出来是什么，他也不知道是什么意思。

鲍：对，对，这个不是你说了，我觉得，有些同事间放过，他们就提出这个问题，看不懂，哈哈。

张：对呀。

鲍：他看到一些东西，不知道是……

张：你说，老奶奶的荣耀再广大，它没有表达出来，镜头在那儿放着的，意思没有表达出来。

鲍：对，对，还需要阐释一下，是吧？

张：还得，就是，还得去，就说，第一，要拍实景，就说，当时的人物，哦。

鲍：请他们说话，是吧？

张：听他们说话。"您从哪儿来的？""我从河南过来的。""您从哪儿来的？""我从山西太原过来的。""几个小时过来？"几个小时，为什么要过来？目的在哪呢？

鲍：嗯。

张：说出来，这是第一。第二，然后，你配上导游给你解说那些。你说，一进山门，山门上面，你不是刚才（片里）那两个人是什么人物，意思是什么，这两个，这个影壁上面刻的，这个内容是什么？对联是什么意思？进了山门，迈过这个门槛说成仙了是什么意思？上过十八盘，通过十八盘，我们就是成了上、上十八层天，我们上天了，成仙人了，仙人才能上天。迈过这门槛，我成仙人了。加上这部分解说，好多人，唰，迈过这门槛，我们成仙了。

鲍：哦。

张：感觉特别好，是不是？

鲍：对，对，对。

张：所以说，就说，你加上解说，然后就说，由导游那些，导游那些词就特别到位，他那些词来解说。解说完了以后，再加上您的解说，就说，这些队伍为什么这么庞大？为什么这么好？好在哪？再让别人看，小孩开锁的，这些端公给别人办事的，还有这些人就是敲扇鼓的，拿着鼓，她不是拿着一种（演出）道具，它就说，跟神说话的一种道具。

鲍：哦。

张：她拿着扇鼓。

鲍：通灵的，是吧？

张：嗯，对呀。她拿着扇鼓，第一，是一个节奏感；第二，她拿着扇鼓，就是敬神才用这个，她为啥她不去敲成别的鼓，目的就在这儿呢。所以说，为啥她能排出节目来，抽出时间来，都是种地的农民，对不对。她为啥要来做这些事情？她的目的就说，她这种精神可贵就说，她信仰老奶奶。她觉得："老奶奶，我就得演这种节目，我就得去办这种事情。我办完这事情对我也可能有一定的好处，第一体现我身体可能壮实，第二就说保家里平安、太平一些。"它能体现这一些。

鲍：嗯，是，是。

张：好多人为啥往下继承这些事，越来这些人越多？目的可能就在这儿呢。

鲍：嗯。

张：其实我觉得，你里边片断就说，就是缺少解说，然后缺少他当事人的那些语言，还有跟他沟通那些事。都要说出来，这个光盘我觉得比较就完美。这是我个人的建议，不代表……哈哈。

鲍：谢谢你，谢谢你。

张：不用谢，不用谢，不用谢。然后，有什么，你可以让他们给你补充一下。

鲍：我已经拍过他们了，哈哈。

张：哈哈哈。

鲍：咱们就拍到这儿啊。

张：好的，好的，好的。

二　我与娲皇宫管理部门及本地学者

时间：2010 年 12 月 8 日

地点：涉县文物旅游局会议室

主持：李军荣

1. 影片放映前

史安昌（以下简称为史）：中华民族这个最古老、流传时间最深远的一个，一个一个，我们的共同的祖先。她早于炎黄二帝，比伏羲也要早。伏羲实际上说是，跟女娲结婚，那是后人把它捆绑成了，两个不是一个时代人。根据我研究，就是说，人类进入文明社会以后，光有女的没有男的，它不能繁殖；特别是进入父系社会以后，男人地位上升，女人地位下降，这样就把伏羲捆绑。实际上，在远古时候，女性，女子要高于男的，就是地位呀，啊。那个时候，不是男尊女卑，是女尊男卑。

鲍江（以下简称为鲍）：反过来的？

史：对，对。进入父系社会，尤其进入封建社会，被孔孟之道把女的给贬得，是吧，女子就是，简直就是小人一样，甚至就不是人了。你看，农村都有这个习俗，外边有人来了，问她家：“家里有人没有？”女人在家不当作有人，男的在家才算有人。男的不在家，她不开口：“欸，有人。”

鲍：咱们这里有这样的风俗吗？

史：对，有。就说这个，我们现在生活虽然进步了，几千年进化，但仍然能找到这些远古社会留下来的这些“文化化石”。从这些语言啦，风俗啦，习惯啦，这个文字啊，姓名啊，里边都能找到这些化石。后来，我琢磨这些事，比方说，姓名这个“姓”，姓字就是“女”字和一个“生”字，女人所生的。就是说，开始的时候，生下来，都得有一个，表示一个谁的后人嘛，就是说要有个姓，实际上是氏族的一个标志。凡是这个氏族都是这个姓，都是一个老祖母生的，都姓这个姓。它是随母姓的，不是随父姓。

进入父系社会，自然，咱们现在小孩都是跟父亲的姓，所以说这就父系社会。可是那个时候是随母姓，所以说是，你说，这个姓名的姓有女字旁，它不表示，这里不含男人。就说，那个时候，人们生殖科学还认识不到男人这个，一开始认识不到男的作用，认为这是女性所生。再一个，那个时候乱婚，也就没法确认谁是父亲，所以说，这个姓就这样组成，一个女字，过来一个生字。直到现在还是这样写。从姓字里边分析，它就说，生殖没有男人的事，就是，它就是女人的事。

鲍：最初是母系，姓氏的区别也跟着母亲走，是吧？

史：对。中国最古老的，比方古书上那个，记载最古老的（姓）大部分都带个女字旁，像“姚”，女字旁的姚，“姬”，姬鹏飞那个姬，还有姓“嬴”，秦始皇那个嬴，里边中间有个女字，还有好多都有，多数都带有个女字旁。那个时候，也就说，人们认母不认父，就说它，没法确立，没有地位。父亲不是固定的，所以生了没法。所以说，传宗接代也只能靠女的，所以男方正好跟现在这个女子一样，出嫁，去外边找对象，然后死了再埋到祖坟这地方。这个男人没有继承权，女儿有继承权。

我也看了那个，恩格斯写的那个《家庭、私有制和国家的起源》，那里边讲的就是世界共同的一个规律，都是从这个，从蒙昧时期，然后到野蛮时期，然后才进入文明社会，基本上经过这几个。

鲍：社会进化的一个线条，是吧？

程俊芳（以下简称程）：咱们开始吧。

鲍：我先说一下我的来意吧。我在中国社会科学院社会学研究所工作，然后08年申请了一个课题，国情调研的一个课题，然后我选娲皇宫作为我田野考察的一个地点。我的考察从08年开始，三月庙会时候，住在广生宫里边，庙会期间都住那里。然后呢，09年又在那儿住了，做了一个实地调查吧。除此之外，我还在小曲峧也做了一些调研。调研的同时，我也拍一些影像资料。然后，我最后的成果，我想由两部分组成，一个是文字的，一个是影像的。这个影像可以说是课题中间的一个中期成果吧。这个成果出来以后呢，09年12月出来的，出来以后，在学术界倒有一些交流，比如在德国哥廷根民族志电影节上也放过，还有英国曼彻斯特大学我也去跟他们做过交流，在北京呢，社科院、北大，也做过一些交流。但是我想到，除了跟他们学术圈以外，我想，就是说，片子的来源地，我需要多做些交流。我想到这点，所以有今天这个行程。跟涉县人的交流，我想分成两个部分，一个部分呢，像今天一样的，跟娲皇宫的管理层做个交流，希望得到你们对这个影片或者对这个信仰的一个评价。然后，以后三月庙会，我还想希望有机会到庙会去，给游客或香客看一下，收集他们的反馈。大家看了以后，希望大家给我批评指教。

2. 影片放映后

李军荣（以下简称李）：说吧，专家们。

鲍：我也是跟你们学习。我觉得，对娲皇宫，可能每个人都有不同的理解。这个也是在我的理解基础上拍的一个东西，所以，大家的意见，也许跟我一样，也许不一样，我觉得这个都很正常，所以我们才需要交流。大家可以坦诚地给我一些意见，比如这个地方不好，或者这个地方没拍好了，等等。也是一个交流的契机吧。我是这样看的。

史：首先，这个女娲老奶奶在涉县这个山沟里吧，可以说久居深山，没有走向……，前几年我们一直是希望能够走出深山，走向全国，甚至走向世界。因为女娲是我们最早的、中华民族的祖先，又是我们的一个保护的文化遗产，更是我们的一笔精神财富。可以说，对咱涉县来说，这个娲皇宫也像，可以说是我们取之不尽、用之不竭的一个，嗯，一个资源，是吧。相比这个矿山、工厂，它是永恒的，财富，是吧。现在符山铁矿，你看，总有，那也是一种资源，但是它总是有限的。就这个女娲，娲皇宫吧，可以说，对涉县，先人给我们留下了一个、一笔宝贵的这个财富，应该很好地利用。可是，有点达不到应有的这个宣传和重视。

像今天有这个社科院的鲍教授啊，不远千里，深入基层，搞这些素材收集，我觉得很不容易。我就是本县人，以前也收集过一些东西，但要捕捉这么多镜头，我觉得，也非得下很大的功夫，吃很多苦头才行。我觉得，首先，这一点，我感到是精神可嘉，是吧，应该这个，应该肯定。我也希望这个以后啊，能够多来涉县，这个，继续收集，充实镜头。你比方，娲皇宫，我发现这个。

鲍：把这个关了，投影，噪音太大了。可以。

史：我发现有些镜头吧，还是拍得不是很漂亮呢。为啥呢？因为受季节条件限制。你比方说这个，秋高气爽，金秋十月，你要是那个时候来玩，空气也新鲜，拍的娲皇宫就更为漂亮一些。你看，春天吧，树上还没有叶，草还没有长出来，那个就瞧着有点，当然啦，也有一些乡土气息。但是，就是说，我认为这个，就是说，增加一些这个，以后吧，还可能会在这上边充实吧，做得更好一点。有时候吧，天气正好有雾，就是守着娲皇宫吧，有雾，拍得雾蒙蒙的，是吧。另外吧，以后要拍，经验也多，可能，也可能说不定设备也越来越好，再加上我们的深思熟虑啊，更漂亮一些。

不过，从总的来看啊，我看，基本上就是一个民间，这个对女娲的一种信仰吧，也就说是一种崇拜，表现了多种多样的形式。我认为这是，但是总的还是觉得，看了一段，主要是缺乏这个解说文字、说明。就说，尤其只是把这些现象摆出来了，但是人们为什么要这样，信仰女娲，是吧，崇拜女娲，搞这些形式呢？还需要从理论这个高度，这个这个，需要升华。就是，让人们看了这片，不仅认为这是一种，一种好像是民间的一种，这个迷信色彩，或者是，这个这个什么迷信活动。哦，它是从这个遥远的这个时代一直传承到现在。这种文化只是一种文化现象，是吧，它是有深刻的，这个社会根源，这个来由，不是说咱们想象。所以说，通过这个片，也要让人们，受到一定的教育，不要盲目光这个，这个，认为这是一种光搞封（建迷信），不知道里边的内涵。

实际上，我认为这个人们对女娲的这个信仰，一个是对祖宗的这个，一种这个，慎终追远，是吧，慎终追远。也就是说，人，都不忘自己的本。本是什么？本就是自己的根，是吧。所以说，这个“本”字呢，很有讲究，这个本就是木字，木字下边画了一横，指的这个树根。我们人呢，也是有根的。末了，末是木字上面加一横，末就是树梢。本末颠倒，本末这两个字也是，就是这样来的。本就是根，末就是树梢。咱们呢，要从那个时候传承下来，实际上有些，这个，应该这个批判地继承。但是你不能把它都当作一种，什么，一种这个封建的、落后的、愚昧的东西。这是一种文化现象，是吧。咱们现在这个社会，应该让人们接触到。特别是在社科院的同志，我觉得，这个理论水平应该，比我们要强得多，你们在搞的时候，应该这个这个，怎么样把它扒拉成一个这个，嗯，很精彩的节目，让我们这个，欣赏的时候也能受到一种文化教育吧。就是说，对我们涉县这个旅游文化建设呢，也是一个很大的促进作用。

现在，反正，开始有不少人来做这个文章了，是吧。其中有北师大那个杨利慧，是吧，北师大那个教授，杨利慧来这儿搞过调查。还有其他的，比如说有正在创作一些这个电视呀，舞剧啦，等等节目。我觉得这也是时代的要求，是吧。

这个女娲，实际上，她不光是我们的祖先，而且她是一个中国人民这个这个生殖崇拜的一个，形成这样一个，典型的，有深刻的社会影响的这样一个人物，是吧？为啥，女娲功劳很多，但后来人们，就是说，由于这个为了战胜死亡，大部分都，主要重视在这个生殖，生殖功能。也就是说，女娲，你看，去那儿烧香拜佛，多数都跟生殖有关。这个也是有，据这个，一些专家研究吧，也是有一定的来历呢，是吧。人们在远古社会，自然条件非常恶劣，是吧。这个人们的寿命啊，战胜死亡啊，这个这个，也就是说，这个死亡率很高，是吧。人们要战胜大自然就需要，这个有，有生产力。可是生产力往往，平均呢，活到二三十岁就、就老掉了，是吧。最后，这个死亡是不可战胜的，这才转移到这个继承了，转移到这个生殖上，是吧。我可以多生、多育，是吧。几千年来中国人的一个，一个根深蒂固的观念，直到现在恐怕还是这样，还有很多数影响，是吧。所以我们现在这个计划生育，有时候很难做就是在这个地方了，形成一种，这个、这个观念。

李：说点这个片。

鲍：这挺好的，我觉得，挺好。我稍微做个回应。您说到一点，我觉得特别说到点子上。就是说，这个片子，您觉得，把现象都，具体的社会现象都摆出来了，是吧，现象背后的内涵，比如说他们为什么这样做？这样做有什么意义？是吧，这些东西都没有阐发。但是说，我稍微解释一下，就是说，这是一个中期成果，我还是希望把我看到的东西用，把我自己的观点不加在这影像上，把它呈现出来，呈现给不同的观众吧，我想这样层次的有个交流。最后，我写文字，文本论文的时候，肯定，这个是我必须挖掘，一个主要的一个宗旨吧，那个可能是要在文字里边体现出来。但肯定我自己有想法的，但是我觉得我想，我不是做民俗学的，我是做人类学的。人类学，可能大家不理解这个学科，就是说，做人类学的人，更愿意去跟不同文化背景的人打交道，所以更愿意去听。所以说，不用说，我自己对这个东西肯定有一个解释，但我不认为我这个解释就是唯一的解释，或者是唯一正确的解释。我更愿意去听您的解释是什么，他的解释是什么，然后我也把我的解释也摆在一块，就呈现给大家这样的一个东西。所以说，是比较开放性的东西，这是我将来要做的一个思路。我也希望以后出了书以后，也能跟大家共享。其他的还有什么？

李：老李。

鲍：非常感谢。

李常荣（以下简称常荣）：第一次接触鲍老师，有个想法。这个想法，就是，来看了以后啊，只能顾名思义，就是，这六个字，女娲、奶奶、荣耀。因为咱们，咱们相互之间都没有沟通，我又不知道来做什么来了，只能以字、以画面谈谈我的看法。

根据这六个字，女娲、奶奶、荣耀，主体都有了。通过祭祀这个活动的画面，来展示我们现实的人民对奶奶的崇拜，这个目的已经达到了。所以说，你的主题扣得是非常紧的，这是成功的一方面。再一个方面呢，就是画面，甚至衔接，都非常清楚，也到位。这是你这个片子吧，咱也说这个片子吧，成功的两个方面。

但是呢，我有个想法，既然是奶奶的荣耀，就是通过这种无声的表现形式、动作，来表现出来，对奶奶荣耀的显示，后世的人们像这样地去祭祀奶奶，这就是奶奶的荣耀。如果她不荣耀，没有功绩，我们后世的人是不会（用）像这样的形式，兴师动众，来纪念她，崇拜她。但是呢，有多少人能够看懂这个片子？像我们，就是搞这个文化的，这个知道，或者是看过一些书籍的，知识分子呀，或者是听到讲故事呀，有一部分人也知道。但是有相当一部分人，看了以后，不知道弄啥的，在什么地方，来做什么事情，这个地点、时间，跟它的要件，要件就是目的，还不太明确。因为没有展现出来，或者解说出来，就是在涉县的娲皇宫，全中国人、全国最大的女娲祭祀地，涉县娲皇宫。这一个没有展现出来这个主体，主角。这是在哪儿？在广州的？郑州的？甘肃天水的？还是在山东的？这都不知道，是吧。只有到过这个地方，来过这个地方，才回忆起，哦，这就是涉县。这个，不太明确。

再一个是，我们用了地方上、民间的、通俗的文化，来表现对奶奶的崇拜。比如说，这个这个敲那个鼓，扇鼓，那个呢，一种形式，那个是不用语言的，唱出来的调子，语言咱也听不懂，是吧，来崇拜奶奶。有的呢，用板胡，唱戏的形式，崇拜奶奶。有的用跳的形式，崇拜奶奶。有的用说的形式，崇拜奶奶。这应该用个解说词来说明，这是什么形式，什么内容，为了达到个什么目的。也叫大家，叫观众看了片子清楚。比方说那个开锁，那个女的打那个棍，打那个小娃娃，打那个十几岁的，是那个孩子，打，然后，打了以后开锁。这个文化传承下来已经几千年了。这就是奶奶的神，来这抱了小孩，回去生育了，这个小孩一直长到十四五，要来开锁。就这十四五年呢，年年都得来，父母亲啊，或者他的爷爷奶奶，或者他的带领人、委托人都得来。来做什么呢？你给我送了孩子，我来感谢奶奶。最起码是感谢三年。你看山西黎城的年年都来，最后一次来就是开锁。开了锁以后，意思就是这个孩子已经走上社会了，我已经，奶奶已经给你管完了，你交给奶奶，奶奶给你生育，奶奶已经完成老奶奶的任务了。开完锁了，让这个孩子呢，自由了，让那个孩子去自由了。（手机响）我关了机啊。所以说，用这个开锁表现，这种文化。

还愿，唱戏，就说，我来这儿，我想着搞一个企业，搞成功了，我挣了钱了，我当时许的奶奶的愿呢，我今天呢成功了，我要来还愿来呢，这叫还愿戏。就是我把每一个场次，每一个文化动作，在民间几千年流传下来的这种精神文明和它的民俗的传承人都表现出来。但是得用文字。不用文字，像我们二十多岁的就不知道弄啥，对吧，不知道弄啥。主要是充分地体现了我们中华民族的文化底蕴，在民间那儿。你看城市上没有看到这个镜头啊，你到北京啊，上海啊，看不到这些镜头，对不对？它是很喜闻乐见的，很愿意看到的。上岁数的知道，年轻人知道？什么都不知道。但是年轻人，你一打字，有个解说词，或者是打出来文字，他们一看，就明白了。所以说，你这个片子才能起到一个很好的效果，喜闻乐见，大家都愿意看，一看，一遍一遍地，要看你这个片子，因为他懂了。你再好的东西，他不理解，不懂，对他来说，不是对牛弹琴？没有用。所以说，我们既要下功夫，就要在这个片子上让大家都知道，懂得。我一次一次地点击，我一次一次地到电影院去看你，百看不厌。起到这样的效果，才是我们摄制的目的，才是你搞著作的目的。再好的东西，不懂，等于没有。懂了，为啥说是科学的东西呢？他懂了，现实了，这才成为科学。未来的那是未来的，那是还没有懂得，或者没有弄清楚的，那是未来的东西。现实的东西，我们就在这儿放着呗，一直放了几千年了，现在要展示它，我们现实人民生活当中去。就这么来表达，文字来表达，是最好的表达形式。这是我的一个想法。

通过这形式的展现，歌颂了我们伟大的母亲，创造人类的母亲。这个意义很大，让世界人民都知道，我们的母亲就是这样的形象。她的形象是什么传承出来的？是她的功德，是她的付出，才使我们后人对她的崇拜，是吧。女娲的功绩，这个表现得不太突出。就是，一开始就进入了一个祭祀，对女娲这个地点和她的形象，没有用镜头，诶，由远到近来展现出来，这就是我们的奶奶。叫奶奶也行，叫女娲也行，叫娲皇圣母也行。主体突出来以后，然后让我们这些善男信女，我们这些文艺活动，进入角色。不能人家说，耶，主体不突出。你瞧奶奶的荣耀，这个奶奶我们要突出出来，奶奶的形象。形象是什么呢？就是现在塑这个像。像我们娲皇宫塑这个像，这是中国美院设计的，是全国各地最标准的一个像。这个可以作为女娲称皇，三皇五帝嘛，女娲是第一皇，称皇以后的一个形象。她这个形象的形成，是由她的功绩造成的，她的功绩感动着后世人民，后世人民才敬仰她，她才能产生荣耀的效果。为啥荣耀？没有功绩能荣耀吗？没有付出能荣耀吗？不能。对吧。这个主体呢，我看来是，要突出主体，突出女娲这个形象。就是来朝拜奶奶，奶奶才荣耀。起到这个很好的作用。我就谈这些吧。

鲍：我也跟李老师做个交流吧。我觉得，听你说的东西，特别欣慰的感觉。首先，是吧，因为你看懂了我的片子，是吧。但你说的这一点，就是说，对牛弹琴。怎么说呢，我在英国放的时候，有部分，人类学教授，他们就是没有这种文化背景，是吧，也就，他们也提出这个看法。

常荣：看不懂吧？

鲍：因为他没有这个背景，不知道。同时，那个学校里边一个留学生，中国的留学生，她就能懂。哈哈。所以对一个片子的解读，可能跟他自己的文化背景是有关系的，是吧。这一点，我特别能认同。然后，对于以后这个片子进一步的处理方式，你提到一个意见是加一些解说词，这样的方式，使这个片子进入受众的心里面。我觉得这个意见非常好，以后可以考虑。然后呢，就是说到，还有一点，你说到关于这个，影片里边女娲的这个具象的东西，我没有表现，没有出现。其实，这个东西，我是刻意的。为什么这样做？我有我的理由，不知道能不能说服你啊。我觉得，这个，就是说，为什么就是说，就像你理解一样，人们有那么多的活动，不管是唱戏也好，还是抬轿子，这些活动，庙会也好，这些行为背后，它肯定是有信仰，有一个支撑，有一个理念支撑的，就是女娲的意思。反过来说，女娲的荣耀是什么？我的理解，有那么多的后人，那么一个神话人物，后人还在不停地做这些活动，这是一个她的生命力所在的东西。至于说，具体这个老奶奶，或者是女娲，到底是一个什么形象？我觉得，我不把她具象化，反倒给一个，一个开放的，一个想象的空间。可能，这样我觉得会更有力量。如果具象化了，就凝固了，就有点，就没法，就是有点静止了，这种感觉。可以说，我觉得，每一信仰者可以用自己的经验去建构他自己的女娲的形象。当然，你说的这个基于功德的这种版本，我觉得，是，我也看了一些娲皇宫这些从明代万历三十七年吧，那时候开始一直连续的那些碑刻，一直都是有，当时那些应该是朝廷的地方政府吧，一直是把这个神话里边这些东西，一直在罗列，不停地在说这个。这个，我觉得是有历史积淀的，这个是一个主流的声音。但是也不一定就是只有这样的声音，是吧。可能有些，我觉得，有些信仰者可能就是，他也不知道奶奶是女娲，他就觉得是奶奶，但心里边，最重要的是，她是谁不重要，对这个东西，娲皇宫的神圣的东西，对他，对他的心灵有意义，我觉得这一点是。所以，这个主流解读是这么一种方式，但是也不一定就是只限于这么一种。这是我这样处理的一些考虑。

张森林（以下简称为张）：把什么都说了。我看了这个片子，我看了是，它不是一个完全的艺术片，录制了一下娲皇宫山下的一些文化现象。那个，我看，就是，我有这种同感，就是，老奶奶有求必应，有求必应，不管这个词对不对啊，我认为这个词就好像是命令一样：我求你，你就必须应，是吧。不管词对不对，但人的心目中，就是说，来求老奶奶，心里有什么愿望，就是来这儿求。可求有好多形式，你录制的放炮啦，是吧，像唱愿戏啦，各种形式吧，都有了，比较完全。但是，跟李老师有种同感，就是没有具体的东西。你比方吧，就是说这个求子，不，开锁，开锁这个，（手机响）当然，它的内涵非常丰富，要是加上解说词，录音也可以。你比方，磕头的时候，她要念念有词啊，那个老太太，拿那个荆条去打这个小孩，听是：天门开，地门开，什么奶奶开锁了。我记不住啊，就这一类，这一个，它原声音的表现就能表现它的主题，或者结合什么词，什么什么博士生啊，大学，考上大学，这些词。就说，用来求这个神能够帮助我达到我的心愿，使我的心愿得到满足，所以他要来求。还有很多很多的东西，没有录制下来，你比方，那个披红、撒米呀，这些，这些东西。就是披红啊，像门头红，这些，红布条。这些文化现象，这些干什么的？它也是一种祈求的办法，是吧。撒米呀，也是，内含着什么？就说来年的五谷丰登，能够吃饱。

再一个呢，就是，你避开了说是女娲这种形象的展示，就是，在人的心目中，就用这种形式来敬神。我们看来就是，欸，不知道敬谁？为什么敬这个人？我们知道的，她是炼石补天了，抟土造人了，再后来治洪水了，造笙簧使人类和谐了，这些。就是说，这几大功德背后，都有对人类有利的地方，对人类生存有利的地方。所以说，才来祈求她。用一下，这个文化的东西去表现自己的心声。比方民间的祭祀，民间的祭祀，那就是，实际上就是有这个组织的，什么组织呀？古老的组织，叫“社”，是吧，那个领头人叫维首，这些。当然这个片子不这样表现，是吧，但是它内涵的东西，要表现出来。就是说，这个，这个民间祭祀是有组织的。它抬那个轿，华丽的轿，干什么？它抬的是谁？抬这个要抬到哪里去？它内涵，就是说，它抬到自己家里，使自己家里幸福，抬我们村里，供到我们村里，让老奶奶来关心我们村，可能内涵的是这些东西。

还有一种现象，就是说，人去了，有一个镜头啊，水旺（陈水旺）在那儿解释（解签）呢。一个妇女，水旺问：“你来干什么来了？”“我来看老奶奶了。”“老奶奶是谁呀？”“不知道。”实际上，咱们这个片子当中，就含了这一项内容。欸呀，怎么不知道干什么来了。我扯一会儿吧，离题一下，原来我跟涉县县委县政府提过，我说：你应该造一个女娲功德祠，以现在的技术手段，造一个古色古香，又能动又能表现女娲这几大功绩，对人类社会进步、这个生存，营造了条件。一表现，然后人们更加崇拜女娲。就知道女娲为人类做了多少贡献，我才去朝拜她。

再一个，娲皇宫啊，我看了你这个表现，这点我看比较突出，就说，最后为什么显出娲皇宫来，就是老奶奶就在这个宫里，山下崇拜，就崇拜在宫里坐的这个人。为什么给她建立这么一个华丽的宫殿？也就是她的功德。然后让后人敬仰，才建造的宫殿，可能表现了这个意思，我看，还是很不错的。

其他呀，其他我也看不出什么来，但是民俗的东西，在娲皇宫这一些现象，就是敬老奶奶这些形式，基本上表现出来了。

鲍：非常感谢张老师，您说的这个东西，就是说，真的是有这个问题，就是说，影像它能实现一些什么东西？是吧。有些东西，可能缺了语言文字，真的还是不行。所以以后，我一直在琢磨，怎样用一个恰当的方式，把我的论述，用文字的论述，跟这个影像的东西结合起来。这个，我觉得，你这个提醒，对我特别有帮助。必须说，你说的这些东西，真的是，比如说社会组织形式呀，维首呀，这些东西都是有历史渊源的；比如说那些民俗活动，披红撒米，这些都是有象征意义的。这些东西，如果都加，附在影片里边，这个影片就显得太沉重了一点点。比如说，这个片子，还有一个问题，你跟，比如说一个外国人交流的时候，那他就要阅读很多话了。就是说，反倒影像力量就会减弱。所以，怎么辩证地去平衡这些东西，也是对我，如果真的是要重新改编这个片子的话，也是个挑战吧。就是说，怎么取舍，是吧。但是可以加一定程度的东西。

张：欸，你这个片子里抱小孩这个没有吧？

鲍：那个没有。

张：为什么没有？

鲍：没有捕捉到。

张：你研究人类学的，这个是主要的东西，是吧？

鲍：对，对，对。

张：它这一个好捕捉，就是有好日子的时候有，是吧？

鲍：庙会有没有？

张：庙会有。

史：在子孙殿那儿。

鲍：这个我倒觉得很有必要补一个镜头。

张：这个，看来应该捕捉一下。

史：没有那个黑夜跳大神那个，坐夜？

鲍：坐夜，这个我见过了，我也拍了一些镜头，效果不是很好，因为太黑了。我体验了很多次。

刘凤岐（以下简称为刘）：他在那儿住了，他都见过。

鲍：我很想听听你们两位女士的意见啊，欸，两位女领导，因为本来说女性的嘛，你们两位女领导都不说什么，呵呵。

程：这个，在座的三位都是专家，我不敢说什么，就自己的看法说一下吧。看到这个，因为开始就说了，一个是影像，一个是文字，看之前，我跟他们说，影像提供的仅是影像，所有说明都在文字里边。我看了那影像以后，感觉，你这个影像，是文字里边，按图片的形式，往里边穿插。有这种感觉。如果能进去的话，可能是完整的一个片子，你研究的一个课题，非常完整的一个课题。那个，如果说单纯作为一个影像资料的话，我觉得刚才几位专家都提到了，包括时间了，地点了，可能还不是特别的明确。这个中西文化，我不太了解啊，你作为学者，带到国外去研究课题的话，从哪个角度去，有取的有舍的东西吧，这种想法。但我觉得，就是说，最起码应该有一个主线的，应该就是，首先，让人们感觉到，这是女娲，是中国的，人们敬仰的一个神。我一开始看到，女娲的荣耀，一开始看，从荣耀这两个字开始看的，就是说，从不同的角度，你比如说，那个，人们敬仰女娲，就是从我这个角度去敬仰女娲，这是一个角度。荣耀，就说女娲，为什么就能受到人们这么样的尊敬，你说从女娲开始写吧。那么说，如果我们敬仰的，就是从我开始写的女娲了。我觉得，我不知道这样想法对不对，我觉得，你是从荣耀这开始折射，开始写这个，人们如何敬仰女娲，她才有如此的荣耀。我是这样想的啊。

再说，刚才说片子里边具体捕捉的一些画面呢，我觉得非常不错，因为这方面没有研究，我看到好多画面是非常不错的，包括说话呀，交谈呀，那些画面，能捕捉到是非常不容易的。再一个就是，人们上社的时候，这些画面我没有看过，我也是第一次看啊，所以我感觉非常好。因为这些专家，他们是搞这个研究的，见得比较多，所以更深的东西我也谈不到，但是就是说有一点，就是说，这个，我一开始看，怎么样，我是涉县人，首先感觉非常神秘，这个东西，人们在信仰，在朝拜，尽管我不知道是谁，但是在朝拜，非常虔诚地，用不同的形式，不同的方法，在进行朝拜。

包括人们，就说，荆条在拍打这个孩子，这是非常典型的一个事例，典型的，怎么样能告诉人们，她拍打是干什么的，当然不需要全过程去介绍啊。再一个，刚才这个谁，张科长也讲到，说人类学，是吧，提到一个抱小孩，就这个事，从抱小孩开始说起，从孩子的开锁，拍打着开始，这个倒可以连贯起来，很简单，也就能联系起来，要不你直接拍打干什么呀？抱孩子吧，那肯定知道，抱孩子以后，在中间还有这么一个过程，拍打这么一个过程，开锁吧，这么一个过程，用荆条开锁，这是地方的民俗的一个做法吧。

其他的，没有更多的想法了。

鲍：谢谢你。我说点题外话，你说到这点特别对，就是说，我们人类学语言，叫这个拍打孩子那个叫成年礼，是吧，全世界各地都很普遍的，形式可能不一样，但是都表示他成人。然后，之前可能就会有出生的时候的仪式，比如说我们这儿就具体到抱小孩了，是吧。然后呢，其实，我还了解到，娲皇宫还不止这样，比如说，有些行好的人，可能他死后就去那儿了，所以那儿还立了宗亲碑嘛，是吧。所以，从这些现象上，我的一个抽象就是说，我觉得，老奶奶在这些信仰者里面，其实是一个生命的给予者与接受者，这么一个角色，对，她既是给予的，也是接受的。这些东西，我就想在论文里面写。

程：还有她的功绩，接受起来比较那个。

王艳茹（以下简称为王）：我跟老师认识，09年您到娲皇宫。

鲍：在娲皇宫，你关照过我。

王：在三月庙会的时候，咱们也见过。那个，咱们这个片子呀，首先，我觉得我特别佩服您这种精神，因为，我没有做过什么课题研究，包括像人类社会学这方面的。我以前看过一些资料，包括我也想收集这方面的东西，但是我目前手里有的资料还没有你拍下来这么具体和全面。有些东西，尤其是包括像咱们那个一般情况下有事情，比较忙，可能也有其他事情牵绊，包括上社这一块，资料您非常全，首先我不知道您的资料是不是，呵呵，留给我们一份，当然是如果您出版发行的话，希望您也能给我们留一份。非常非常珍贵。

我觉得，作为您，您对女娲文化了解吗，最一开始的时候？

鲍：我这个，稍微解释一下，我这个课题的源起吧，之前，其实我们是做一个比较大的集体项目，就是，选了，中国选了三个点，研究非物质文化遗产，一个是咱们这里，一个是，就是福建那儿妈祖信仰，还有一个陕北的秧歌，大概的一个了解的一个课题。但是我是都参与了，三个点，都去看了。相比之下，我觉得，我对这个东西，我觉得，这个地方更值得，更吸引我去深入，所以我是选择了这里。

王：我看了影片之后，我感觉您的侧重点，您对上社这方面拍得比较多，而且非常全面，罗列得也很清楚，反正，也可能是我经常见，我看得非常非常清楚，也明白您想表达的意思，所以我觉得没有必要穿插一些其他的东西了。如果您要单纯从研究女娲文化这方面来说呢，可能还可以补充一些东西。

说一些个，就说，这个片子可能会，让我有一个，一点点不太好的感觉哈，就是，如果说是涉县的话，我感觉到好落后啊，呵呵，当然了，因为是背景，背景的原因，是文化的原因，造成的。因为您研究人类社会学嘛，就是人类在一个历史时期之内，在一个地方，群体形成的一些社会活动。作为您研究课题来说，是没有，嗯，这是真实的东西，没有任何异议的，而且可以不掺杂其他的东西，主题很鲜明。但是对我来说，如果，您可能有文字说明吧，应该有其他的工作，对吧？

鲍：对。这里我想跟你做个辩论，就是你觉得落后这一点啊。其实，就是说，说起来就跟这个我们的近代史有关系了，新中国建立的时候，我们的舆论是叫社会进化论，是吧，这是一个西方人的理论，但是我们把它拿过来了。这个理论是说什么呢？就说，人类社会有一个低级到高级的阶梯，是这么一个理论。其实，这个理论本身也只是几个学者，他自己构想出来的一套东西。它只是，最初是几个学者，几个学者的一些书写，是吧。后来，被我们作为一个国家的意识形态去做，然后对我们的影响比较大。但是，你可以想一下，就说，我先补充一下，就是说，可以说，社会进化论也是人类学里面的一个流派，就是说，应该说比较古老的一个流派，但是，实际，早在这个（21）世纪，上个（20）世纪吧，学科内部是已经没人相信这个东西了。人们更重视的是一种，比如说其他的流派，比如说，功能学派了，或者是文化相对论了。就说，你不能把两个文化的表象的东西，不能这样比较谁高谁低，这本身就有点伦理上是不道德的。就是说，它之所以如此，它有它自己很充分的理由，不能用你的一个价值判断去判断它，这是一个基本的，我们做人类学的一个基本的立场，不能轻易去说它好不好，或者是先进还是落后，这个是我们的一个立场。所以，我觉得，也许你的这个思想，可能受进化论的影响比较大，所以会有这样的一种感觉。我能理解，但我跟你做个回应吧。

王：我觉得，你这个作品要在你们圈里吧，我觉得是。我觉得，对于我们经常在这儿，作为娲皇宫一个职员，经常看到这些东西，然后看这个片子，受益匪浅。

鲍：嗯，我觉得，真的没有必要看低这些东西，这个是很，很有力量的东西。

王：我们可能看得，看得多的是拍的比较美的风光，比较敏感。但是我觉得鲍老师这个，如果在你们圈子里边交流，他们可能不会去看这些东西，因为它毕竟不是一个宣传片呀，这是作为一个学术论文似的，学术交流，这是很真实，很客观，而且捕捉到的是很珍贵的画面。

程：画面太美了。

鲍：而且真实是最美的。

史：嗯。

鲍：欸，那个领导还没说的。

李：凤岐，凤岐。

刘：我不多说了。

鲍：说几句，说几句。

李：说，说，说。

鲍：说几句吧。领导最后说，机会也很难得。

刘：鲍老师，作为学者，您在研究这个命题，作为跟我们经常接触到的和我看到的，或者我们想要表达的那个意思，不是一回事的。我一开始，一看就感觉出来，不是一个味。就说，我是管那个宣传的，就管咱旅游局营销销售那一块，销售景区的。完了，感觉吧，它跟我们，包括我们旅游局的这些人吧，搞的那个东西吧，每天在研究，那个文化啊，宣传啊，那个风光了什么，七七八八那些东西吧，跟您要表现的那个主题是两回事。完了，您这个，让我们这些专家啊，教授级的人物，在我的印象当中啊，他们这些人，我感觉不是一个路的东西，不是一个路的东西。您在研究另外一个东西，这就是说，您的站位，您的站位站的这个平台，去怎么样审视这个东西，是吧，这是一个至关。不能说，刚才您说的，不能说什么东西好，什么东西不好，这就说您站位，站在什么样立场上，哪个角度去评定这个东西。所以说，这是第一个我要说的，不能说什么好与不好，是不是。

完了，我感觉，当然我水平很有限啊，感觉您在研究这个课题的时候，我想您能不能告诉我们说，“我要表达一个什么东西，或者我要研究一个，这个东西。”不能不研究什么东西吧，您总是在表述哈，让我们或者所有人知道你要表述一个什么东西。当然，我们，我感觉可能从某种研究的文化的领域不同，是吧，升华的层次也不一样。所以说，在这些方面可能都有差异，所以说就是这样的。我就说到这儿吧。

鲍：我觉得你非常敏锐。

刘：谈不上，呵呵。

鲍：然后，我回应一下你的第二个问题，就是说我要表达什么东西。通过这个片子，我延展开在说这个我的研究吧，是吧。这个片子，我是研究娲皇宫是这样的，肯定是我们做人类学就说，都是说，题目很小，但是要说人类的事情，是吧，就是人类文化的事情，所以我虽然具体到娲皇宫这个点，但是我要，我最关注的问题是文化理论方面的问题。文化是什么东西？是吧，从这抽象的层面去讨论。有点像哲学样的东西，有点像这样的东西。

以前是，又说到我们这个学科了，我对学科有些问题，我的工作需要跟那个做对话，这是我的主要关注，因为我的身份是一个学者，是吧。然后，就简单化一点说，就这么说吧，以前做人类学的人，总把，有个习惯就是说，一个民族就是一个文化，还是一个社会，之间是可以画等号的，一个民族就一个文化，就只有一个社会，它是合三为一的一个事实，是吧。但其实，现在的，其实中国历史以来，或者是现在的全球化的这个背景下，其实这个文化是在渗透的，在民族之间是在漂移的，不是那么固定的一个民族就是一个文化，可能这个民族创造了一个文化，但这个文化可能就到处在流动的一个东西。

史：多元化。

鲍：对。然后，就娲皇宫这儿来说，娲皇宫这个东西，我觉得，其实，大家都是涉县人，但是你们当中可能也对它的理解是不一样的。有些是作为民间信仰的系统，我分析出来是，作为一个民间信仰的对象，作为一个“心诚则灵、有求必应”的这么一个对象去看这个东西的；但是有些，比如说，我想可能是从一个文化遗产的角度去看这些东西的，是吧。那肯定不一样，是吧，作为一个文化遗产，跟作为一个信仰对象，那肯定是不一样的。

然后，可能，我还要追溯一些历史，比如说，最初那儿曾经有佛教徒在那儿活动，是吧，留下了很多的碑，是北魏时候的，四百多年的时候。那之后呢，又有一千多年是空白的，没有文献，没有任何的文物记录的，这是一个空白。这个空白当然留给我们任意去想象了。然后，再后面就一个连续的一个历史记载，是吧，碑刻，我觉得，我是一块一块地写下来的，就是从，应该是从万历三十七年，是吧，每隔五十年左右就有一块，就是（记录）因为火烧了又重建这么一个过程。我还要对那些文本做分析的，比如说，我们当时就是说，其实参与那些重建工程的人是有儒生，比如说有县官的，县里边的领导，当时县里边的领导是受儒家的学术的教育的，但是也有道士，还有一些当地的地方精英吧，应该说，也叫耆宾，年纪大德高望重的人，也可能有些比如说生员了什么，有一些儒家这些，现在说是大学生、博士生之类的身份的人，还有可能是一些做生意的人，等等。他们都在做这么一个工程，都卷入在这个工程里面。所以，在历史上来说，也是多元的，不同的文化体系在诠释娲皇宫的意义。今天也是这样。其实全世界任何一个点可能都是这样，这个是很普遍的。你对一个地方的了解，或者一个符号的理解，可能就各有各的东西。这是我要表达的一个理论的东西。好吧，我请你李局长说一下。

李：呀，太感谢你了，鲍博士，没想到你给涉县录下了这么多的素材。上社这一块啊，原来我们做过一个，没有你拍得好呢。就是说，这些专家确实是你这出发角度不一样，导致的结构也是不一样的啊。我想，可能你是，就是说，以女娲文化遗产，就是非物质文化遗产这样的一个线往下走的，不是以娲皇宫这种建筑格局，或者女娲文化这种。这里边有个哈，就是说，看了你这个，你这个素材挺好，也做了这么多工作，看了以后啊，就是说，你这个主线啊，你比方女娲奶奶的荣耀，女娲奶奶的荣耀选择到娲皇宫了，就是你这个线。从哪儿开始讲的，我想你当时一开始，因为从摄影这个角度来说呢，你一开始有娲皇宫这个画面出来了，然后呢话，曲峧上社那种，然后你应该顺着这个线往下走。而你这种线走的时候，走的时候，你在这个线中间，有那种路上祭祀馍那种。但你走这个线走的时候，走得……我发现，这个线，应该按着这个线往下走，走到娲皇宫。结果你在这个走的中间，你不同的点出现不同的画面，这样给人一种零乱的感觉。就是说，本身从曲峧上社开始，走了，然后是路边，馍，这种可以来个特写镜头，这种祭祀的形式。但是在以后的画面中不要再出现这种东西了。应该按照这个线，然后，使人看了以后明白。要不然的话，你曲峧上社已经有了，你可有那个线，路边一个馍，后边镜头又专门出现了一个馍的状态。这个，上馍了，或者祭祀，从那儿来，我觉得你不要太那个了。这是一个线，应该，像曲峧上社这一段，就一个主线往下走下来，然后到娲皇宫以后。娲皇宫，你这个上社，唱愿戏，等等一系列这些细节性的东西，顺着非物质文化遗产这个主线，然后直往下走，然后唱愿戏，唱愿戏。

那几个人在唱戏，你给了他镜头特多。就是唱愿戏是给谁唱的？我想你这个镜头上应该，她唱了，来一个镜头，上边的，娲皇宫一个镜头。就是，虽然语言上不了解，但是，我知道，她唱戏是给上边的那个人唱的。这种东西，让人感觉一目了然的东西，这个。还有在戏台上唱戏，就是说，唱戏，她是给谁唱的？你用唱戏的画面，跟看戏的画面，然后你下一步马上，不是你老是在这个画面中，应该画面插到上面娲皇宫去，或者插到三阁楼，是吧，这个给人感觉就是，她唱戏就为了她（奶奶）唱，让人感觉很明白。不要老是去唱戏就单纯的唱戏，是吧。我们都是围绕一个主体，就是，为什么女娲老奶奶呢？就奶奶的荣耀是，这些活动都是为老奶奶服务的，是她的荣耀。

另外一个，就是说，当然，他们也说了，几个专家也说了，文字与画面，文字要解说，我倒同意加文字，但我想，文字不要过多。为什么我说？你比如说唱戏，愿戏，你就说，一句话——给女娲老奶奶唱愿戏，一句话，就是一句话。为什么要唱，至于为什么要唱不要说得太多，给人留下想象的空间，但是也让人知道了这个活动就是给老奶奶唱愿戏的。另外，也有，一句话，给老奶奶唱愿戏，下边有唱戏的，然后，上边来一个镜头，是给她唱的，然后就行了。

另外，画面不要重复得太多了。这个画面有了就不要再有了。另外一个，画面不要太沉闷得太多了。如果素材可以，不够，可以再捕捉，但是同样的画面不要太沉闷了。我说，宁可以把45分钟缩短成35分钟，但是不要让一个画面老是在眼前停留5分钟，这样不好。因为你做学者的，但是它有一个学者（的做法）。做广告宣传片，可能你不是主搞宣传片的，广告宣传片讲究一个视觉效果。但是你要做学问的，我想也不能老是让画面沉闷的时间太长，如果沉闷时间太长的话，大家就感到枯燥无味了。应该画面一定不要，这个画面一定是你作为一个学者（站在）大众的位置，就是说，大众都能够接受的位置。不要说有的人喜欢看快的，有的人喜欢（慢的），但是绝对不能太沉闷了。你这样的话，画面一直停留在某一个画面上。

除了你的主线，这个女娲文化，这个非物质文化遗产，这个主线很明确。然后再往下走，走了这些，你这些画面也都很明快，是吧，表现了主题就行了，不要老是雷同。但是有很多的，你比方，唱，打愿鼓了，唱愿戏了，打扇鼓了，那些就是一个名词，在电脑上，在画面制作上，就“扇鼓”。至于说，扇鼓是什么一种形式，我们不要去做解释，我只是告诉学者，这是叫扇鼓。但你这个学者叫扇鼓，那个，每个学者来啊，他也肯定叫扇鼓。但是学者能明白，普通人也能看，扇鼓，是不是。可以想起，不同的想象。不要，但是，有是要有，但是不要多了，文字不要多了。

至于这些灰的画面，我认为倒是无所谓。我觉得，这些民族的东西，都应该是，民族的东西就是世界的东西。这个东西不能老是说是太现代的好，本身祭祀，本身女娲文化祭祀就是很原始的东西，原始，那个，所以说这个主题。

至于说女娲老奶奶这个塑（像），这个容貌是不是需要往外表现，呃，李老师也说了，这个我持保留态度了，就我们来说，我们希望这个，但是作为学者你可能不希望。这个，下一步，咱们。这个您的事，是吧，这个。但是我想这个问题呀，纵然是这样，我认为这个广告片，不是广告片，就是您这个学术成果出来以后，如果真正真地起到女娲非物质文化祭典这个，只要有人关注，他肯定要打听这个东西在什么地方。这是下一步的事。

感谢你，感谢你这么丰富的。

鲍：这个事你说对了，很多人都打听是到底在哪儿，我在北大研究生那儿放映，都在打听，他们都要来。

张：再一个，你这个机器有限，你看，没有拍出，可能你表达的，实际上画面拍不出来效果。

鲍：清晰度没有那么高，是吧？

张：一个是清晰度，再一个角度，拍摄的角度。也可能是，有时候唱戏啊，我跟局长有同感，应该唱戏以后，画面很远地，很远地，表现一下，然后把它拉近。

李：对，你这边唱戏，嗍，把画面拉到娲皇宫，就是唱戏是给她唱的，然后可以再拉下来，然后再到继续看它的细节。

鲍：而且我觉得你说的特别对，你说的，你是很懂电影语言的，比如说，有一个镜头，一个奶奶带着个孙子，是吧，然后给它（戏帮）钱，这个我也捕捉到，我觉得很幸运，然后请她们唱，是吧，然后，她跪了，然后有时候她还抬头看天这样的，那个地方就可以接一个娲皇宫的镜头，她在看什么，是吧，这个对话就出来了。

李：对，电影，往往是，因为看东西，它讲究顺序，就那个曲峧上社那个，一定要按那个主线往下走，不要在后面再出现上馍的镜头，曲峧开始走了，往下走，路也可以有这种上馍的大场面的，然后来个特写，就细致到某一个摆馍的。都得围绕着那个主线走，不要再到娲皇宫再出现曲峧上馍的镜头，那就不好了，是吧，你主线已经走下来了。在写作当中，这实际上是，你主线已经走了，在下一段落中再出现了这种；或者说你的论文的话，你这个论据是，论据是论点的，拿到那边去论了，那不好。

鲍：哪个镜头，你说曲峧上社？

李：就是馍的镜头啊，不是镜头，就在曲峧的路上，然后后边在表现的时候又出现了上馍的镜头，这个、这个，馍的镜头，后来又出现了一次，就是说馍。

鲍：是静止的那些照片吗？

李：嗯，对，对，又出现了一次。

史：就是说程序问题。

张：按照电影的要求啊，这可以。

鲍：我这个是有点想强化这个，每一家每一户都是这样做，这对我说特别感动，这个轿子一过，每一家都出来在门口摆供。

李：我的意思是，每家出来，这是一个主线，然后这些馍，就是路边摆馍那个，都是围绕这个主线来服务的，然后来个特写，上供，就是上供那些人，就是给她服务的。然后，在以后的在娲皇宫就不要再出现这种镜头了。这个主线下来以后，就是说，那是，来特写，可以来特写，这个（和）写文章一样，论据来论证，但以后就不要来。我记得你好像出现了两次，意思出现点零乱，拿一个论据来证明三个东西，或者说，拿一个论据来证明多种地方论证的时候，出现问题了。

张：我得散了，鲍教授，我先出去，一会儿有事。

鲍：好，好，明白，谢谢你啊，多谢，非常感谢。

张：应该谢谢你。

鲍：你电话没变吧？

张：没有，没有。

李：别的也没有，别的也没有什么。

鲍：非常感谢你，给我这个机会，也为这个研究以后，我觉得，会有很大的帮助，好多完善，非常感谢大家。

史：那个唱戏了，还愿了，那个戏呀，不要太长了，不能光这一段都演完，咱主要不是看那个戏，主要看那个形式，像后边那个比较好，镜头很多，一会儿一换，一会儿一换，就是要以丰富的画面来表示这个，短一点，多一点，从不同角度，是吧，不同时间季节，这样丰富了画面。

鲍：切换多一点，是吧？

史：对，对，对。当然了，以后还需要充实，你比方说，就是坐夜那个吧，可能没拍好，是吧？

鲍：就是天黑，光照度有点不够，效果不好，以后有机会补拍一下啊。

史：还有下雪天啊，或者是什么春暖花开，好多季节。主要我们理解你，不知道你这个出发点，你这就是主要搞这个课题，也不是围绕那个，就是说，就说什么，呵呵，最后，凤岐讲到点了，出发点不一样。

附录1
娲皇宫及其附近宫庙碑记

一　娲皇顶古碑文

1.《新建娲皇庙碑》

余观古圣贤赞□神之德，曰：使天下之人齐明盛服以承祭祀，大凡三皇五帝，圣后神媒，精□之结，与天为昭。史载女娲氏佐太昊以正婚姻，诛共工以抑洪水。又云：能炼石补天，□中皇之坡制笙簧弦瑟，是开辟之后又一开辟也。不惟是且也，水旱灾荒，生育□物，祷马辙应，其德泽灵□盖与天无极矣，所以使人畏□奉□也。愈远而迩至矣。涉西北唐王山，顶有祠焉。其来无□。每岁三月，阖境男女，并秦、赵、韩、卫之远，罔不竭诚进香，如孝子□慕慈亲。是必有所以大感人心者在也。万历三十六年（公元1608年），岁在戊申，正月八日，偶被火灾，寸屋片瓦俱成灰烬。时邑侯潘□目击其事，恻然不忍于心，随命管工官王世昆、刘朝阳公真□氏郭□□张进学□□□赵崇美、主持道人鸠工，后兴土木复倚石龛建殿一座。未竣而潘公擢淮藩矣。幸邑侯张公甫下车辄咨境内兴废，一闻兹举，即与潘公有同心焉。遂续前之绩而愈增其规制，丽以丹青，曾纤悉未备也者第见□桷巍峨，□□□□。视前焚殿又明豁开朗，焕然改制。其功盖有若或成之者也，以故远迩快心，咸相嘉曰：是足□□圣灵□□向秘我□□□念于始，张公毕虑于终，有是哉。是为记。

文林郎知涉县事隶□□□。文林郎知涉县事知县山东□□□。

公差快手张正禄、赵文明、李应□。募缘人陈一枝、李万良。扶碑石匠魏从善。催工皂□王绍、田孟通、李更。石匠赵惟春、李活、李宗亮。

住持焚修道士徐真介。

万历三十七年（公元1609年），岁次己酉，孟冬吉日。

注：此碑镶于娲皇顶梳妆楼石阶南侧由条石垒砌的墙体。碑文残缺，查可以识读的，抄录如是。碑名头两字“新建”，原文为“重修”。重修两字被磨去一层，另刻为新建；叠刻痕迹明显。另外，碑文中见“崇祯元年（公元1628年）三月十八日”的题款；从这个题款在碑文中的位置、书法和刻工判断，当属后来增加的。

2.《春日谒·娲皇庙五言排律》

知涉县事关中任澄清题。通州判官邑人王希尧书。

层峦高万丈，谁创娲皇宫，隐约钟声度，迂回鸟道通，穿云峰磴险，含露薜萝葱，苔藓壁间绿，桃花洞口红，雾垂豁谷暗，雨霁碧山空，□□林泉色，冷冷涧壑风，古碑藏蝌蚪，危阁摩苍穹，炼石岂人力，补天赞化工，山灵百世显，祈祝四方同。

大明万历四十三年（公元1615年）秋七月，涉县典史钟鸣立石。

注：此碑镶于娲皇顶进门后过道东侧由条石垒砌的墙体。碑文保存完整，抄录如是。

3.《透楼碑记》

重修创建娲皇圣母宝券一座，计开花名于后。公直老人常存顺、赵可英男赵胜□。选择阴阳生樊教民。募缘善人李万良、陈一枝、临漳县人史邦英。焚修住持道士张常庆，徒申守一、申守坤、徐守心，孙冯泰洪、田泰亮。上同师徐真介。石匠王□□、李自全、樊应魁、李光魁、李光先、赵承光、李自湖男李光元、杨国仕、杨三乐、李光洪、陈自礼、李光美、徐有财、李有金、魏从善、杨梅。

皇明天启六年（公元1626年），岁次丙寅仲夏吉旦立。

注：此碑镶于娲皇阁阁楼底座正殿北侧的墙体。此碑原无题名，当地人称这个碑为“透楼碑”，我据此取名为“透楼碑记”。因为上下阁楼时香客攀扶，故碑面光洁无比，侧视可见楼阁的镜像。

4.《创建娲皇阁记》

涉在万山中也，城迤西北三十里许，有秩秩相次而耸峙者，临河千诸峰也。循水浒北行，其下□□□流者，漳水之南注也。峰回水转，忽见岿然于东山之颜者，娲皇阁也。曷为皇之太昊？上□□□□缵绪，都中皇之山而扶世也。社而稷之、□而祝之者，以皇之别姓氏通殊风，灭共工而息洪水，有当于以劳定国，捍大患□□大灾也。窃而深廓其有容者，庙之建自振古者也，接岩□石，创阁五楹，广四丈，延方各二丈五尺者。工之成于今日者也，嶙峋直上，俨若步虚行空者也。阁之石□也秉□□□入□畚者□□相杵有互应，□作□之□渠也，肩相□□□□，前呼后合，老幼追逐者，□□□□之□□者也。野芳发而盈视世，叶□开□□阁上之春秋也。寅宾而天□来，寅饯而□□瞑，晦明相禅者，阁上之□□也。经始于天启之甲子（公元1624年），□□也，落成于崇祯戊辰（公元1628年）旦月也。□财鸠工，□□□顺□可□也。发愿住持道人张常庆专请募化人陈一枝也。遑岁四方□□合镪青蚨尽□□□。今我邑侯王公则悉付之公直收掌作阁上费用也。侯何许人？字海若□敬吾以乡进士任□□□三愿王有真也。

崇祯元年（公元1628年）。邑人贡生张□□撰。

注：此碑镶于娲皇阁石阶南侧由条石垒砌的墙体。碑文残缺，查可以识读的，抄录如是。

5.《修砌水池碑记》

此乃古迹仙境，历来缺水，离河尚有十五里许。自始祖住持五辈，并无易水之法。通来各匠竣修工□进香，茶水供给不便，守心画夜嗟叹，忽然一策：修砌水池一座。倘蒙雨雪，方便费用。上建棬棚三间，外修茶楼；下引路一条。其各匠竣工，资米食灰木等项，共费□二十余两。刻石永存不朽。

石匠李光元、木匠桑自成、泥水匠宋文□等工二十人。

徒高太禄、刘太福、胡太奇，孙黄青兴、田青□、□青□、□青□。住持道人徐守心、□守□、常守方。

顺治十六年（公元1659年）三月十一立。

注：此碑镶于娲皇顶进门后过道西侧由条石垒砌的墙体。碑文保存比较完整，抄录如是。题名为我所加，原碑无题名。

6.《重修娲皇圣母庙碑记》

余尝读史，至女娲氏炼五色石以补天，未尝不奇其事而怪其诞，以为

□□□远，无可稽信。及余铎涉，览涉志。县治西二十里许有唐王山，顶有娲皇圣母庙。是□其旧迹欤？又访之故老，曰：庙建其来远矣。每岁春三月一日至十八日，各省男女大会。不□司其□□□，司人间胤嗣，感应昭然不□。□亦兴□□□，余亦若信□疑□。值会，登□□上，奇峰峭壁，穹窿巍焕，若夫□□。祭毕，凭高远眺，□□□山□□□，人物辐辏。西连秦晋，北临燕赵，东通海□，南极湘汉，四方云绕而至者，不□□几十万□。其翠幄之华，彩钿之丽，画夜络绎不绝，诚□□□大观，一方之胜□也。向非有神为以鼓舞之，焉能奔趋若是哉！□□史册所载，洵非证欤？□□□愚即修文诰谕□法束之犹愍不知是□□□□□□□不□□□然震□矣，此神道设教又以佐礼乐，则被之所不及者也。然则神道曷可一日少哉？故事神之典与治民并重。越十有一□□□□□，汤汤滔滔，怀山襄陵，因而殿宇倾圮，圣母露处是亦柱折维缺之一会也，求其能复效补之手者谁也？兹盖幸遇邑□□刘老□母关□□龙法内菩提，于十三年春，甫莅□土□□□期，偕余登祭其上。□□心恸，慨然以重修为□□□，破从前之陋规，以四方之□施□之公用，仍□俸□□□属以辅不建，此心真可以对天地，□鬼神，□日月争光也。□故，□声□□远近，□□各发愿心，共成盛事。于是，有杨振之其人慨慷好义，□□其事，而董其成为□□乃□默命之□以其布施钱粮付之，且□之曰：□其鸿古□惟勤尔；其也材，材惟良尔；其率作与事，事勿怠□之。遂挺身倡先，□二三善信□敬□。同心协力，募工聚材，石取诸山，水取诸河，凡砖瓦□□之类，无非□□而上下旬月而□物□修果孰运旋是爰择士，于是岁□月初二日兴工，□□先其大殿，次及钟楼、鼓楼，又次及墙垣。救之度之、筑之削之，百废俱兴。□□弗□其乐事，劝功竟尔，忘劳忘□；风雨急而□□寒□□□不止。经营□三年，成功于一旦。又孰鼓动□□□□，有神以助也。□是报命于疾，曰：工其竣矣，道观厥成。是日也，春□融□，□风和畅，□□会期，□偕余登于其□，□仰环视，栋宇生□，焕然一新。□□桷尽革其故，□□与岫云相乱，青山共碧天一色。相与顾而乐之，恍若身在清虚□。以言□高，□不可攀，上出层霄，下临无地，□□□而□□□无以□其高矣。以言其□，□□可□，基奠坤维，□□磐石巩泰岱而屹乔岳无以逾其壮矣。以言其□，□不可图，飞阁流丹，层峦耸翠，□□霞而□□霭无以□其丽矣。猗欤休哉，微独此也。庙貌肃则敬畏，神灵妥则福祚长，将见四隅河清岳

□。噫，□民安物是生盗□□□□官吏□□□□□□启佑无疆□万斯年有永。由是神人胥悦，遐迩视化，咸交口诵曰：继女娲而复具补天之手者，其惟□哉，□惟□哉。□□□□□补天之缺而不能自补其□，能补圣母之缺而即能补天之缺，岂不与史册所传辉映后先哉。维时余骏奔其后，焉得不纪其胜以扬厉万世□。

知涉县关中人刘璇。教谕（名从略）。典吏（名从略）。护印医（名从略）。维财（名从略）。

庠生赵□书。

住持道人□守□。

顺治十六年（公元1659年），岁次己亥，孟夏吉旦立。

注：此碑镶于娲皇阁石阶南侧由条石垒砌的墙体。碑文残缺，查可以识读的，抄录如是。碑额题款为“重修碑记”。碑文中捐资、百工花名从略。

7.《重修娲皇殿序》

□□万山中手掌地耳，然峰峦□出，河水潆回，相厥舆图，不让金掌丹泉之□。乃地灵既饶，而神宫梵宇率多历久以传。盖其盛也，过唐王山，纡途北上遥望，□道千霄□□□□识为娲皇宫殿云。夫□□中贤圣，继盘古而经天，嘉礼以正，阴阳以和，凡我含生咸尊补浴之绩，宜其临御一方，朝宗□里庙祀乎，匕勿替也。诈意洪雨大作，遂尔栋宇榱崩。举从前□□，又将问成□于鬼斧神猷□。嗟夫，天柱折地维缺尚不足难圣母之经营，独□□雨条忽竟使飞阁□□雕□□土，何以见□力之普存□，岂其既补者犹有未及补、仍待补，所补者□补之欤？兹生□杨振之□□□故迹倾颓，□□复与修理。顾创始既藉人，就旧尤需众力。谨栽善谱，敬祝多方，布粟输赀，共成盛举，又安见补所补者之鼎新。其义非□□□补□之，神明变化于其间也哉。如不吝惜请注芳名。

贡生杨培厚撰文。生员赵三卿书丹。

文林郎知涉县事楚江夏田珂。

住持道人张守初、徐守心、常守方，门徒高太禄、刘太福、胡太祺，徒孙□青□、马青云、□青□。

□顺治岁次辛丑（公元1661年）仲夏月□立。

注：此碑立于上娲皇顶盘道半道灵官庙的南侧。碑文残缺，查可以识读的，抄录如是。碑额题款为“皇帝万寿”。此碑前后及左右两侧均刻有捐资花名，从略。

8.《金妆圣母记》

圣母者，万民之根，坐于唐王山，普度众生，善恶报应，祈嗣威灵庇佑。□年□□久，圣像□□。今有本县河南店女善人熊门李氏、李光元、崔氏、冯门熊氏，目视圣母金容面黛，发心协力募化资财，金妆一新，刊石为记。

推手熊氏男冯永明、李氏男熊伏甘、李光元、崔氏。

顺治十八年（公元1661年）五月十九日旦。

注：此文直接刻于娲皇阁北侧壁经与眼光洞之间的崖壁上。刻文保存比较完整，查可以识读的，抄录如是。顶部有类似碑额的题款“万善同归”。文中捐资花名总计大约有48位，多数为女性，具体姓名从略。

9.《金妆圣母之记》

大清国河南彰德府磁州涉县，各里不同见。在城关厢居住督收本庙钱粮公直兆、美清、章三人，慨发善念，金妆娲皇圣母正尊，及两侍乳媒女官并神童，焕然一新。刊石垂志。

信民吴加兆、姚美清、李玉章仝立。

石匠吴守言、常思成、牛馨。

焚修住持道人高太禄、刘太福、胡太祺。

上同师张守初、徐守□、常守方。徒孙马清云、武清□。

顺治岁次□丑（公元1649或1661年），季春王吉。

注：此文镶于娲皇顶眼光洞拱门北侧由条石筑就的墙体。刻文保存比较完整，查可以识读的，抄录如是。碑文落款年代为顺治岁次□丑，有两种可能：顺治岁次己丑（公元1649年），顺治岁次辛丑（公元1661年）。据顺治十六年（公元1959年）《修砌水池碑记》和《重修娲皇圣母庙碑记》，住持道人为“守”字辈，“太”字辈为徒。此碑“太”字辈为住持道人，“守”字辈为上同师，可见立碑时间晚于公元1659年，当为顺治岁次辛丑（公元1661年）。

10.《沙阳唐王山重修金妆各殿碑记》

□语，人有善愿，天必从之。此何□谓？如今之……报也，讵日前……

娲皇补炼工化，史策载之□□窃疑其诞□灵□彰著。每岁三月……从朝拜，鳞集郊□者，祈嗣□□□中，觅之有物如旋螺形，取归……即此以观，谓□□化，询□诬欤？但岁远年深，庙貌摧崩，圣像尘……敦请山西、河□善友募化十方，善信输金输□。惟山西布施……于康熙六年（公元1667年）四月则登临喜无攀……重十余斤，兼妆修楼阁，又有鲁班……见威严，一复重塑金妆，风威赫……气象森严。飞阁流丹……圣母补天之化……谨叙其□以志不没……

上同师又道会司□守初。

维那住持高太□、□太福、□太□，徒高合□、马合□、□合□、□合□。

康熙九年（公元1670年）三月初一日吉旦立。

注：此碑镶于娲皇阁石阶南侧由条石垒砌的墙体。碑文残缺，查可以识读的，抄录如是。碑额题款为“重修各殿碑记”。碑文中捐资、百工花名从略。

11.《台顶钟楼钟铭文》

……清康熙岁在庚戌（公元1670年）。

注：此钟悬于娲皇阁南侧钟楼。钟面上有八卦、神圣动物、文字等铭文。题名为我所加。

12.《创建娲皇圣母梳妆楼序》

盖闻往古之时，嗣风姓羲皇，而后四极犹废，九州尚裂，天不遮覆，地不兼载。自女娲氏之炼石补苍天，断鳌足以立四极，屠黑龙以济冀州，积芦灰以正滔水，两仪既判，阴阳明而正姓氏，媒约通而媾婚姻。补憾修缺，其神功之浩瀚，有莫可□载而称述□焉。且也灵□盈天地，感应在刹那□，一念之邪正□祸福于常□其□□□破之天□有今千万世而难测者于时也，即有摩胜之彰罗□之感几何为哉。悟者曰：起在斯乎，其在斯乎□。然庙貌既□宁于当□竟理□□□未成于座右，往来善信迩远，豪奢空谈者多，出愿者寡。□有唐王山北七里许男善人王言者，□不出之□施人所难施之□□□十年□□□罄五六百之□□，买楼一座，以为圣母梳妆楼。记□浸焉，其一念之输□虽寡，引进之功德难量，□工起于康熙□□□□□□□酉之岁，自是□□□□□□□□□□一诚之所积□□通万里而无既尔□，十方善信来谒礼者，无不刮目骇然曰：人之为□神之灵耶，□□□维有莫之致而至者，性莫之致而至，益信夫神明之在宥诚中，达外之在人也。吾且于梳妆之义不无辩为自由迄今圣凡一□□□体，而曰：体□□四体真而八宝偕灵，凡体尚有旦暮之修容，圣神讵无梳妆之大典？况般若乃菩提佛祖信心□功德道源□是问道穷源□□□□，心心无□理全彰，念念不忘文自亲圣神，体也梳妆文也所以梳妆，亦用也。既悟夫体用一源，文理无间，一问一答，其文炳若日星，重辩重微，其□□□□□义随文而□□，左右逢源，珠走盘而盘走珠，圆通无碍，信受奉行者，洞明真性，见闻随喜者，咸悟其常，流通天上人间，普遍微尘，□□□□□际施何穷，以斯炼补功勋，揔根四□三有惜。夫余也区区老朽，外无动人之才，内无惊人之抱，讬嘱再三，不容推解，遂勉力以石火井灯，胆放□□□□兢□为序。

涉县知县柴胜任。涉县知县王光培。儒学训导丁其会。典史孙正乾。道会司张守初、徒黄太希。

住持道人高太禄、胡太奇。

康熙二十一年（公元1682年），岁次壬戌，季春吉日立。

注：此碑镶于娲皇阁石阶北侧由条石垒砌的墙体。碑文残缺，查可以识读的，抄录如是。碑额题款为“创建梳妆楼记”，篆体。碑文中捐资、百工花名从略。

13.《重修造像碑记》

史传女娲氏炼石补天之缺，雪航赵氏疑为不经。窃惟洪荒初启，娲皇于其时正婚姻、止滔水、殄共工，制作不下厘然其举，天地文明之运自此而开，谓之补天，谁曰不宜！邑西二十里许有神庙焉，创建之故世远难稽。或当年一代之神功权兴于此欤？自是西通秦晋，东及青兖，南暨豫梁，北达燕冀，翼翼绵绵，香火不绝，迄今千有余年。是神之泽及后人者无穷，而后人之所以朔备神庙者亦无尽也。但居崒嵂之巅，层楼邃阁直耸云霄，风雨蚀之，□日摧之，□捅栏楹，禀然□罄。顺□十一□，有庠生杨振之不忍神灵之不妥，而古迹之遂湮，恳诸邦伯，捐赀修补，四方翕然竟劝用。□□功二十余年，复将倾圮，故工材□几不□用，住持暨工首辈□修无力。邑人李大成等不顾顶踵四方募化，县主王公讳光培倡之于始，三省善信继之于后。祠加二阁，视曩制更复巍峨。尝考祭典，有功德于民则祀之。娲皇之为固应庙食万世，顾此凋瘵之乡，更当饥馑之会，而能使庙貌圣像焕然一新，胜迹灵踪不至夫坠，则百事□□，以及施财众善亦不可谓非补天之力也，是何可不勒诸填珉以垂不朽。

邑庠生立李素□□撰。

赵□远书丹。

维那生员杨成之。

道会司张守初暨徒□太淳、□太□、高太禄。

康熙二十九年（公元1690年），岁次□午吉旦。

注：此碑立于登娲皇阁盘道入口南侧的山坡上。碑文保存比较完整，查可以识读的，抄录如是。碑额题款为“重修造像碑记”，篆体。此碑前后及左右两侧均刻有捐资花名，从略。

14.《重修灵官殿序》

盖闻建炼石之功大，补天之绩著，圣母也。驱逐四方，无远不届者，灵官也。讵可听其庙貌之倾以哉！住持道人崔清秀不忍坐视，弹力重修。经之营之，不岁成之。庙貌神威，焕然一新。不惟宝山生色，即娲皇圣母亦增光无算矣。特□刊石以存后云。

撰文生员崔岳。书丹道人李来贞。

康熙五十八年（公元1719年）一月十八日立。

注：此碑立于上娲皇顶盘道半道灵官庙的南侧。碑文保存比较完整，查可以识读的，抄录如是。碑额题款为“重修”。碑文中的捐资花名从略。

15.《重金头阁圣母记》

自盘古以来，三皇五帝，其为功于世者，指不胜屈，从未有著炼石之奇功、创补天之巨绩如娲皇圣母者。娲者何？女流也。皇者何？为帝也。女帝也。胡为尊之？以有炼石补天之功也。惟其功也大，故其尊也至；其尊也至，故其感也远。每岁暮春，自朔及晦，西通秦晋，北极幽燕，焚香输诚者络绎不绝。谁非皇之威灵有以感之，故庙貌神像重修者屡次无间。惟头阁圣像稍觉尘毁。去岁，有林邑善人郭金印慨发弘慈，首倡义举，喜施乐助好善不倦。文能不让，土壤不择细流，以其成盛□。今岁三月，延匠兴工，经始于朔，精完于望，不日告成，焕然一新。向非郭金印之殚心竭虑，拮据焦劳，亦焉能致此哉。是为记。

住持道人李一□、崔清秀、郝一乡、马来昇、何来永。

雍正五年（公元1727年）三月十八日吉旦立。

注：此碑镶于娲皇阁石阶北侧由条石垒砌的墙体。碑文保存比较完整，查可以识读的，抄录如是。碑额题款为“重修头阁”。碑文中捐资、百工花名从略。

16.《重修娲皇圣顶碑记》

尝谓：邑有良宰，不但民被其泽，即神亦将蒙其休焉。盖尊神即所以庇民，原属司牧者分内之事，初非有二也。如县西娲皇顶者，其由来久矣，虽历年递加修葺，而栋宇亦代有损伤，经风雨飘摇而妆台绣阁渐就倾圮，钟鼓二楼亦将残废。四方观者从蒿目有人，奈何功费浩大，卒无一人敢轻举其事者。幸值邑侯梁公来涉，兴废举坠，百事就绪。创关庙于城隅隙地，殿角崔巍；起乐楼于城隍庙前，台基壮丽；他若坛□之□修，城垣之补葺，亦难枚举。而兹工则亦从容递及耳。于雍正十三年（公元1735年）三月望日，公谒庙瞻拜。顾盼良久，忽发虔诚，将本庙所有香火赢余，旧规之所以入官公费者，一并给发维首孙旭等，以为修补之资，立令开工。历数载而工程始竣，妆台共高阁以齐辉，鼓楼与钟楼而并丽。俾得诸神功之感应者，仍以还为神前费用。此其一尘不染、万善同归，固足以上感神明下庇斯民矣。第恐世远年深，远近之人但快其构造之美而忘夫修葺之原，故略为赘叙，付诸瑱珉。庶后之君子睹榱桷而兴思者，心识其名而口快其事曰：此当年之所为乐善而好施也。步台阶而动念者，口快其事而识其人曰：此某公之所以尊神而庇民也。则即此庙制之辉煌，不且兴召伯之甘棠而并存不朽哉。是为记。

贡生张之倬撰文。王三奇书丹篆额。

赐同进士出身文林郎知涉县事梁皎，自雍正十三年（公元1735年）至乾隆三年（公元1738年），历年本庙香火之资约有百六十余两，俱托维首经收以给修葺之用。

典吏王法全。

乡约索堡李芳葱，七原陈亮公、陈报工。

维首增生崔岳、庠生孙旭、李彦。

住持道长贺一龙、李一经、郝一乡、张阳法、马阳馨、杨阳潮、杨阳寿。

公差杨伟德。

善友李天于。

石匠、木匠、泥匠。

乾隆三年（公元 1738 年）四月二十九日吉时立。

注：此碑镶于娲皇阁石阶北侧由条石垒砌的墙体。碑文保存比较完整，查可以识读的，抄录如是。碑额题款为“重修碑”，篆体。碑文中百工花名从略。

17. 《重修娲皇庙碑记》

【碑面】盖圣人有无极之功，后世当有不已之报。圣人功无不在，即圣人之灵无不昭，而后世之报之者固不问其何人与何地也，如我涉娲皇之祀。自明洪武间，以礼官之请增祀古帝王陵寝，于是始祀于翼城。然天下无地无娲皇之祀。以彰德一郡言之，如安阳内黄林县皆有庙，而尤以在吾涉县者香火为盛。吾涉之祀亦不一处，而其至灵且显者尤莫如唐王山。山故为北齐高洋临幸处，行宫在焉。壁间镂石为古佛像，左右四旁皆镌梵经，为一邑胜景。娲皇庙在其上，不知建创所自始。阅碑碣，两修于明，我朝顺治、康熙、雍正间历经修理。每年以三月十八为神诞，有司致祭。自月初一迄二十启庙门，远近士女坌集，肩摩趾错。善信喜施，岁修之费沛然有余。顾胥役从而侵克之，历经署县彭公、张公饬禁，仍不能革。以故数十年间庙宇颓圮，日蚀风雨，虽灵之显赫如旧，四方祈祷不断，而上无以崇像貌，下无以肃观瞻，非所以为敬也。传言娲皇炼五色石补天，非天真有缺而娲皇补之也，盖时制度未立，得娲皇别男女通婚姻，佐天以立人伦之极。于是，人世无复缺陷事，厥功伟矣。娲皇为天下万世补缺陷，而今乃听庙之颓落而不知补，尚可谓吾祀以报其功乎？幸住持申复旺等慨然有兴复意，又会邑侯戚来祀，绅士以请，而侯欣然从，令香资之入断归庙，胥役无得假手。士民欣跃。工始于乾隆六十年（公元 1795 年）二月，竣于嘉庆三年（公元 1798 年）十月。自正殿以及大门，盘路垣墙，焕然一新，且较前更加坚致严整焉。娲皇为古圣帝，百姓分不得祀，非涉所宜有。而功德之在人心者，虽穷乡僻壤，欲得而报之，所谓不问其人与其地也。呜呼，此人心之公也，故敬为之记。

□贡生□选训导李可珍撰并书。

维首。总司耆老。买办。管账。管工。管库。□账。募缘。勤□。石匠。

住持道人申复旺、杨复正、张复端，徒杨本凌、马本元、孙本支、王本材、柳本青、芦本明、韩本成，孙□合岐、□合高、郝合成、石合嵩、□合□、马合辟、王合梧、赵合桐、温合贞、武合京，孙姚教□、曹教元、□永吉、何永□。

道会司邢本顺。

嘉庆四年（公元 1799 年）三月吉旦。

【碑背】捐资花名录。

注：此碑立于停骖宫正门外石阶北侧。碑文保存比较完整，行草字体。碑文正文亦见嘉庆四年（公元 1799 年）二月刊刻的《涉县志》。两相勘合，抄录碑文如是。碑面百工花名、碑背捐资花名从略。

18.《重修殿台、创建圆门碑记》

余幼学时，侧闻娲皇胜境，询师道其故事，知其功在天地，古今蔑有。历数年，偕友遐游及此，览其胜境之巍峨猗欤□□，诚□□也。衔远山吞长江，层峦□□，飞阁流丹，山高而月小，水落而石出，备述名贤琢句之工，有不克罄其□□。既而又数年，课蒙于西乡，与古迹甚迩，常从友人往游其地。友历指其形态，余曰：异哉，果也□，见背有□峰□□□昭合碧岫为屏风，面向清漳之缭绕，允叶平挹于江濑，右有□驷镂膺之势，□示武秩之英风，□有图画翰墨之形，疑昭文阶之贵品。是地真奇地也，实前游所未及见乎。少间，环视其台榭殿楹，视昔更加巍焕，因询之。友曰：每逢圣辰，遐迩香资，□时俱属官收，自张公、戚公暨陈公，严革前弊，因储蓄、利赀得以累年，鸠工以至是耳。余曰：审是功之竣，也实繇三公之为也吁。娲皇之在太古也，作笙簧，配人伦，炼石补天，巍巍乎，绩之瑰琦千古罕有。虽在我皇上，犹以牺牲酒醴享祀丰洁；等而下之四方蚩匕之众，且不惮山河修阻输其寸诚；而官收之意果何意也哉。既而又数年，司事欲刻重修之石，寻余作文以记之。余不敏，久□占，毕难成辞赋之工，特理前言以为志。

署涉县知县加五级纪录五次正堂陈基高严禁胥役侵克香资。嘉庆八年至十二年（公元 1803 ~ 1807 年），历年香资俱属司事经理以给修葺之用。

山西潞城县西天宫甄士杰施银十两，南街马全发施银五十两，东邑村史庆元施银壹两。

索堡镇□所罚禁林钱陆千修工所用。

邑庠生允升李大猷撰并书丹。

道会司侯本封张得仁、江□文。

司事耆老石国敬、郭�、举人李步青、监生李万年、生员崔□雷、陈进甫、杨青华、监生李长森、监生郝天禄、李广文、郝增禄、监生程翰、张建基、郭三元。

乡约王国全。

上同师杨复正。

阴阳吴□。

住持道人杨本龄、冯本先、孙本枝、王本林、□本青、韩本明，徒张合亮、李合蒿、乐合岐、刘合□、王合梧、赵合桐、李合春、武合英，孙范教成、张教宁、靳教中、曹教元、□教信、□教□、□教□、□教□、，孙□永吉、□永庆。

督工石和。

石匠王聚宝、王九然。

泥水匠马科。

大清嘉庆十二年（公元1807年）孟秋吉日立。

注：此碑镶于娲皇阁石阶北侧由条石垒砌的墙体。碑文保存比较完整，查可以识读的，抄录如是。碑额题款为“永存后世”。

19.《创建正殿□□石□、重修梳妆楼殿台碑记》

涉邑八景，娲皇古迹居其一焉。载在县志，可考而知。第碣断碑残，兹阁不知建自何代。而于后来之志考之，或百余年而一修，或未及百年而一修。为时愈久其修愈繁，而规模亦愈大也。乾隆五十八年（公元1793年），有道人三家，老维首十家，又请四乡□近维首数十家，又公举揔维首二家：索堡祠郭子珍、石家庄石子国敬者二人，督工众善努力。阅数载而功告成，自是众首事皆谢其责，祇有老维首十家与道人数人每岁经理，屡次增修。迄嘉庆八年（公元1803年），郭氏卒，其弟珣公者与有事焉。彼石子国敬亦耄而倦，勒有其长男名和者代父之劳。乐善不倦，尽己之职，公而忘私，真所谓善继善述者也。又有道人冯本先者，亦仝与有事焉。嗟乎，前人有修后人亦修，后人不惟克绍前人，且堪遗饷后人也。由后人视今，不犹由今视昔乎，是所至于后来与我同志者。

邑庠生震□崔□雷撰。石毓高书。

维首监生郝天禄、李广文、张得仁、耆老石国敬、郭珣、陈进甫、生员崔□雷、张建基、□国文、郭三元、杨青华。

道会司侯本封、上同师杨复正。

住持道人冯本先、王本林、孙本枝、韩本明，徒刘合缘，孙曹教元。

山西襄垣县郭庄村石匠王可林、王九然施钱贰百文。

大清嘉庆十三年（公元1808年）中秋吉旦立。

注：此碑镶于娲皇顶梳妆楼石阶北侧由条石垒砌的墙体。碑文保存比较完整，查可以识读的，抄录如是。

20.《重修唐王峧娲皇宫碑记》

【碑面】粤稽世有代谢、事有兴废，而惟功德实被于人者乃历久而不易。涉西唐王山有娲皇宫焉，一邑之胜境萃于是，一邑之堙祀亦莫盛于是也。每岁三月朔启门，越十八日为神诞，远近数百里男女岔集，有感斯通，无祷不应，灵贶昭昭，由来久矣。壬子春，不戒于火，祠宇尽毁，仅余钟鼓楼数事。宫之创建大约始于北齐，前明曾两修葺，迨我朝自顺治以迄嘉庆，叠次重修，碑记悉详，邑志且多，宰是邑者为之倡。珍不才，忝司牧。设因循诿谢使神灵不妥、古迹就湮，其愧前型，滋神恫也多矣。爰择其乡之绅商老成练达者十余人，或司募化，或督工役。诹吉兴工，期速蒇事。幸近境邻封赖神之庇，悉乐善好施，旬月间得资五千余缗。被灾之古洞、杰阁、享殿、妆楼，悉仍旧址。一为鼎新，轮奂翚飞，庄严宝相，较诸曩时有大过焉者。而又于山门外添立牌坊一座，颜曰蓬壶仙境，纪其盛也。山麓碑房五楹，丰碑林立，则布施之姓字、工程之细数载焉。入山门右建鲍厦三楹，名曰憩云，以便进香者于此小憩焉。厦右建小亭一座，至此者觉烦襟悉涤，飘飘乎有登仙之想。享殿东建迎爽楼三楹，楼下即宫厅，以备祭祀更衣之所。此则旧时所无而新设者也。计共费七千余缗。工始于咸丰二年（公元1852年）秋七月，竣于三年（公元1853年）夏六月。噫！工诚钜也，力亦勤矣。乃在事诸公咸归德于余，余曰：此神祇所默相，善士所捐输，诸公所经理。余虽挈领提纲，不过因人成事而已，何力之有焉。功已毕用，述其巅末以泐诸石。

赐进士出身知州衔知涉县事雁门李毓珍谨撰并书，捐银一百两。

涉县教论赵鏻捐银二十两。城守卫姚松林捐银一十两。涉县少尉姚汝谦捐银一十两。

司库天裕魁、天顺当、公成当、天德魁、信成公、盐店、双盛永、永盛泰、复成公、天成裕、天合魁、玉盛德、广裕永、天元魁、顺成德、德和昌、万兴恒。

司事廪生郝尚德、李森严、议序九品庠生高仰范、杨嘉斡、庠生郝文彬、耆宾王中天、耆宾崔梦虎、庠生杜作舟、耆宾石起诚、庠生张文选、石廷秀、耆宾张鹍翎、耆宾瞿祥、张建彪、郭英杰、李嗣绩、王建中、议序九品李茂林。

庙祝道会司苗教洪、王本材、李教运。

潞城玉工杨遇湜镌。

清咸丰三季（公元1853年），岁在癸丑，夏六月榖旦。

【碑背】通共入布施、香资等项钱七千九百三十千零七百九十一文。

出木工钱一千零二十四千零九十五文。出泥工钱一百三十二千六百八十文。出石工钱一千零八十二千五百八十一文。出小木钱三百零三千一百四十七文。出木料钱一千六百三十六千一百七十八文。出砖瓦钱七百九十三千七百三十一文。出颜料钱二百五十八千五百九十五文。出铁器钱二百三十四千八百一十文。出买水钱一百九十八千三百六十一文。出开光钱二百一十六千五百零二文。出火食钱二百九十一千二百二十八文。煤炭绳席器具钱一百一十六千零六十五文。坯土石灰麦糠钱一百八十千零二百零八文。修路木石脚价钱四百七十八千五百八十四文。各工犒劳小礼钱一百五十二千八百三十九文。四路募化盘费钱一百五十四千一百五十七文。补底赔数二项钱一十八千五百二十五文。一切杂费等项钱四百一十千零二百四十九文。以上通共费钱七千九百一十千零零八十四文。下余钱四年三月建李公祠、六月立碑房石用讫。

玉工杨遇湜捐钱一千文，木工傅毓塘、李国光捐钱六千文，石工王兰、张景通等捐钱五千文，泥工江良、李有怀捐钱五千文，画工张聚文捐钱八千文，李魁珍捐钱六百文，李布新捐钱六百文，张梅捐钱六百文，瓦匠李天元捐钱二千文，小工冯秉全捐钱六百文。

注：此碑立于娲皇阁石阶南侧，两侧和顶部均有具有遮风避雨功能的保护建筑，碑文保存完整。

21.《钦加知州衔邑侯李大老爷印毓珍功德碑》

【碑面】功无难易，断则速成；政无洪纤，公而无弊。要非明足以察、勇足有为者，不足语此。若是者，于我李老父台台顶之役见之方。娲皇宫之被灾也，佥曰：经费维艰，谋新非易。公独慨然任之，仿赎金之意，募布地之缘。由是众善奉行，不期季而蒇事，可谓神速矣。尝恐胥吏为奸侵渔，足虑爰择绅耆，俾司出入，督工则轻骑频来指示。则规模式廓，讵非胸藏金镜、手握慧珠者与。或者曰此策公之绪余耳，使公崇登枢府，将治吏官方澄叙理，民俗丰盈区区之役何足为公重。然而佩德者不忘所自，饮水者必思其源，合境士民难恝然于公也，爰濡彤管谨树丰碑，俾千万世瞩公遗事者，犹想见公之风徽。

台顶司事绅商士仝敬。

皇清咸丰三年（公元1853年），岁次癸丑，季夏之月穀旦。

【碑背】正堂李示：大工告竣，尚宜岁修。每年积资以备葺补，详定章程，昭存永久。各项条款开列于后。

一、开庙门时，该道士派人谨防香火。

二、咸丰四、五、六年（公元1854～1856年）以内，顶上香资停骖宫、广生宫、朝元宫三家共同经理。每年享殿以内并妆楼下布施香钱尽数归公，其余按股均分。以后各管一年，周而复始。每年所收享殿内妆楼下布施香钱发外生息不得私用，以备修补之用。

三、三年修理一次。公请维首数人，即以所积之资量力弥补，不得过费。

四、许愿者不得在阁上、享殿、妆楼、牌坊前檐挂匾，违者该道士是问。

五、三年以内，顶上各屋窗户，会前公买纸张重新裱糊，不得少□字纸。以后，每年交卸，各窗户一齐重糊，违者不准接收。

六、谨守碑上字迹，勿得残毁。

七、各项器具详注册簿，每年逐一交付明白，缺者赔偿。

八、各处男女进香，晚间不准顶上住宿，违者禀究。

九、无论何色人等，不得在顶上聚赌，违者重处并究值事道士。

丨、进香者不准在庙院施放鸟枪铁炮等事，违者该道士协同维首送究。

十一、值年道士不得无人在顶上看守庙宇、敬奉香火。

十二、阁后山顶不得樵采柴薪、放牧牛羊，违者送究。

以上各款世世恪守，有不遵者禀案严究。

注：此碑立于娲皇阁石阶北侧，两侧和顶部均有具有遮风避雨功能的保护建筑，碑文保存完整。碑背的条款序列号原为“一如何，一如何、一如何”，我抄录时改为一至十二的序列号，以契合现今的阅读习惯。此碑碑面和碑背，新旧程度、书法、刻工等均有出入，疑为二合一的作品。就此，我咨询过在20世纪七八十年代负责娲皇宫的管理与维修工作的程耀峰先生，他告诉我这块碑及其外部建筑当时即如此，保存得相当完好，他们维修时都没动。

22.《重修眼光老爷珉志》

且天下事有难易，工有巧拙，然亦视其时事何如耳。如向者比年丰登，凡事出有提倡，事之难者而亦易；凶岁米珠柴桂，民食惟艰，事之易者而尤难。举凡庙宇修葺、神像补塑，无不以时事以成厥功也。娲皇顶旁有眼光老爷，俱雕刻以石。适于民国七年（公元1918年）腊月间突遭毁坏，其神头数个不知何人盗去。今有索堡村郝存诚目睹心伤，遂协住持邀同司事人酌议修补。佥曰：此善事也，奈何欠收，粮价昂贵，斗米大钱四千。后，此事鲜有人经理。余不得已，设法借佃，始将神毁者补之、没者成之。至九月，工竣。统计所花钱项，除罚款外又拨台顶之余资，以补不足。是役也，不就易，不辞难，罔不尽心竭力，俾神得以完全，亦以见向善者之志秉诚也。余不敏，姑具俚言以示后云。

邑增生吉祥冯绵庆校阅，例贡生一斋郝存诚撰书。

收台顶拨来钱一百八十千零七十七。收罚款交来钱二十千文。

匠人工价出钱一百八十三千七百文。扶碑刻石出钱一千五百文。杂用共花出钱十四千八百七十七文。

武邑玉工乔本成镌。

中华民国九年（公元1920年）九月索堡村唐王峧司事住持仝立。

注：此碑镶于娲皇顶眼光洞拱门南侧的水磨青砖墙体。碑文保存完整，抄录如是。

二　停骖宫古碑文

1.《打造歇马殿基脚碑记》

涉邑西去二十里唐王山娲皇庙，原初佛境，后有圣母坐于宝山。骤风狂雨，拆损殿阁，□年修补。今有歇马殿缺少基脚，善人王天福同妻吕氏发心打造基脚一檐。有住持道人买□诚发心修补上下，江□砖柬地。工完之日，将施财刻石记。

刘尚朴妻许氏施银二十两，王天福妻吕氏施好钱五千文、又柬石□地使钱十九千文，赵英才妻宋氏好钱五百文，王进朝妻王氏好钱三百文，张逢秋妻王氏好钱四百文，陈国耀妻王世好钱七百五十，张□庆妻王氏好钱五百文，南岗村启志谷二斗，王体敬妻陈氏好钱三百文，吕志文妻顾氏好钱二百文，张一敬好钱一百文，赵继宗好钱一百文，王门吕氏好钱一百文，李日秋妻张氏好钱二百五十文，王尚礼妻张氏好钱二百五十文，赵起妻高氏好钱五百文，王新禄好钱二百文，吕志光王氏钱五百文，赵谦赵氏钱三百文。

住持道人买常诚，门徒常守方。

大清顺治十年（公元1653年）七月初五日立。

石匠杨松、杨梅、赵元基仝造。

□鬼峧僧人清欲施银一钱。

注：此碑镶于停骖宫正殿前北侧墙体。碑文保存比较完整，抄录如是。题名为我所加，原碑无题名。

2.《新建女娲氏停骖宫记》

群山于涉，唐最远；沙邑之山峦，律而高者独唐为尊。最远而独为尊，其神必灵。世传为女娲氏炼石之处云。女娲之功，烈于史迹耳。补天之说，先儒以为诞玩。以为诞而复传之，是传疑也。补天之说可存，则炼石之处曷可□也。传之为炼石之处，公亦以为炼石之处而已。其山陵峭如削，盘行而上，瞻眺间，众山皆俯。云出□□在其下，飞阁流丹。悬□□巅之际，石室□□，各有阿罗森列。古碣残碑……予固知唐山之尊与女娲之灵，何必以前人所疑补天之说因而疑其炼石之处也。

□□人李臻撰书。

文林郎知涉县事西夏韩维。文林郎知涉县事闽中王凤九。儒学训导古宛王鼎。典史关中杨惟默。道会司道官张守初。

康熙六年（公元1667年），岁次丁未闰四月吉旦。

注：此碑立于停骖宫正门外石阶北侧。碑文保存比较完整，行草字体。可惜碑文为雨水、油烟、碳墨等遮覆，难得识读。碑面、碑背及左右两侧均刻有捐资花名，从略。

3.《万善同归》

尝谓，人生在世莫若作福焉，先作善之中莫若喜舍为尚。今有唐王山歇马殿，虽殿宇已□，住持并无□瞻，其何以焚□乎。今有在城李□翼施主有石家庄地十二亩，情愿施一半六亩，其余六亩估价平□但价值无处起辨□乞。十方善男女不拘多寡，或银或钱米粟，共勷其事，倘得完凑，不惟住持□瞻，而神灵亦得不远妥侑矣。

康熙五十一年（公元 1712 年）三月十七日立。

住持道人张阳□。

注：此碑立于停骖宫正殿前厦北侧。碑文保存比较完整，抄录如是。碑文中的捐资花名，从略。

4.《歇马殿复兴碑记》

从来天下事，前无所为虽美弗彰，后无所继即善不传。唐王峧娲皇圣母歇马殿，旧有生员李汝翼施石家庄地一段，十二亩庄基一处，前碑现在。庙内无费，旧日住持将所施之地俱以典当与三家，石泰典价二十一千五百，石自成典价八千，石国栋典价两千。至于庄基，石林已买，盖成房屋。迄今产业零落，无人焚修，石堰坍塌，道房倒坏，惜乎是庙几为平地矣。孰意冥中圣母威灵有感，适遇汝翼堂侄生员李镒吉舌耕索堡，闻知其事，克继前志，将典当之地尽数纠回，仍入庙中。三家典主情愿舍地施价；石林所买庄基，祝说再三，议成死业，永远不追，伊同无人。愿施银□两以为帮助之助。因此乡约李翰章偕吉□县具禀李□□俞公批准。公举勤慎道人。另请马复性焚修于是。性鸠工觅匠，竭力补葺。向之石堰坍塌者，今则砌垒整齐矣；前之道房倒坏者，今则重建维新矣。此虽人功周旋，寔由神功之默佑也。工程告竣，聊序俚言，恐后人复蹈前辙，始勒石以存不朽。

复施主生员李镒吉撰。

维首陈报功，张勤修高粱乙斗，李翰章白豆乙斗，李自重书丹、麦乙斗，赵弘业白豆一斗，郭进文高粱一斗，赵玉福钱乙百五十，张正润高粱一斗，王三奇白豆一斗，赵承业，王大臣。

玉工杨□玉。

住持马复性。

乾隆二十三年（公元 1758 年）五月廿四日立。

注：此碑立于停骖宫正殿前厦南侧。碑文保存比较完整，抄录如是。碑额题款为“碑志”。文中出现的符号“乙”，不明何意。

5.《重修停骖宫记》

【碑面】停骖宫在邑西唐王峧山麓，之前其名不知何所取。按旧志传载，北齐文宣帝高阳自邺返太原，尝道经山下，起离宫以备巡幸。宫之得名或自此昉与。内奉娲皇暨碧霞元君、紫霞元君神像。年久风雨剥落，殿宇日形倾圮。住持等商诸会首，广为募化，得二百余千。因兴工修理，自正殿以及西厢禅室，黝垩丹□，焕然改观。功始于是年春月，竣于六月。诸藉檀越之力，重瞻宝刹之辉。嗟呼，兴废者，天道之循环。苟主持无人、筹划不豫，鲜有废而能复兴者。若会首与住持可谓克尽其事矣。工竣，因书数言勒诸石，以示后之住持者知修造之艰，并乐邑之好善者之多也云尔。

赐进士出身知州衔涉县知县山右李毓珍谨志。邑庠生漳左杜作舟敬书。

涉县正堂李毓珍捐钱二十两，泛司厅徐绍先捐银四两，典史顾丰承捐银四两。

维首石廷秀钱一千二百，王建中钱八百，廪生李森严钱八百，郭英杰钱八百，耆宾石启成钱一千六百，庠生杨嘉斡钱八百，李嗣绩钱八百，李茂林钱一千六百。

石工郝均禄，丹青殷润泽钱四百，木工刘宗兴钱四百，泥工殷步青，潞城县合宝镇玉工杨遇湜施镌碑字。

大清咸丰二年（公元1852年），岁次壬子，季冬月中浣穀旦。

道会司苗教洪，徒崔永秀、刘永才，徒侄张永安，徒孙张元信立。

【碑背】（刻捐资花名录、费用明细从略。）

注：此碑立于停骖宫正殿前厦南侧。碑文保存完整，抄录如是。碑额题“重修碑志”，碑背题“施财花名”。碑文中的捐资花名及费用明细从略。

6.《重修碑记》

自古建宫殿者何原？以妥神灵蔽风雨也。然有宫殿固足以蔽风雨，而不足以遮尘垢。此固建龛之致意也欤？光绪丁酉年（公元1897年），建龛数间，光昭四辟。神固觉其静蜜，而人亦益壮其观瞻也哉，何尝万为神人所共乐。又有道房数间几废颓，靡残不可睹，自是饬匠鸠工，不数日而作者起、缺者完，内外观制焕然维新。此固赖善人君子捐输之力，而实神之所默佑也矣。是为序。

悬钟邑庠生崔务滋撰。桃城业濡常永祥敬书。

光绪二十三年（公元 1897 年）冬月中完。

住持道人冯明泉、苗明和、樊明镜，徒李至东。

注：此碑立于停骖宫北厢房前厦西侧。碑文保存完整，抄录如是。碑额题“万善同归”。碑文中的维首、百工、捐资花名等从略。

7.《重修停骖宫碑记》

【碑面】前清优廪生江鲷撰文。邑城信士程文同书丹。

邑西唐王山有娲皇停骖宫，因顶阁而名之也。山势奇耸，相传有炼石古迹，为邑中胜景。娲皇阁在其巅，云霞掩映，下有行宫以相佐，乃愈见雄壮。宫在山麓，坦旷处规模严整，圣驾往来实凭依之。每岁季春，人民仿古郊禖之意，进香朝顶，摩肩趾错。先入是宫参拜焉，则神志以凝，仪容以肃。由是历盘路陟台顶，享献之余，俯视是宫，益见气象雄伟，洵足壮山灵而栖神驾矣。第风摧雨蚀，庙貌倾颓。非惟无以壮观瞻，殊觉无以昭诚敬。维首等协力募化，次第修葺。工始于民国四年（公元 1915 年），告成于五年（公元 1916 年）七月。金碧辉煌，视向制更壮丽焉。窃惟世界原有缺陷，人必须要圆满。史传娲皇炼石补天，非天真有缺而补之。当洪荒初启，制度多缺，娲皇以圆满之，以为世界补其缺陷，厥功甚伟，其庙食千古也固宜。顾值此岁比不登，兴修祠宇，所费千有余金，皆出自踊跃捐输，此固娲皇功德人心思报于不容已，亦可见首事诸公热心提倡，能成圆满之功果也。工竣，嘱余为记。余不敏，又不获辞，谨志其大略如此。若夫吐嘱风雅寄兴名山，笔墨琳琅咏题佳境，此骚人韵士事也，岂余所能哉。

中华民国五年（公元 1916 年）七月榖旦。

住持李至忠、王至才，徒张理庆、曹理铭。

【碑背】捐资花名录。

注：此碑立于停骖宫正殿前厦北侧。碑文保存完整，抄录如是。碑额题名“重修碑志”“流芳百世”，碑背题名“施财花名”。碑面和碑背中的维首、百工、捐资花名等从略。

8.《重修停骖宫碑记》

【碑额】（行书体）作曲祠神歌词曰：唐山之苍兮，清漳之滨，资娲皇之保障兮，继上殿以重新，庙前兮，有古槐直立兮，倚崔嵬庙旁兮，有翠柏参天兮，三千尺千万民兮，生此土千万民兮，贺神主神之格兮，栖此宇，群被膏泽，咸歌舞，降嘉祥兮，时风雨，异域遥乡乐恩，普仰圣母之灵应无方兮，保佑黎庶万万户。偶录于小阳月。

【碑面】诚通昭感千古有赫濯之声灵。雨蚀风摧，千古无常新之庙貌，是知神之有求必应者，祠宇尤当建修维殷也。如停骖宫在台顶山麓，以前为圣驾往来之地，内奉娲皇圣母暨碧霞元君、紫霞元君。忆灵承巢燧，运启轩皇。炼石补天功既超乎万古，断鳌立极绩又著于千秋。以及止滔水、作笙簧、立婚姻、别夫妇，皆圣母鸿功、元君骏烈，宜乎奉祀万方、庙食千古也。无如代远年湮，殿宇几将倾圮；风吹雨洒，庑楹每见就倾。而且西厢房忽遭火灾，墙土尽成焦土。东禅室多历年，所恐颓而已。倾颓使不革故鼎新，安见入庙思敬！适有住持等商诸维那，就广生宫四百千之布施为停骖宫修庙宇之费用。尤恐用犹不足也，又募化四方，集千狐之一腋；捐输邻近，抽寸毫于丈毡。共约二千余缗。是以鸠工伊始，取大木于山林，卜筑方新，劳匠石于（疑漏字，抄录者注），将作正中大殿。照旧规以立新制，上而栋梁下而墙壁，无在不见其坚固。东西两廓，从三间以改五楹，内加出厦，外立新基，触目更见其宽广。而又庙貌嫌未方正，前衬丈五六之地基，坯墙恐其摧残，堰用万千石之积累。犹有左右两院阶砌水池。一切改作，万象增辉。斯时也，虽云补修，实多创建。忆乙卯（公元1915年）开工，月占戊寅之吉，今丁巳（公元1917年）告竣，日选庚子之良。将见七宝庄严，天现五方之瑞，一方保障，祥生万里之光。雕梁画栋，以次而成；碧瓦丹题，计日而就。乃叹，竹苞松茂非寻常！堂构之观，鸟革翚飞，俨天市图书之府。余也不才，谨以俚言以记兴工之始终，工程之大略云尔。

涉县知事李、捐钱一千文。

前清候选儒学正堂、民国初选省议会议员树望陈廷铣选撰。文童樊树屏书丹。

司事等仝立。

林邑玉工黄金仓、孙三香。

住持李至忠、王至水，徒曹理铭。

中华民国六年（公元 1917 年）十月穀旦。

【碑背】捐资花名录及花费明细。

注：此碑立于停骖宫北厢房前厦东侧。碑文保存完整，抄录如是。碑背题名“万古常昭”。碑面和碑背中的维首、百工、捐资花名等从略。

三　广生宫古碑文

1.《创立正门水池碑记》

且夫名胜之地，出于平川旷野者，虽极力经营而其美终属平淡；出于崇山峻岭者，即略为点缀，而其美愈觉争奇。我涉西鄙娲皇阁，层峦耸翠，上出重霄；绣阁雕□，直冲云汉。其快人茜颊者固无地不然也。其下有广生宫者，桂殿兰宫，备极佳胜。所欠者，门路也。弯曲无正大之规，去水稍远，有取汲之劳。且道房简陋，器具狼藉，非所以凝贵客而宴嘉宾也。道人贺一龙，徒马阳馨虑及于是，开一正门而高其开闳，砌一石路而多其层垒。凡熙熙攘攘之香客，皆由于是路出入是门，有不禁心旷神怡者也。又为亭于门之右，而凿池于厅之左，取汲不劳而客有□静之所。噫！斯固胜地也，又加以如此之修饰，如此之润色，是始如武陵桃源，落花流水，别有洞天；蓬莱仙境，玉阁金台，迥异凡间矣。此虽道人师徒辈拮据卒瘏所致，实十方善信功也。故志之。

邑庠生崔岳撰文。王三奇篆额书丹。

乾隆元年（公元 1736 年）十月十五日吉旦。

住持道人贺一龙，徒马阳馨，孙常来会、□来蓬、石来玉、李来平仝立。

注：此碑镶于广生宫正门外石阶南侧碑房的墙体。碑文保存比较完整，抄录如是。碑文中的捐资及百工花名从略。

2.《重金圣像建立戏楼碑》

各县各村布施花名开列于后。

乾隆二十二年（公元 1758 年）三月二十五日立。

注：此碑立于广生宫正殿前天井南侧。碑文漫漶，抄录如是。碑文中捐资花名从略。

3.《纯阳吕大仙大祖师重修广生宫碑记》

予李唐进士也，素性迂，不合世情，恐贻人羞，故潜居于黄鹤山白云洞。越百载而道始修成。然前我而修为师，后我而修为徒。后人欲增前人之修，前人已范后人之修，是人各有德，亦各有修也。故作功过格百有余篇，以渡群迷。人知田可修而不知心田之尤可修，人知□可修而不知安定之光可修。非渡人之不工，亦人秉赋之不齐也。然而非吾之所敢望，且以吾之居是山也，柏子松花惟吾所茹，茅岩静谷惟吾所居，香泉挂壁可以濯巾，鸟语花明可以自适闷。坐诗一篇，逍遥；琴一曲，优哉游哉。而非唐山之可比。吾尝于三月望日，与天上诸仙来朝于斯。春风拂拂，绿柳依依。于是，歌于此，乐于此。而人之往来奔走，求福亦于此。吾于此而叹，仙友亦于此而笑，谓吾知乎古而不知乎今。既能乐乎己而忧乎人，不亦伤之甚哉。虽然□亦诬矣，夫东齐西秦、南楚北燕，一时间而人情□见莫不为子孙计。噫！独不观周南之诗乎！螽斯比美，麟趾兴歌，试问亦曾修齐否？抑以待广妾继徽音，则百斯男耳。人能心后妃之心，行后妃之事，自有桂子兰孙郁郁生辉。倘或命之不，犹亦复何憾。不然神亦不祐。自古明德维馨，吾之所望寔在于此。至于□□效力，不亦徒生抑戚也哉。人请予作文以志之，此皆世人之习而非吾之所乐，取彼自志之。

乩师杨家庄府学生员李灿。漳滨静宁斋居士崔峻德沐手□书。

皇清乾隆岁在辛丑（公元1781年）大吕月。

住持道会司道会石来珠、石来玉，徒申复望、刘复缘，徒孙王本宁、侯本□、王本润仝立。

注：此碑镶于广生宫正门外石阶南侧碑房的墙体。碑文保存比较完整，抄录如是。碑文中的捐资花名从略。

4.《建立碑志》

【碑面】

【碑背】广生圣母神龛五间各县各村布施花名开列于后。

皇清乾隆五十九年（公元1794年）七月吉日旦。

住持道人申复旺，徒侄王本林、侯本山、王本川，孙李合嵩、宋合岐、赵合桐仝立。

注：此碑镶于广生宫正门外石阶南侧碑房的墙体。碑面碑文难得辨识。碑背碑文保存比较完整，碑额题名有二："万寿无疆"和"建立碑志"。这里以"建立碑志"作为此碑碑名。碑文中的捐资花名从略。

5.《卖死契》

立卖死契人郭门张氏因为不便今将自己祖业大坡头圪旱地一处，记地四亩。其地东西□。东至十方院，地西至石聚英，南至路，北至吴英士，各取四至。明白土木相连，水流行道依旧往来。今情愿出卖与广生宫侯本封名下承为死业，死钱大价四十四千整，其钱笔下交足，两家情愿并无及覆，恐口难凭，立卖死契存证。上带本地原粮一斗二斤止。

立卖死契人杨芳时因为不便今将自己高崖底下水地一段，记地三亩。其地东西□。东至旱河，西至渠，南至石聚怀、张洪绪，北至石秘、石翠，各取四至。明白水流行道依旧往来。今情愿出卖与广生宫东院名下承为死业，同众言明，死钱大价二十二千整，其钱当日交足，两家情愿并无及覆，恐口难凭，立卖死契存证。上带本地原粮一斗二斤止。

嘉庆十三年（公元 1808 年）十二月廿二日。事同房地行石平、张相、崔孟、熊十。嘉庆八年（公元 1803 年）石兰仝男石聚怀施大钱七千文。

焚修住持道会司侯本封，徒宋合岐、李合嵩、靳教忠、范教成立。

注：此碑镶于广生宫正殿前厦墙体。碑文保存完整，抄录如是。碑名为我所加，原碑无题名。

6.《重修大殿、门楼以及戏台碑志》

事皆有志，欲不朽也。夫修兰亭以记其年，作升楼以书于地，事虽不同，以示不忘则一也。涉邑西鄙有唐王山，而广生祠居于其麓。独是广生也，岂易言哉。自无极而太极，太极生多样，二生四，四生八。物类群纷虽有万殊，何莫非帝乙之真始兆于来有万物之先，不遗于既有万物之缘。使物之各遂其生于天地者，是天之生物，物又生物，生生不息固造化之能事也。然当洪荒之初，人道未立，有补天立极之圣为之建立五常，配男女自有夫妇，而子复生子，孙又生孙。生成位置称为生人之祖，非与天地同一功用也哉。然而坤元之中，亦有以广生称圣者。尝思广生之神，其诞降也吾不□其时，其居处也吾不□其地，何敢妄为论说，使人疑且滋惑也。闻父老有谓：

广生圣母即周文之太姒也。考之传，□见其克嗣徽音也，则百斯男以其惠及群庶也，推心置腹致使螽斯揖揖，皆□其德修于身也，麟趾振振，咸慕其善及子孙也。菁菁棫朴，有以开积德之门，为嫡设逮下之路。凡有缺嗣者，遵守而仪型之，则既锡尔类于当时者，又广嗣续于后世。俯仰古今，非太姒谁能当此？至今千百年间，其人虽远而神气犹灵，香火绵绵，所在多有况。兹唐山上有高阁，直出云霄，前临漳流，环绕御宇。至于左右群峰，皆相朝拱。盖天造地设之区，而立庙于东北隅，盖有取于艮，为少男之象也。地虽幽暗而路接遐方。每逢三月塑望，则东齐西晋、南楚北燕，士女之朝觐而酬夙愿者，莫不呵气成云。而神之有感即应者众，□影响之不遗也。但山高风猛，易以剥落。有住持致邱之侯本封□师弟王本林各率其徒而募化十方，斯时之善信众皆乐于施而相为其济。夫门楼、戏台虽差次于大殿，以其妥侑神祇众，事之不可废也。故开工于嘉庆之十二年（公元1807年），至十七年（公元1812年）则桂殿兰宫，一切工程莫不鸟革飞辇也。回思前此之修，时日几何。而今又修之，敢必后日之不朽乎？惟其易朽则修之，以继其前者，众必志之以垂于后，后之人修而葺之，则庶几其易朽者亦将终于不朽也，故志之。

邑庠生净宁斋崔峻德撰并书丹。

大清嘉□□□□年岁次丁丑（公元1817年）大暑月吉旦立。

注：此碑镶于广生宫正门外石阶南侧碑房的墙体。碑文保存完整，抄录如是。碑文中的捐资及百工花名从略。

7.《重修广生圣母碑记》

唐王山，沙阳之圣地也。山之麓，旧有广生宫在焉。溯其创建之始，大约与娲皇顶相继而起。由县志考之，自汉迄今，七千九百余岁矣。历代增修不可胜纪。而其神灵之赫濯、庙貌之辉煌，固不俟言而知也。迨至嘉庆二十三、四年（公元1818、1819年）秋，大雨淋漓，神像颓残，皆前人因陋就俭、完善未固之咎耳。有住处候本封前任道会司者目睹心伤，慨然有重修之志，但事属义举而独欲难成。斯时也欲诿为异人任而责无可逃，将专为一已谋而力有不给，日夜焦心，诚有席不暇暖之状。于是，自备行资，募化四方，意以冥冥默默中必有神灵之一助也。孰料善缘虽多，竟有数年而不回者。噫！事势至此，胡能辄止耶，遂转揭钱文，不惜行息之重而完浩大之功，是尽心兼以劳力图始而又能成终也。告竣之后，四方来观者见美轮美奂之中而寓苞桑之固，犨飞鸟革之下而昭磐石之坚。佥曰：有志竞成，较前日之因陋就俭完善未固者迥然不相侔矣。是为序。

焚修住持道会司候本封、徒李合高。

清道光十四年（公元 1834 年），岁次甲午，相月穀旦。

注：此碑立于广生宫正门外石阶南侧碑房的墙体。碑文保存完整，抄录如是。碑文中的捐资及百工花名从略。

8.《重修广生宫记》

广生宫之既修之五年，住持造余庐而请志焉。且曰：是宫也，吾属自修之。工竣而财不赡，迩来远募晋省。赖神之力，所至乐输。愿先生一祥其巅末。夫沙阳古迹之胜，以唐王山为最。其峰顶诸阁，自璞亭李公重建以来，地益显，神益灵。而此宫与阁相距一射，上下辉映。每岁莫春，燕晋士女不远千里奔走，偕来登览者必先于此宫瞻礼焉。诸羽士托钵一呼共勸善举，盖固足以成李公之志而肃士女之观瞻者也。然士女之瞻礼此宫者，大抵求子孙生育之蕃，至生机之听由畅则固茫然莫辨也。易曰：天地之大德曰生。又曰：夫坤静翕动辟，是以广生焉。坤者，万物之母。广生圣母特发坤元之蕴、以妙万物之生者耳。故生之权听乎神，生之机具于人。人苟存好生之心，则随在皆有生。意以保赤子绵瓜瓞恒于斯，以保黎民登衽席恒于斯，传所谓栽者培之者，此也若寻常祷媚之术，岂可以渎神听哉。余既嘉诸羽士克成李公志，而又惜瞻礼此宫者之未识所归也。谨志。

丁卯举人刘德馨撰。

邑庠生凤陵杨嘉斡书。

住持□教信、道会司张永寿、石永相、杨永椿、范元仓、索元清、申元和、程明心、石明柱、赵明梁、陈明兴、刘志秋。

同治八年（公元 1869 年）七月吉旦。

注：此碑立于广生宫正殿前厦北侧。碑文保存完整，抄录如是。碑文中的捐资及百工花名从略。

9.《阙疑碑》

是房建筑于某年月日，与某社鸠资庀材而成，均不可得而考。然自前清乾嘉而后今百余年，每岁春季，巡香结社者难以搂指计。独安阳买店社得据此房为东道主，父老喧，传莫之，或易住持道人等。并为该社储祭品、购香楮、备茶点、具床席、欢迎接待，迥异泛常。斯岂无因而然欤？中华民国之三年（公元1913年），此间有补修广生宫之役，买店社又捐大洋三十元、青蚨二千五百文，以为修葺之助，此后，无论岁月几何，当率由旧章敦崇信义，无须相互辩驳致乖善念。工竣之后，共惧此房之久而湮没也，爰将此事大略勒之贞珉，不特为永存远久之媒，并以广善行不怠之劝。

己酉拔贡伯安李国□撰文。上庠生召臣郝景春书丹。

附贡陈廷犹、列贡郝存诚、孝廉方正郝芸台、拔贡张翰如、举人李体乾、拔贡李国□、武生郝景星、陈增同记。

玉工孙三香、黄金仓镌。

民国四年（公元1914年）巧月穀旦敬立。

注：此碑镶于广生宫北厢房前厦东侧墙体。碑文保存完整，抄录如是。

10.《重修广生宫序》

【碑面】癸丑之冬□月既望，住持等造庐而请曰：广生宫自前清同治八年（公元1869年）重修，距今四十余年矣。庙貌摧残，不堪以妥神侑，拟欲修葺，不知可否？余遂欣然曰：善哉斯举也。盖广生宫在台顶山麓之前，内奉广生圣母暨众位神像。与诸庙不同，上有杰阁凌虚，左右有峻岭崇山。茂林坚柏，地极雄胜。乃建庙于此间，遂锡嘉名为广生宫。然云广生者，必多送桂子，比美螽斯，广生兰孙，兴歌麟趾。上合天地生成之德，下达群情生育之机。声灵既然赫濯者，殿宇亦宜复新矣。于是，集众商议，莫不乐修。肇工于甲寅三月，告竣于乙卯暮春。改所当改，其庭其正。但工程浩大，独力难支，是以本邑挨村募化，抽寸毫于丈毡；邻近遍地捐输，集千狐之一腋。然后，广生宫将见金神金像而七宝庄严，子孙多锡麒麟之种，画梁画栋而一方保障，婴儿共迓安乐之详。又修经堂于下院南北厢，常留梵音。新戏台于庙前，圣诞日神人共喜。而道房数十间，禅室二三所，一齐整理。万象增辉，虽昔之暗淡无色者今则焕然维新矣。修已毕，欲勒碑刻名，余也不才，谨述巅末，泐石并记名姓流芳。

附贡生树望陈廷犹撰文。例贡生法曾郝存诚篆额。上庠生召臣郝景春书丹。

特授一等奖状署理涉县警务长兼禁烟清乡总局局长赵兰桂捐钱十千。涉县警察事务所巡长郭景田捐钱五千。司事垫钱程玉阶捐钱一千、福德余捐钱四千、监生侯昌会捐钱五千。总理附贡陈廷甝捐钱五千、贡生郝存诚捐钱五千、武生郝景星捐钱三千、陈增捐钱二千。管账程文周捐钱一千、德兴恒捐钱一千、王治理捐钱二千、监生王勋捐钱三千、赵斌捐钱二千。耆民李金荣捐钱二千、石李成捐钱二千。募化人贾克孝捐钱二百、王煜捐钱一千、李如梅捐钱一千、九品侯存礼捐钱一千、王至平捐钱一千、郭明善捐钱一千、王至诚捐钱一千、道会司申至仑捐钱一千。募化道人李祥仲、李至忠、冯理财、李信堂。泥水石工李秀兰捐钱二千五百。木工崔月成捐钱二千五百。玉工李全捐钱五百文、孙三香。丹青杨嘉乐、杨兰亭捐钱一千。

中华民国四年（公元 1915 年），岁次乙卯，荷月上浣穀旦。

住持道人郭明善、王至诚、道会司申至仑、王至喜、陈至庭、石理直、王理先、董成山、张成石立。

【碑背】计开，共来本邑外县布施钱二千九百一十一千三百二十文。又来大银元十一块，作钱十五千九百五十文。来安阳买店北顶社大银元三十块，作钱四十四千一百文。来司事人布施钱四十千文。以上共来大钱三千零一十一千三百七十文。

买木植出钱一百五十一千八百九十文。买砖瓦出钱一百零六千七百八十五文。买芭条出钱五十三千一百九十九文。买石灰毛出钱九十八千三百九十四文。买铁货钉丁出钱一十九千八百四十文。买坯土出钱三十一千五百九十文。买水麦糠出钱七十四千九百三十六文。买席子绳出钱二十四千五百二十六文。买萝透筐碗出钱六千八百零九文。雇工脚价出钱五十五千七百零七文。泥水木石工出钱二百六十二千三百五十文。丹青工价出钱二百四十二千文。红布小礼犒劳出钱四十三千二百文。甲寅年开光花费出钱九百一十千零八百九十八文。募化日费出钱五十七千五百三十七文。扶碑刻石共费出钱五十七千三百四十五文。以上共出大钱二千五百四十六千一百卅十五文。除一切花费，下余大钱四百六十五千二百三十五文。

注：此碑立于广生宫正门外石阶北侧的碑房。碑文保存完整，抄录如是。碑面碑额题名“永存不朽”，碑背题名“好善乐输”。碑背碑文中个位、十位和百位中出现有形状如“乙”字的符号，疑代表“九”字，故抄录如是。

11.《娲皇台顶各庙及戏楼逐年碎修零补碑记》

办天下事在于立法，立法不善用力多而成功少，立法得当用力少而成功多。如娲皇台顶，乃沙阳古迹之盛，南面临漳水，北依唐山，左环右抱，诚天造地设之境。而且山上山下，庙院林立。昨前每修一庙，工竣即止，无人经理，必待庙貌倾圮而始重修。花费浩繁，民力劳殚。后人深知此弊，设法改良。自民国四年（公元1915年）重修广生、停骖两宫以后，维首令道人每岁于唐王峧索堡前后派人八名，监收布施四名，经理四名，逐年碎修移交。故峰顶诸阁以及山麓各庙等处，零星修补，不胜枚举。除此以外，布施尚有余资，不得不复修戏楼。基址仍旧，屋宇更新。金碧辉煌，霞光焕耀。工于民国二十一年（公元1932年）五月经始，于七月高告竣。嗣后作乐报赛，人神胥悦。各庙常新，一尘不染。诸君此举，一以报古人之功德，一以祈将来之赐福，可谓一举两得矣。壬申冬乞记于余，余深嘉执事等皆法良意□，工程不劳而成也，遂濡笔而为之记。

邑庠生梦帝王良弼敬撰。郝凤朝恭书。

二庙住持执事道人等郭明善、关理安、董诚山。

民国二十一年（公元1932年）畅月下浣榖旦。

注：此碑立于广生宫正门外石阶南侧。碑文保存完整，抄录如是。碑额题名“重修碑志”。碑文中的捐资花名、百工花名及花费明细等，从略。

四　朝元宫古碑文

1.《创建大悲准提庵碑记》

予性僻，不译释典，诸佛、菩提之说亦不敢形诸齿颊，□诞且滋惑也。至于名胜之地，或创或修，又未尝不喜为之传，以备遐考。壬午之岁，予寄食西鄙，六月之又客有过而访予者。询其人，则部姓讳延弼也；问其为，则业于募缘而来求志者也。予辞以不敏，而彼之请之再三也。叩其实，其言甚详且悉也。曰：环涉皆山也，其西北二十里许，峭壁崔巍、□□秀出者，唐王山也。峰回路转，有阁翼然于山腰者，娲皇古迹也。每岁春暮，朝礼者西抵三晋，北极幽燕，东南且迄豫兖也。山下无水，□来者不无载渴之困也。因凿池其南，蓄水煎茶，以为憩息之所。而庄严其前者，菩萨也；名其庵曰准提也。倡之者已故之季子太成也，赞□者索堡之众檀越也，捐资者四方之贤士，□子而成之者则予也。经始于康熙之二十二年，迄今以告竣也。请弁数言勒之瑱珉以存永久，幸勿吝。予曰：夫志以昭其实也，诚如子言详且悉矣，予又何赘为，因□笔为之记。

邑庠廪生崔慧撰书。山西平阳府□生秦廷瓒篆额。

文林郎知涉县事瀛海左印奇施银十两，儒学正堂王贞、典史翟□法。

康熙四十一年（公元 1702 年）岁次壬午又六月下浣之吉日。

注：此碑立于朝元宫西大门门厅南侧。碑文保存完整，抄录如是。碑文中的捐资花名从略。

2. 《创建三官庙碑记》

天下之境无人以点缀之，则虽美而平淡无取；有人以修饰之，遂愈美而奇丽可观。涉邑西北娲皇阁，中州第一胜境，累代增修，愈出愈奇。阁底有准提庵一所，创始于李仕奇，完成于郜善友。大殿两廊维陀殿、大王殿，以及水池钟楼，诚无一不备矣。每岁三月圣母大会，南极闽浙、北极幽燕，泰岱以东、秦晋以西，熙熙攘攘，络绎不绝。先诣于庵，茶水，住用床铺宽广，诚阁底不可不有之地也。所歉者，东角空隙非为完美。住持道人郝一乡发心修造筑一三官殿，延请林县维首郭金印共勳其事，庇材鸠工，不日成之。继而金圣像三尊，又继而打造供桌三张。美哉，娲皇胜地已精，而愈备其精矣，直可与海岛蓬莱并传不朽，故勒石以志之。

邑庠生崔岳撰文。

住持道人杨阳寿、张阳虚，徒王来崑、梁来盈。

乾隆六年（公元 1741 年）三月十五日立。

注：此碑立于朝元宫三官殿前厦西侧。碑文保存完整，抄录如是。碑额题名“创立碑记”。碑文中捐资及百工花名从略。

3. 《重修碑志》

仲尼之徒羞称五霸，又何沙弥之足论乎！盖以首出庶物，补天立极，造化民生，功高千载，可当时，亦可后世。子固未得为其徒也，而心窃向往之。夫子自学道以来，惟以圣人为心，而为生人立命，尝以忧人之忧、乐人之乐。不意祸变中途，致使社稷将覆，遂匿迹于深山而全身远害。阅数载而道得成焉。戊申之秋七月，将尽与洞府诸仙游于白岩山，见峰高云霭，薄雾沾天，遍设紫霞之筵，普结炉烟之篆。酒礼维欢，馨香毕焉。俯视人间，少长往来，皆说，大宴水路会也。天以终□勤劳来输其间，然而亦知衣食之所自始乎？夫天能生人而不能教人，故积两间之瑞气，而为君所以生人之理，治乎其人之身，文有礼乐，武有兵戈，拨乱反正。人心明道，心明子孝臣忠，谓之补天，谁曰不宜！迨其后，帝尧虞舜，心忧天下。当时水逆行民，无所居与，虎豹为侣，民之大难何止于八出而救之者，谁乎命！盖烈山泽而焚之，禹平水土，教稼穑，命人伦，皆以先天而垂之于后天，至文武礼明乐备。邪说横行，败坏人伦，劝曰清净为高，是使人无父无君也，而人乃亲佛信佛亦且敬佛。呜呼，世无圣人则道不行。圣人盖不迷己亦不迷人，释氏先迷己而又迷人，祸及天下可胜言哉！未几，金乌既坠，皓月东升，击檀板敲渔阳，吹洞箫，和笙簧，众仙乐甚，余亦乐甚。斯时寿仙老师哑然而笑，方知予之无心。至于某也经营某也尽力，予不暇遍及，惟即寓言以序。纯阳吕大仙乩文。

住持杨复正、张复兴，徒柳本青、孙本知、□本京仝力募化。

皇清乾隆五十五年（公元1790年）岁次庚戌桃月吉日榖旦。

注：此碑立于朝元宫正殿前。碑文保存完整，抄录如是。碑额题名“万善同归”。碑面、碑背及碑之左右侧均刻有捐资花名，从略。

4.《三官殿、天王殿重修廊房碑记》

且夫善之欲人见者，其善不真；功之欲人名者，其功必小。如住持道人□本□、冯本□，固所谓有善不伐、有劳不施者也。即如三官殿、天王殿二庙，忆其始经营创建，讵不巍严美备足以妥神灵。但历年久远，风雨□□，遂至庙貌倾颓，神光罔淡，倘无人以鼎新之，其何以继前业而广善念乎。住持道人目睹情伤，不忍坐废，纠请女善人数位，四乡募化，得钱若干。尚以为经费之不足，遂出己资以为营建之用。于是，纠工庀材，尽心竭力，施以涂塈施以丹□，第见庙貌著其辉煌，神光极其灿烂，较之向之倾颓不堪、罔淡无色者，至此而焕然更新矣。庙成又重修廊坊四十余间。其中勤劳始终、耗费钱财不知几几，皆慷慨输将，无求于世，真可谓向善之诚、立功之大者矣。予止斯地，见夫神堂炳焕可共古迹争辉，道院清新堪与蓬莱媲美，不禁即景怡情，因端叙事刻石以□不朽，俾后之有志向善者将必睹斯石而慨然兴起也。是为记。

邑廪生七原萃章陈德华撰书。

□大清道光十年岁次庚寅（公元 1830 年）六月下浣榖旦。

住持道会司孙本支，道人冯本先，徒张合高、张合亮，孙李教润、卢教昌，仝立。

注：此碑立于朝元宫西大门门厅北侧。碑文保存完整，抄录如是。碑文中的捐资花名从略。

5.《永存不朽》

唐王山旧有娲皇阁，神灵赫濯，无远弗届。至于壬子岁三月望日突然火灾，举凡楼台殿宇荡然无存。县尊李大老目睹心伤，慷然以垂修为己任，爰令阖邑乡地各村劝捐。更乐村乡约赵莲芳、李丙临，地方王生禄、赵月升、刘永馨、江发春、赵安春、赵荣华，奉命而往。将所捐钱文不敢湮没，因逐名开列，勒石以志之。

贡生王云峰书丹。

更乐村乡约赵莲芳、李丙临各钱伍百文；地方江发春、刘永馨、王生禄、赵安春、赵月升、赵荣华各钱叁佰文。

张家庄地方……西坡村地方……比池东……下庄村地方……赵家村……西寂寥地方……大□……。

咸丰贰年（公元 1852 年）拾贰月吉日榖旦。

注：此碑立于朝元宫西大门门厅南侧。碑文保存完整，抄录如是。碑文中的捐资花名从略。

6.《重修朝元宫碑记》

【碑面】娲皇圣母，古迹也；朝元宫，佳境也。我邑胜地名区不乏，未有如此驰名者。抟土称能，何人不被其恩泽。补天有术，斯世共仰。夫帡幪至若大悲菩萨，以孝教天下，尽人知之矣。其余文疏、普贤、白衣、地藏王，以及三官大帝、神医华佗，盖德施于民者，广不胜言。传功及于民者，宏难以口诵，宜乎小民顶礼拜仰，统祀之，而不置也孰非。人情能不齐明盛服以承祀哉。噫！睹斯庙也，香火盛也。每岁暮春，遐迩岔集。有为亲而求寿者，有为子而求嗣者。入门告处故若蜂屯，伏地投诚又如蚁聚。几有血气莫不向是而祈祷焉。但历年久远，风雨剥蚀，瓦解榱摧，不足以蔽风日。墙倾栋折，寔难以壮观瞻。于是，住持石元根目睹倾圮，不忍袖视。邀请维那，辄吉开工。其中，倡率者有人，附和者有人。募化十方，得钱若干，新旧补缺，量入为出。基趾犹是也，墙垣改观矣。圣像依然也，宫闱顿异矣。殖其庭而觉其楹哙其正而叹其冥，虽属人力之所为，亦由天心之潜助，幸。夫善信涓滴资财，无不给之虞。督率维殷，工程有告竣之庆。登其堂，雄睹雾列；入其室，俊采星驰。宝刹灵宫，迥非当年景象。瑶阶凤阙，莫过今日之光华。虚室生白，飞阁流丹，祥风吹而金声齐应，霹火驰而兽脊交辉。彩壁图檐，不啻青山挂雪。雕梁画栋，恍如海水潮云。美哉，具大观矣乎。因其为山前首庙，遂锡嘉名曰朝元。后人与我同志，嗣而葺之，庶斯庙之不朽也。

邑庠生仙桥崔一峰撰文。岁贡生□斋张文选篆额。郡庠生六朝杜青山书丹。

停骖宫住持崔永秀、广生宫住持石明柱。

募化道人程明心、陈明兴、王至诚、郝理会。

本庙住持石元根。

大清光绪十六年（公元1890年），岁次庚寅桂月中浣穀旦立。

【碑背】【碑额】庙貌巍峨壮鸿蒙，补天有术著奇功，杰阁凌霄昭万象，山环水抱一画中，左依圣佛弥纶合，前临漳水正怡情，□飞凤舞升平世，花香鸟语快丰瀛。岁次庚寅健斋偶书。

注：此碑立于朝元宫南厢房前厦东侧。碑文保存完整，抄录如是。碑面碑额题名为四个篆字，我不明其意，特拟“重修朝元宫碑记”为此碑碑名。碑面和碑背碑文中刻有捐资花名、百工花名及花费明细，从略。

五 吕仙祠古碑文

1.《吕仙祠无欲李大仙撰文碑记》

己卯之夏，随师游于西湖，与洞府诸仙皆相迓，敬举觞于竹林，见波流涌濯，风回水面，觥酬交迭，诗韵流转，赋青山，歌流水，飘飘然相与畅饮乎。林中众仙皆醉，不顾鸟语云飞。竹外风清，忽闻鹤声报信。师曰：吾亦醉矣，汝往成其美。予不敢违，遂携清风以到唐山。噫！唐山之游，向也亦尝相赏于琼宫，今何幸而复至于此乎。然昔之游因往事也，今之游志仙境也。其中，经营效力者居多，予不暇遍及。但见峻宇丹楹，灿然夺目。青山叠叠矣，起出岫之云；夏木阴阴，往还飞鸣之鸟。古径，碣石苍苍；深林，花香馥馥。遍览名山，虽多佳景，皆非唐山比也。今嘱予为文，予不乐世俗之谈。唯是游于此，歌于此，与诸仙乐于此。击檀板，敲渔阳，鹤舞翩翩。羽扇摇临，畅饮盃乾，乐世外之逍遥。交情诗烂，非人间之景况。因口占一律云：唯爱唐山夏末过，蓬莱宫殿势嵯峨，丹楹画壁云霞近，鸟语花香绿树多，曲径碑残遗古迹，深林松老系弦萝，翩翩鹤驾瑶阶静，世外逍遥且醉歌。

无欲李大仙撰。索堡镇庠生崔□雷震寰甫书。

住持王本林、道会司侯本封、道会司孙本枝、冯本元，徒张合□、李合嵩、王合梧、赵合桐、张合亮，孙范教成、郭教信、曹教元、苗教洪、张教宁、苗教□，曾孙王永昌、何永庆、刘永盛。

募化女善人赵岳氏、赵马氏、石陈氏、石郝氏、石张氏、石王氏、郝□氏、王石氏、李王氏、吴□氏、张赵氏、芦张氏、杜冯氏、王郝氏。

嘉庆二十四年（公元1819年）仲夏吉日建立。

注：此碑立于吕仙祠天井。碑文保存完整，抄录如是。这里的碑名为我所题。碑文中刻有捐资花名，从略。

2.《吕仙祠孚佑帝君降文碑记》

己卯季春，正与诸仙洞府举觞和饮，忽有鸾声传音，鹏鸟报信：众生处祷为文。予闻之而不怠，遂别洞府诸仙，跨鹤遨游以至此。噫！想其过蓬莱之山巅，但见青山叠叠突起，出岫之云登方丈之峦头。忽闻歌声呖呖，往还飞鸣之鸟。以及东泰山而西华岳，南衡岳而北恒岳，与夫中嵩岳之名山，皆非小蓬莱比也。唯适吾志而娱吾目者，独唐山堪嘉耳。而吾乃复至于斯，以志厥事焉。盖势可从旧，善创何如善因理应更新，有为早愈有守，其中经营者何人，效力者何人，捐赀者何人。画栋画梁，倍胜当年景象；受和受采，宜赏今日之光华。峻宇丹楹，灿然夺目。若非同心向善岂可得斯哉。仙花遍野，海鹤盈天。绿荫朱英，黄花青草。悦目怡神，明心见性。涌跃波流，尘垢宜涤。参差松影，仙境可攀。所以与诸仙歌于此，乐于此，而不遗于此。咏流水，赋高山。檀板一敲，三月天。畅饮数杯，梨花盏。觥酬交迭，诗韵流转，一切佳境尽付几栏。

孚佑帝君降文。候选儒学正堂杜作舟沐手书。

值年住持张永寿同广生宫、停骖宫、朝元宫仝住持。

大清光绪五年（公元1879年）清和月上浣立。

注：此碑立于吕仙祠天井。碑文保存完整，抄录如是。这里的碑名为我所题。碑文中刻有捐资花名，从略。碑额题有草书章句，难得辨识。

六　碑厅古碑文

1.《岁修志》

粤稽古中皇山，乃娲皇故都，豫省名区。但阁依石辟，难免山巅坠石之患。祀多香旅，宜仅告虔香火之防。况工程大定之后，楼棚未铺，殿阶多缺，北齐缓葺，此岁修之不可或□也。故于咸丰七年砖铺迎爽官厅一棚，防火患也。八年补修石击寝宫两坡，妥神灵也。九年增华乐善亭，憩士女之疲劳也。十年更新享殿阶，防升降之倾跌也。其经费之需皆历年布施香资之积。苟非四方善信好善乐善无以成厥功。是焉可不勒之于石以垂不朽云。

咸丰八、九、十年，司库：盐店。司事：耆民石启成、耆民张鹍翎、张建彪、王建中、廪生李森严、李嗣继、郭英杰、庠生郝文彬、庠生杨嘉幹、石廷秀、庠生杜作舟、增生张文选、议叙李茂林。轮流在顶上代理香烟：停骖宫、广生宫、朝元宫住持。

清咸丰拾年（公元1860年）八月上旬吉旦。

刊石，自八、九、十年所收香资布施，除修理用讫外，下亏钱贰拾余千，议定来年香资布施清还。

注：此碑立于上娲皇顶盘道入口南侧碑厅。碑文保存完整，抄录如是。

2.《重建鼓楼志》

且祀典存于勿替，盛事贵于克成。如娲皇宫自咸丰壬子暮春望灾于回禄，仅遗钟鼓二楼；邑侯李公派本邑各约按分捐资，本村合峧挨户输财，纠请余辈督工重建，募化四方，因欲于大工之成而兼修钟鼓二楼也。奈值三年八月，念四粤匪陷城，李公殉节。尔时，殿阁虽竣，寝宫未备；司库告匮，兼修无需。迨至十年，布施香资稍积，而石梯修理宜先，寝宫补葺虽缓，岁修事件不及备述。迄今十有一载，积资五百余缗，不足兼修二楼之费，特以鼓楼乃皇朝之开闳，倾圮殊甚，且基址较钟楼而独，卑栋甍较殿宇而稍陋，非所以宗祀事也。因为增其基址之高，宛与钟楼齐峙，易其栋甍之制，复与殿宇交辉。此先其事之所急也。犹忆同事诸公，迄今廿年，凋谢者三之二，尚存者三之一。若钟楼之役以俟乎后之君子。工竣勒石志重建之役，亦志愿施者之姓氏以不没、四方之好善云尔。

司事：李森严等。轮流在顶上支应工事三庙住持：停骖宫、广生宫、朝元宫。

大清同治拾年（公元 1871 年）秋九月穀旦日立。

下余亏项壹百千零，挨年清还。

注：此碑立于上顶盘道入口南侧碑厅。碑文保存完整，抄录如是。碑文中司事花名、捐资花名从略。

3.《重修台顶钟楼志》《重建灵官阁志》

《重修台顶钟楼志》尝读圣经，物有本末，事有终始，而识人之治事宜夫先本而后末，尤贵诸慎终如始也。如娲皇宫，于咸丰三年三月望日灾于回禄，邑令李公毅然为重建之举亲派本邑各约捐资，复令司事邻封募化，意欲先建宫殿后修钟鼓二楼也，谓非先本而后末乎。迨三年八月，念四逆匪入城陷城，李公城亡与亡。寝宫尚未蒇事，同事竭力竟成逮后，于历年布施香资之积，易石梯、补寝宫、修殿阁、崇门庭。屡次增修，旧志具载；每岁小补未及备述。及光绪之年，复修鲁班、皮厂王神祠。迄今念六年间，同事凋零，时布饥馑，而钟楼倾圮，势宜修葺，遂以二年善施勉力小补以成其工。工竣，咸辞其任。仰住持等公请英贤善事者以司其事，庶可谓慎终如始乎。因即其本末终始之实以志于石巅。

台顶司事：郝尚德、崔梦虎、王建中、杜作舟、总理李森严、张文选、石启成、王中天、张昆令、李嗣绩、瞿祥、鄗英杰、杨嘉幹、郝占魁、李茂林、高仰范、张建标、石庭秀。

光绪三年（公元 1877 年）中秋穀旦立。潞邑河后玉工王福和。

《重建灵官阁志》自诸维交贷，忆前火池边旧有灵官阁一座，业经咸丰癸丑被灾于火，片石无存。邑侯李公统率诸维仅重建三阁高殿、梳妆楼外，又新建迎爽楼、乐善亭，并六角亭、水池旁碑坊，只留火池边灵官阁尚未建。羽士等目击诸维之功苦，感李公之功德，克承前志，不忍□视，又于火池边特重建灵官阁一座，俾四方善信进香者或瞻拜或焚香或跳池，庶有神以主之，则灵官尊神之威灵以显，斯神之默佑斯民之功益彰。乃功始于辛巳年四月，告竣于壬午岁八月，共费壹佰余缗，是故庙貌之虽小而重檐画栋、雕镂丹垩，其功亦少钜矣。此皆羽士之勤劳，于诸维又无與焉，抑亦众善之乐施蓄资之功德也。后书善信姓氏花名于左。

大清光绪九年岁次癸未（公元1883年）七月上浣榖旦。

注：此碑立于上顶盘道入口南侧碑厅。一面为《重修台顶钟楼志》，另一面为《重建灵官阁志》。碑文保存完整，抄录如是。碑文中捐资花名从略。

4.《古中皇山娲皇圣母庙重修碑记》

开辟以来，圣神奠世功德与天地不朽，禋祀亦历久弥新，祭法有常，此古今之通义也。顾道莫大于三皇，德莫高于五帝。皇煌帝谛萃于女主之一身，自生民以来未有圣于娲皇圣母者也。史称女娲氏亦风姓，有神圣之德，以其功高而充三皇，继伏羲氏仍以木□□天下。易曰，帝出乎震，齐乎巽，震巽皆木。巽为风又为长女，其继太皡之业，承春木之运，乘乾御宇，□□天成，功施造化，德□□□，万□不忘固其宜矣。而或者疑炼石补天、断鳌立极、聚芦灰以止滔水，正史所载事近奇幻，几等于黄土抟人不经之谈。又焉知，夫大而化之之谓圣，圣而不可知之谓神。皇，古之初赞化参天者，其功德本不可度思欤！考之伏羲，都陈女娲氏无造革以济冀州，又有谓居中皇□者，兹之中皇山或其古迹欤，书缺有闻矣。要之，吾涉亦冀州分域也，数百里中敬圣母者，虽村各有庙，悉望是山以为朝宗之□焉，悉觐是庙以致祈祷之情焉。来享来王于斯为盛，重修屡葺不约而齐。然则圣母之功德常在人心者，岂有涯哉，岂有涯哉！天地山川同其不朽！后之视今犹今之视昔云尔。是为记。

敕授文林郎辛卯科举人邑人程允升撰文。上庠生漳北郝景春书丹。涉县正堂林。儒学正堂姚。泛司厅倪。右堂何。

司事：佾生张宏、武生郝景星、石汝霖、文童张徽之、典籍杜九昌、从九品崔瑄。

募化道人：冯明泉、石元根、樊明敬、郭明善、王至诚、申至仑。

木工：崔维明。泥工：王景林。丹彩：陈增、杨嘉乐。台村玉工樊树松镌。

大清宣统二年岁在庚戌（公元1910年）仲冬月上浣毂旦。

注：此碑立于上顶盘道入口南侧碑厅。碑文保存完整，抄录如是。碑背面捐资花名从略。

七　净泉庵古碑文

1. 《重修净泉庵碑记》

云山深谷，远避尘嚣，筑殿栖神者，莫非取其境之清幽也。索堡有东山，名曰井峧者，前有漳水，右有娲皇，内有源泉，外有奇峰，可谓沙阳之胜境也。从来山之潜神，考其迹，不知几岁矣；年深日久，殿宇颓隳，圣像毁坏。有住持僧妙贵在庵，焚修观瞻，不忍，于顺治四年，募化十方，重修殿宇地藏十土六曹官典，一切诸神一一金妆，焕然更新。惜乎工将成而未大备，天夺其年而身告殒，犹未得终其善业也。幸有徒孙清谈，生质朴厚善，承善述，惟念兹在，兹日专于事而不肯已也，故御泪谒于众信擅那，继其前功，于顺治八年正月内而工始完矣。故勒石以垂万世。

安居侍僧人海棠，门徒寂谈。住持僧妙贵，徒孙清谈。

顺治八年（公元1651）二月初五日立。辽州韩天禄书。

注：此碑立于娲皇宫南侧山谷净泉庵。碑文保存完整，抄录如是。碑文中众信擅那花名从略。

2. 《重修上殿记》

环涉皆山也，其西北一峰，林壑尤美，望之，耸翠层峦者，娲皇阁也。阁之左，稍南而近东约里许，土断而山分，有水一泓，斜出于两峰之间者，净泉也。峰回路转，有殿翼然临于泉上者，净泉庵也。多历年所凋敝难堪，在荒烟蔓草中殿宇坏也。雍正四年，众善协谋具欤；恭请挂锡而至者，本邑西戌之戒僧缘经也；嗣是而朝夕焚修，晨昏叩诵，披荆刈蓬蒿，拮据□□，重构两廊。每逢圣诞，输诚恐后，而男女无穷也。于雍正七年七月十九，百倡义举，乃共勷圣果。众善有力而勤劳始终者，耆老赵子端然、郝子敬之力居多也。用是山虽峻，功以勤劳就；土虽狭事，以况瘁成大殿；隘思所以广之金身，垢思所新之经之营之。不二载而功程告竣也。夫美不自美，因人而彰，兰亭赖右军之笔，杭堤藉苏白之修，是地为中州名胜，不可无瑱珉之勒，以贻林泉之瑰也。于焉志之资财□输粟之数，传之永久而不可磨灭也。作志者谁？固陋寡闻、离群索居腐儒也。

邑庠增广生员崔岳撰文。王三奇篆额书丹。

文林郎知涉县事赐进士出身梁皎捐大钱两千……。

住持僧人缘乐、缘经。善友李自然。

乾隆元年（公元1736年）十一月二十日。

注：此碑立于娲皇宫南侧山谷净泉庵。碑文保存完整，抄录如是。碑文中捐资花名从略。

3.《重修十王殿碑志》

尝谓天宫不少住房，神人不用衣穿，盖庙金神可以不必，虽然举世尽迷蒙矣，而明善者几人乎？古之人欲引导民为善而无由也，故择此胜地，立庙于斯，北殿内塑三教，使人知皈依三宝；南殿内塑十王朝地藏，故名曰十王殿，殿中善恶两分，此赏善罚恶之所也，使人皆知改恶还善矣。是前人创建之功德莫大焉。今庙宇颓圮，圣像残垢，不堪观瞻。有武香县石门村善友萧桂林在此焚香发心重修，不敢担当，与索堡耆老赵子端然相商，恭请维首协力重修，旦夜勤劳，纠率众善或输诚或输力，三年间，庙貌辉煌，神人安妥。不刻石以记前人之功德，不惟湮没前人之功德，而且无以启后人之善念也。嘱予为文，予不敏，俚言列序以记不朽云。

立卖死契人石林因为不便，今将自己牛家峧地二段三亩，其地南北畛，东至李爱，南至李玉元，西至王思敬，北至魏有才茔地，各取四至，明白大小根条在内，今情愿卖与井□峧作香火地，同仲言明死价银拾贰两交完不欠，价足粮明有人平端者林一面承担，恐后无凭，立卖死契存证。房地行王贵资。上带本地原粮六升。同上维首十二家。乾隆十三年十月二十五日立死契人石林。

□乾隆十五年（公元1750年）七月初三日吉立。住持善友萧桂林。

注：此碑立于娲皇宫南侧山谷净泉庵。碑文保存完整，抄录如是。

4.《重修净泉庵碑志》

唐山之东，旧有净泉庵在井尔峧，内中有三教菩萨、十王等众，至今剥落盖已甚矣。是时，首倡□举者，有已故之郝姓之金壁、石姓讳□也；捐资效力者，众善君子也；相与有□在道人刘姓合缘，与师侄曹姓教元也。自开工于嘉庆五年，至七年乃告竣也。书此志之欲不朽也，抑书修而不朽者正有□□者？有修而速朽者，不外所以修是不善于修之也；间有修而不朽者，深□所以修是□善于修之也。于是，谒有法度刑名，阴有冥司报应。前圣立教以醒人，而人之相习于不善，周末为□甚也，是时而孔子生。□夫子当篡杀之时，不获居相之位，盖儒生也，而春秋一作，□乱臣贼子莫不惧于油鼎汤沸也，莫不畏若剑楼刀山，即阴邪伪妄之徒尔，皆凛于斧钺兵戈也。何有佛□之说与圣教并列为三也哉？尝闻佛氏明心以见性，老子修真以养性，彼见道于□、悟性于空，虽未若尽性之圣，有□有□叙之，学而不移情于一书，禄不役志于功名，是无胀之□，了同于一□之所至。小人纯遵圣人之教，心正身修可以对天地，质鬼神尚轮回生死之足虑，□径有云，苦海无多回头是岸，愚夫愚妇相维于示善，可□□哉。此虽殿宇辉煌，金神焕采，要尔人所共修也，安必久而不朽，□然使三教常存，有以立善修之模范也。冥王敕法欲不善者之憬然自悟也。后之人与我同志，修而葺之，□易朽者不几终于不朽□，盖有望于后人之善修也，故志之。

本村净宁斋庠生崔峻德沐手敬撰并书丹。

嘉庆拾伍年（公元 1810 年）岁次庚午秋七月吉旦立。

住持道人刘合言，徒侄孙□□、□□□。

注：此碑立于娲皇宫南侧山谷净泉庵。碑文保存完整，抄录如是。碑文为行书体，为抄录者不悉，故多阙如。

八　弹音村古碑文

1.《立庙碑记》

涉县弹音村乘云三里社新建庙宇落成序。

粤稽涉邑，古称涉侯国，地仅撮尔，形胜可纪，第见其襟□□水□□□秀，诚天□□□区，人文之薮泽也。县治西北隅，越二十里许，有曰弹音村者，其风俗朴茂，人物淳良，尤堪□述。试观□山拱□□□□□□□，呈秀于其前，嵯峨万状，浏览无垠。不美哉，一方之保障，四塞之敬仰乎。于是，有僧人法性，偏道号曰海藏者。详其履历，名门特出，清泉受训，且其生禀奇愿，善念性成，卓然以三□为律、五戒自持，所称空门之翘楚、释氏之法宗也。目击乡境之仁美，心痛神祇之靡依，乃于崇祯三年十月之辰，特发□诚，劝谕功德。张弼之、香首张启瑞等本村十方善男信女喜舍施财，纠工□后经营董理。

娲皇圣母行宫龙神祠位一所，两廊数间，戏楼一座，周围墙垣，无不完备而整齐之。万家祸福□如影响一方，士民赖以护佑，凡血气心知靡不尊崇焉然。央工于崇祯三年十月之期，告成于十年九月之际，是一时之观，厥成者仰庙貌之辉煌，羡功程之速效，佥曰，此神明默佑之功也。孰知土迹之易成、善果之有终，非神明之感而能若是乎。善行如是，可□泯其事而不传耶！故工完之日，命工镌石刻碑纪绩，盖功不朽而善人之名尤不朽，人施主之功德与募缘之佛心共述于无穷也。谨勒其一二于瑱珉，图以鼓舞他日人心之好善而向义者欤。

崇祯十年岁次丁丑（公元1637年）菊日之吉建立。

庠生程桂撰。阴阳王□□。

注：此碑原立于娲皇宫附近弹音村奶奶庙。土改后，改庙为学校。2007年，村民另择地盖庙，并将此碑从学校移至新庙。

九　曲峧村古碑文

1.《娲皇庙重修碑记》

尝读史阅赵氏外纪载，共工氏与祝融氏战，不胜而怒，乃头触不周山，崩而天倾西北，女娲氏戮之，乃炼五色石以补天，断□□以立极。人谓□荒难信也。然其制婚娶，开人伦之祖；夫妇立，万化之原；即此可信。圣母之功有厘定一代之伟绩，即有丕旨万世之精神，所以人心爱戴，庙享之兴无终极焉。小曲峧南山之□，旧有古庙，经风雨之圮，覆鸟鼠之侵蚀，岌岌乎，几致丘墟矣。乡公议，立志增修。未几而神像庙貌焕然一新，两廊新建，整肃可观。虽不足以答圣母经天纬地之绩，亦聊以尽人心不忘之戴。至若补天立地之说，虽若难信，亦未必非赵氏寓言之□也云尔。

下温村廪膳生员李秀撰。本村儒童张天锡浴手书。

清乾隆陆拾季（公元1795年）拾月初六日立。

注：此碑立于娲皇宫附近曲峧村奶奶庙。碑文中百工、捐资花名从略。

2.《施财花名》

……

乾隆陆拾年拾月初六日开光，嘉庆元年（公元1796年）二月中浣日刻石，丙午年重修大殿，乙卯年建立廊坊。

注：此碑立于娲皇宫附近曲峧村奶奶庙。碑额，前题《施财花名》，后题《为善》。碑文漫漶。

十　新碑文

1.《修葺续建娲皇宫记》

世事沧桑，或兴或废，河东河西，而惟功德实被于人者乃历久而不易。

娲皇，人类之始祖，古之神圣女。传其孕育万物，抟土造人，置婚姻，止淫水，作笙簧，殄共工，炼五色石以补苍天，功德同辉日月，源远江河，遂得民之奉祀，代代不息。吾唐王山，古之中皇山也，峭壁崔嵬，巉岩秀出，衣松柏，被桃李，冠白云而履清漳，仙姿绰约，神清韵雅，宛若待字闺中之妙女。山腰绝壁凌虚处，城垣雄踞，楼宇高悬，飞檐溢彩，绣阁流丹，此即名闻遐迩之娲皇古迹。每岁春和景明，达官显贵，骚人士子，黔首百姓，西抵三晋，北极幽燕，东讫齐鲁，南达豫皖，靡不毕至，游人之众，车马之繁，蔚为壮观。据考，此宫始建于北齐，经历代增修，规模日宏，昔数十春秋，风侵雨蚀，雪欺霜凌，兵燹战火，人为祸害，致使殿宇倾圮，造像粉身，往日之胜景圣地，几成蓬蒿之野，令慕名而谒者无不太息。今逢盛世，国运昌隆，政通人和，百废俱兴。为保护娲皇宫，县文物保管所首任所长程耀峰夙兴忧叹，夜不能寐，殚精竭虑，鞠躬尽瘁，求拨款于政府，募锱铢于黎庶，抽寸毫于丈毡，集一腋于千狐。于是，整修女娲、停骖、广生三宫，重塑各殿诸像，增筑十八盘砖花扶手游廊，新建凤仙桥与山秀、水明、望漳、眺峰四亭，恢复碑房、吕仙祠及朝元宫四殿，再造旧有戏台，加设刻经檐阁。经十五年整修兴建，共耗资四十五万元，使宝刹灵宫迥非当年景象，瑶阶凤阙，莫过今日之光华。目睹古迹新辉，谁不感念政府襄助之力，主事人操劳之辛！虽功在山野，不似通衢闹市之煊赫，岂以善隐而不为乎？

余也不敏，才疏学浅，拙于文辞。今不揣冒昧而强己所难，非为神灵所感，实因人事所感也。是为记。

北京师范大学毕业生中共涉县县委常委马乃廷撰文。中共涉县县直机关工作委员会李宝宝书丹。涉县偏城大理石厂制。崔学贵、王满廷雕刻。

涉县文物保管所立。一九九二年四月十七。

注：此碑立于广生宫北小门外十余米处。

2.《全国重点保护文物单位娲皇宫及石刻》

保护范围：东自三阁楼台基正中为基点，向东至山峰主峰分水岭；南自钟楼外南围墙外皮和戏台南墙外皮及朝元宫正门中线起，向南分别外扩32米、50米、100米至两峭壁的交合处、果园及山坡；西自朝元宫正门中线起，向西外扩120米至梯田；北自皮疡庙北墙外皮和歇马殿北墙外皮及朝元宫正门中线起，向北分别外扩16米、191米、90米至山坡、道路和梯田。

建设控制地带：以保护范围边线为基线，东同保护范围，南外扩150米至山坡和田地；西外扩150米至山坡和梯田；北外扩150米至山坡和梯田及河道。

注：此碑立于娲皇宫入口售票处附近。

3.《重修娲皇宫碑记》

涉县娲皇宫位于清漳河畔、中皇山巅，始建于北齐，经历代重修和扩建，现占地面积550亩，记有古建筑135间，北齐石窟3个，北齐摩崖刻经6部，是我国规模最大的奉祀中华始祖女娲的古建筑群。各组建筑均依山就势、匠心独运，巍峨壮观、仙姿勃发，拱群峰以钟灵，临清漳以蕴秀，荟萃古建筑之精华，素有“蓬壶仙境”“活楼吊庙”之誉，是神话传说中女娲氏“炼石补天、抟土造人”的地方，属全国重点文物保护单位。

公元2001年以来，中共涉县县委、涉县人民政府大力实施文化强县战略，发掘深厚文化底蕴，动员各方力量，广纳四方财力，建设旅游景区，打造知名品牌，创建生态旅游城，全县旅游业蓬勃兴起。几年来，娲皇宫景区重修、改造、扩建总投入达3000余万元。新修旅游专线1300米、消防通道504米；修建娲皇、八卦、补天三大文化广场，共计面积8200平方米；山下塑花岗岩女娲雕像母仪雍容；山上娲皇宫内重塑娲皇金身慈祥端庄；在景区入口处建有石牌坊；将十八盘改造为台阶式登山之路，全部用青石板铺砌；从索堡镇石家庄村引水至中皇山，安装了消防自动报警设备；新建游客服务中心560平方米、停车场7000平方米，并对景区进行了高品位的绿化美化。举目眺望，山崖若锦，群峰拥翠，梵宫巍宇更显气势恢宏。经2004年八月国家旅游局检验，被评定为AAAA旅游景区。二期工程伏羲阁景区正在开发建设中，三期工程补天湖业已规划。明日的娲皇宫将更加庄重典雅、恢宏大度、雄伟壮观、磅礴宇内。

为将涉县这一历史文化精萃推向世界，中共涉县县委、涉县人民政府于2003年9月26日至10月26日成功举办了以“弘扬女娲文化，展现华夏文明”为主题的中国·涉县首届女娲文化节。以节为媒，广聚四海宾朋，喜迎八方来客，不分肤色、不分国度、不分信仰、不分语言，10万多人齐聚中皇山下，谒祖寻根，品女娲文化，赏太行旖旎，追缅先祖不朽之功绩，共议今朝发展之大计。昔日女娲补天处，今朝携手铸辉煌，古老的崇州大地，迎来了盛世之秋。为颂扬此举，昭励后人，彪炳根祖，树立碑以铭。

中共涉县县委书记王社群，涉县人民政府县长崔建国。公元二〇〇四年九月九日

注：此碑立于娲皇宫广场上方女娲塑像附近。

4.《重修娲皇行宫观音阁碑记》（弹音村）

涉县乃古崇州，山清水秀，人杰地灵，寺庙林立，佛教盛兴。自古享有三槐九景十八峪之称。娲皇行宫、头道社、弹音村，依山傍水，村民和善，村东有槐树岭第一槐沧桑救人传说。西有石佛占河石支山第一景美名。娲皇行宫座落在村中心，乃是风水宝地，宏伟壮观。因时代变迁，被学校占用，旧庙被拆神像被毁。全体村民无限悲哀。为了重兴娲皇胜迹，再显圣母神容，由庙首杨端贵、张文秀施工总监，汤自元会同众信徒捐款，捐工移至风水宝地东湾崖上，重建新庙。观音阁原址在旧戏院对面，坐南朝北，土改时被毁，于一九九〇年由汤水平带众人重建，后因村里硬化路面，又被拆。于二〇〇〇年十一月随同娲皇行宫一并建于东湾崖上。二〇〇一年二月二日两

庙建成竣工，三位奶奶，观音老母于当年二月九日迁位新庙。又于二〇〇七年十一月十二日立塑神像落成。十四日举行开光大典。至此娲皇圣母观音老母神容再显，香火盛旺。为纪念建成事项，特立此碑记。

注：此碑立于娲皇宫附近弹音村奶奶庙。

5.《重修观音堂碑记》（石家庄村）

观音堂始建于明嘉靖十三年，经历代维修，至今已越数百年。经土改破迷信、拆庙宇、毁神像，使其荡然无存。在有识之士石顺义、石德全、石东来、石砚庭、石合旦五人，将庙宇买下变为己有，将观音堂、龙王、五道、井龙、土地庙五处，当时将五道、井龙、土地三处拆除，其它神像捣毁，文革期间破四旧、立四新，将龙王庙拆除。今逢盛世，国泰民安，人心信仰旨在乎安。九〇年由村众捐资重建龙王、五道庙；八九年重修观音堂；九六年九月重塑观音神像三尊；九七年彩画；九六年重建土地庙；九七年重修山神像六尊，耗资二百六十元。

在各项施工中，得到娲皇宫大力支援，全村共捐资三千一百六十八元。凡捐资支助者均勒石留名，永作纪念。

五家主持人：石学旦17、石花良58、石贵元20、石林会50、石兰顺30、石炉军50、石乃旦35、石树明80、石明生35、石军利80。

公元二〇一〇年农历三月十六日立。

注：此碑立于娲皇宫附近石家庄村。捐资花名勒于碑背，从略。

附录 2
《娲皇宫志》对话篇音像版本
（见光盘）

一　我与影片中人物及娲皇宫本地人

二　我与娲皇宫管理部门及本地学者

附录3
娲皇宫三月庙会参与者问卷调查表

本调查表格设计人与调查人鲍江，调查地点河北涉县娲皇宫旅游景区入口附近售票处旁，调查时间2009年4月5、6日。调查样本总计200份，实收202份，其中编号064、065的表格重复，去掉其中的一份两张表，实际计入统计分析的表格为200份。调查表统计分析结果通过Microsoft Excel转换为下图。

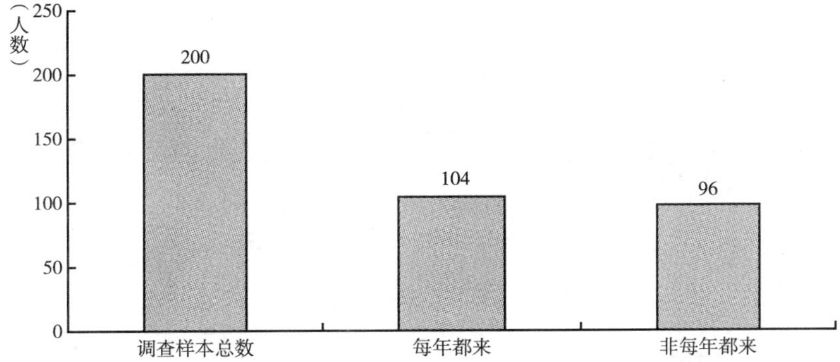

图1　娲皇宫庙会参与者参与密度图

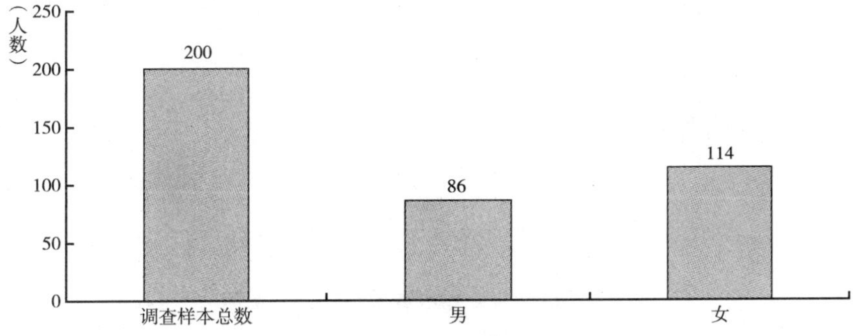

图2　娲皇宫庙会参与者性别比例图

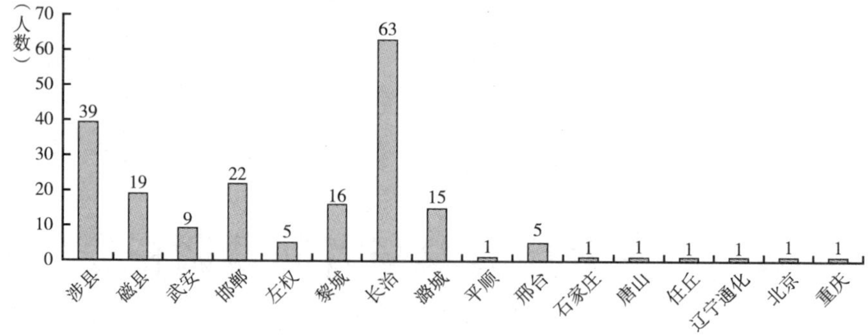

图 3　娲皇宫庙会参与者来源地图

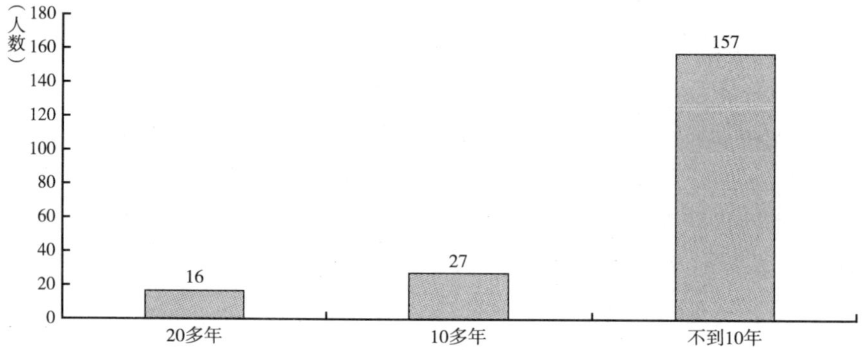

图 4　娲皇宫庙会参与者与年限图

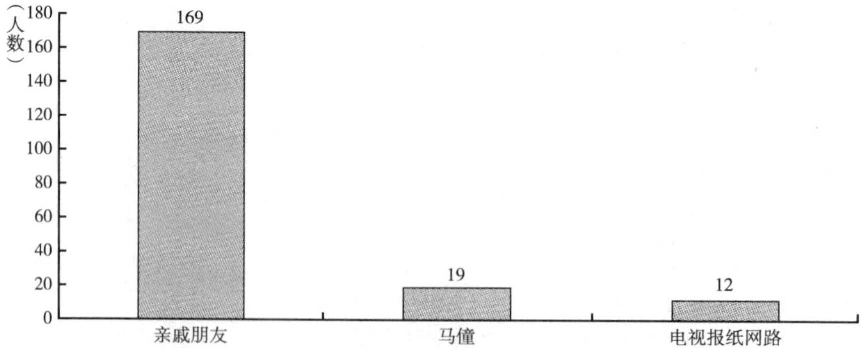

图 5　娲皇宫庙会参与者庙会信息来源图

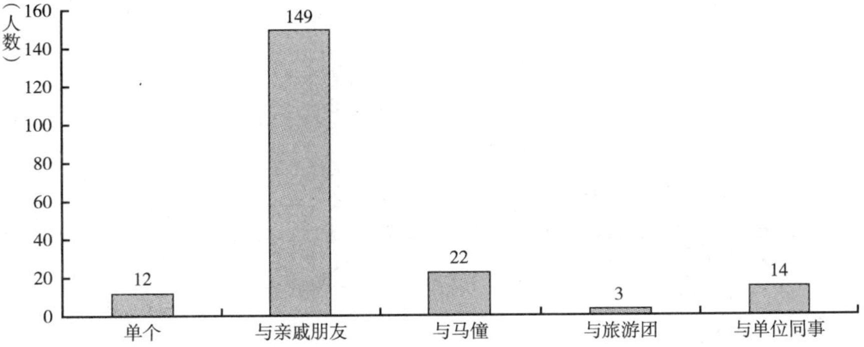

图 6　娲皇宫庙会参与者组织形式图

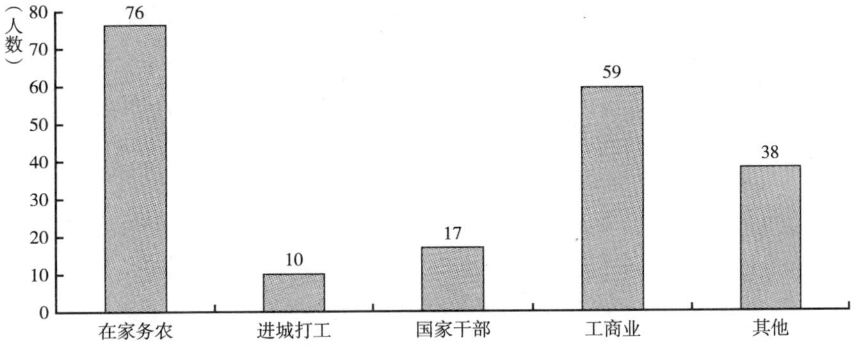

图 7　娲皇宫庙会参与者职业图

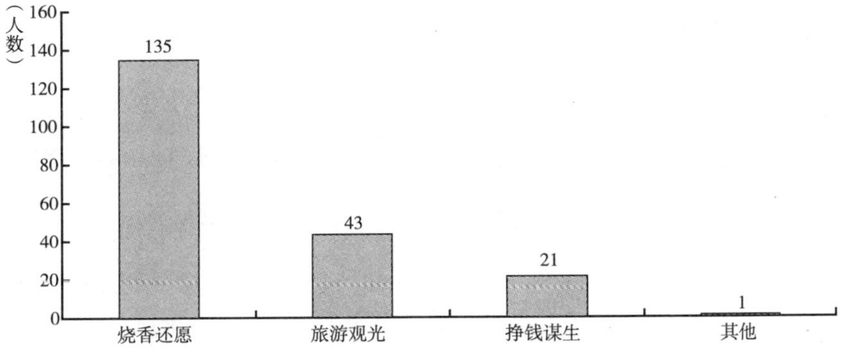

图 8　娲皇宫庙会参与者目的图

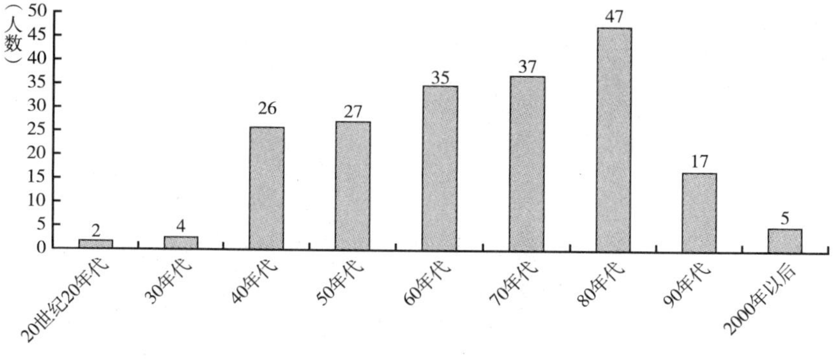

图9　娲皇宫庙会参与者出生年代图

附录4
《女娲奶奶的荣耀》(*Granny Glory*)学术交流二则*

一　在中国社会科学院民族学与人类学研究所

时间：2010年6月8日

地点：中国社会科学院民族学与人类学研究所会议室

主持：杨春宇

舒瑜（以下简称舒）：看这个，没有字幕嘛，然后觉得，通过每一个镜头去猜测你为什么选择这些镜头，把它们编辑在一起。然后，我现在看到的话，我就是觉得说，您本来，您的本意说是，要给我们展示一个奶奶庙这样一个空间，这些香客，和他们的奶奶之间的这样一种崇拜的关系。我们，直到影片的最后，可能还是没有能够目睹奶奶的真容哈，但是我觉得，您展现的就整个这个空间的周围，整个过程，我觉得您还是通过很多镜头跟我们做展示。

就是那个抬轿子那个，应该是神的一个巡游，绕境巡游的这样一个过程哈。

我有一个问题，就是说我在里面看到很多，您拍了很多镜头就是关于当

---

* 与学术界同仁的交流延展了《娲皇宫志》的对话语境，在此向诸位同仁诚心致谢。这两次交流，参与者随缘随兴趣聚到一起，其中都有我不熟悉的学者。虽然做了努力，但有些发言的主体名字我尚不能识别。这里暂且以字母或以“某”字替代我尚未识别的发言者名字，留待将来进一步落实。敬请诸位同仁谅解。

地的那种戏剧的一些演出，然后在这些戏剧的演出中呢，我们只是通过这种镜头，不知道他在唱什么。其实，我知道，就是说，在人类学的研究里边，就戏剧和神的关系，就是说，戏剧的表演和这个庙的关系，其实是特别特别重要的，就是说，为什么会选择这些戏来进行，在这个庙会上来表演，可能它也是有一个，很有关系的。然后，我是想说，这几个戏可能，是不是应该给我们提供一些背景，就是说，这些戏唱的是些什么东西，至少让我们知道为什么这些剧能够进入到庙会里边。但就是说，在出现这些剧的时候，我不知道说，它到底是在哪个，在这个庙的哪个空间里边在演出的。

然后，还有就是说，像那个，我们看到有一段，我觉得是看起来是比较滑稽的，就是有一个拉二胡的人，他拉的是那个“夫妻双双把家还”，然后但那些人，那些老太太在那里跳，然后我不知道那个是在一个什么空间里边，会发生这样一个，跳“夫妻双双把家还”这样的一个舞的。

大概就是说，我的问题可能大概就是说，看了这个片子，我自己的感觉就是说，它的戏剧，还有这些舞蹈，还有这些香客的这些祷告，整个这些，空间是在奶奶庙的哪些空间里边，我觉得这个空间，对我来说，有点混乱，我不知道说，这些场景到底是在什么空间下发展的、展开的。谢谢。

鲍：谢谢你。我大概介绍一下说，首先，第一个问题是奶奶的问题，是吧。这个的标题是《女娲奶奶的荣耀》，但是其实就说，整个片子里面，并没有出现奶奶的具象的东西。这个我是刻意这样做的。其实，那个庙里面有很多，很多的塑像，各种各样的塑像，那个屋子里面有，外面也有雕塑，新做的。但是我觉得，我是，就我，怎么说呢，在香客心目中就是，通过一些访谈，我知道，其实，他们觉得真正的奶奶是看不到、摸不着的，所以在这个意义上，我试图把她，不具象化，因为一具象化就“死”了。其实，这个奶奶是，我想是每一个人，心目中有他自己的奶奶。这样一个情况。

然后，这个戏剧本身，就是说，这个问题其实很多，这个片子在三月份在英国也放过，他们也认为，问到，就是说，很希望就是知道这个戏剧内容、唱戏的唱词。但是，其实这个片子本身，就是说，我想，我还是想试图，就是把这个庙会一个基本的结构吧，把它呈现出来。至于说，我的编辑意图来说，就说，这个戏、那个戏，我觉得这个，戏可以是无限的，可以是这个戏，可以是那个戏，而且我觉得还可以发明新的戏，但是我试图做的是，把这个戏的上下文，这个 context，这个还原出来。就是说，我们，就是，大家知道，就说，我们国家，就是进入现代性，进入以后，就是把这个戏、戏剧从这个，它的这个信仰，这个文本里剥离出来，成为国家化的，或者地方化的一个剧团什么的。其实，这个戏本身，就是说，并不是一个专业的艺术什么的，当然有艺术的内容，但它首先本身，就说，他们的概念是叫“愿戏”。譬如说，这种戏什么时候出现呢？就是说，譬如说，我就可以许愿，就是说，如果我的愿望能够得到实现了，我就会给老奶奶唱多少戏。显然这个戏本身是，也是一种香客与奶奶之间的交流，一种交流的形式。然后呢，其实，这个，然后其他的香客，在演戏的时候，其他的香客也在看，但这个是，怎么说呢，就是，也在享，这个老奶奶的光了。就是说，本来为什么会发生？就是因为有人许愿，然后呢，还愿，它是还愿戏。就是，大家看到，有一个部分是小，小，就是两个人在唱的一个很小规模的一个戏，大家也许看到在付钱（的镜头），是吧，就是说，“我付钱雇你，你帮我唱，唱给老奶奶听”，所以付钱那个人还在旁边磕头的，这是很清楚的。大戏也一样，专门特写是，秦克隆捐戏多少场。这个，整个这些，戏剧啦，这些东西都是结构在一起的地方文化的一个整体。

然后呢，还说到一点，就说，其实，我更多的思考，就是说，影视人类学，我是搞这个分支学科吧，我一直在琢磨，就是能做什么东西？就是，传统，很多东西可以用文字，可能就做得更好。但是就是说，我们用声音或者影像的手段，能为这个学科做什么？一直在琢磨这个问题。就说，其实，文字，语言文字本身都是，其实都属于符号这个概念的范畴，就是说，它，符号本身都是用什么东西来替代、指什么，这个是符号的一个本质。但，其实，说到影像，都是很具体的。对于这个很具体的东西，我觉得就可以理解、可以阐释的空间就扩大了，每个人都可以根据自己的背景来理解这个画面。这个，我自己有编辑意图在这儿，但其实，我想不同背景的人会对它有不同的解读。比如说，可能搞戏剧研究的，看到、更关注这点，那个就更关注那点。但更主要的，我这个片子还是想把那个庙会的气场表达出来。

B：我也提个问题吧，想请你解释一下你里面使的一些手法，就是有些时候就完全没有声音，有一个前面是一堆火，后面有人在磕头，然后有时候是放那个单幅的照片，然后也是把声音略掉了，这个手法您是要起到一个什么作用呢？

鲍：就是，磕头那个呢，就是，其实它是在，它这个事情本身是在许愿和还愿，那个环境，本身很嘈杂的，就是说，但是，我觉得，对于那个磕头人，这个香客来说，他的对话是发自内心的，所以在这个层面上它是真实。

然后，那个，补一下，就是，这个片子本身发生在两个空间，一个是娲皇宫这个大的庙，另外一个是另外一个村子。然后，这个村子里边，轿子里抬的是他们叫三奶奶。然后，照他们的话说，大庙是大奶奶，所以他们的这个村的庙会活动是，先把自己的三奶奶扛，先在各个自然村里面巡游一转，这是第一天的内容。第二天呢，他们就把她扛到，很远的路啊，两三小时的路，扛到大庙里面，叫她们姊妹两个会会面，然后回去了。这个是基本的内容。

C：这个活动是什么人组织的？

鲍：这个活动，是吧？

C：组织者？

鲍：这个是两块。就说，大（庙）的那个活动，它是属于，娲皇宫这个单位是属于涉县县政府的，它的主管单位叫文物旅游局。然后，这个，村子里边这一块是，他们有个组织单位，叫香劳[①]，当地的一个组织吧，乡土的组织，就村子里边那一块，就是扛了一个轿子那一块。但这个大的庙会是，它也有一个维度就是旅游业，就是地方发展旅游业这么一个维度，这一块我没有着重地表现。

D：我提一个问题，就刚才您说，打的那个广告对吧，秦克隆捐戏十一场，那跟那个还愿，它两个的区别是什么？它的意义是不同的。还愿是，就是说，可能我去祭拜的，然后得到了，然后我再还愿。它这个捐戏又有什么意义呢，在这儿？

鲍：这个，我觉得，这个问题特别好。我也有点困惑啊。就是说，其实，这个，我觉得，这个，它的传统这个脉络就是一个愿戏了，但是为什么这儿用了这个捐戏，捐这个词？我觉得是有一定的历史背景在里边，就说，当时，我访问过，我访问过这个恢复娲皇宫的第一任文物，它原来是属于文物保管局[②]吧，我访问过当时的那个所长。他说，当时，就是，恢复这个娲皇宫的过程就是他跟那个当地的县政府的那些领导啊，有很多冲突，就说，

① 应为社，香劳为社的管理者。

② 应为所。

那些领导是思想比较“左”吧，所以恢复烧香呀，恢复唱戏啊，这些过程都，中间都有很多的冲突发生过。就是说，在他们这个传统脉络里边，就说，这个愿戏，如果在这个庙里边唱戏的话，就是跟“迷信”联系特别紧密的，所以这个是不是他们用了“捐戏”这个词，是不是有个那个，是有点保护，有点那种自我保护，也许有这么一点味道吧。但是我没有具体地问过，为什么用这个词，没有用还愿戏这个词。

E：观察的好像是，感觉是那个女性香客，就是大概中年妇女，好像在画面里出现得稍微多一些，我不知道，这个是因为，随机的原因，还是跟她是女娲的这种主题有关，比如说，她是不是，比如说是，跟生育有关，去娘娘庙就会更灵一些，有没有这样一个关系，还是一个概率的问题？

鲍：有。就是说，他们什么愿都可以求，升官发财什么这些都可以求，但这个最主要还是求子。对。

E：那有没有说，那个，比如说，如果是通过女性，作为唱戏的媒介，就会更灵一些，这样的，还是说男女都可以？

鲍：好像都可以。譬如说，这里面还有两个镜头，大家可能，我也没有特别地说，不止是唱戏，他们是属于那种当地话叫“马僮”，就说有点像巫师、巫婆那样的，他们就是为神代言了，就说，其实在广义的概念里边，相当于萨满。一个跪那儿的女性，还有一个男性，对吧？

E：对。

鲍：他们那个时候就已经是神灵附体了，就跟那个戏还不太一样，也是一种交流的形式。

E：那个小孩戴锁是什么意思呢，为什么要帮他们开开呢？

鲍：那个是涉及他们那个成年礼，就说，他们有一个风俗，就说，小孩，就是他们去（向）奶奶求子的时候，求到以后就还愿，然后呢，怎么说呢，一开始，满月还是什么时候，就要做一个小仪式，把这个小孩托付给奶奶，看管，然后到13岁以后就要做一个开锁仪式，就说，小孩可以独立成人了，就说，不需要奶奶管了，这么一个仪式，他们叫开锁。

F：我看到还有拿草蒿在上面打？

鲍：对，对。

F：是出于什么原因啊，这个？

鲍：然后，他们说的话，就说，一些吉祥，考上大学啦，平安，这样的话。就“文革”期间，其实他们庙里边没有在做，但在家里面也在做这个仪式的，我访问过很多人，就是当地干部，他们小时候都在家里边做过这个，开锁这个仪式。所以，在那个地方就是，这个信仰的根是厚，很深厚的。

E：他们脖子上戴的那个红的是什么，好像写有不同的字？

鲍：脖子上戴的，是吧？

E：嗯，每一个人脖子上都戴一个红色的这样，上面还写着什么。

鲍：有些，大部分没有写，就是，他们来这儿就捐红布来，讨点吉祥吧，具体的我没有怎么根究这个，这个细节。

舒：鲍老师，就刚才您说，那两个萨满，就是他们会在那里，在唱的那两个都是属于就是帮神代言的这样子的，是吧？

鲍：嗯。

舒：那他跟那些香客是什么关系啊？她后面跪着一些人就是请她来代言是嘛，有给她一些什么礼物或者说什么费用这类的？

鲍：就是说，这个香客跟老奶奶，这个女娲奶奶的交流有两种形式，一种是你可以直接许愿，是吧，然后还可以烧香啊，还可以献贡品啊，然后还愿，还愿戏之类的。还有一种形式就是通过这个中介，就是一个萨满，他们叫马僮啊，请马僮，就说，跟奶奶交流，然后呢，这种，一般就，发生什么情况，比如说，我病了，我就希望老奶奶给我看病，然后，我就请，可能会请到一个马僮，这个萨满，然后这个萨满就，老奶奶附体以后，就会告诉我，应该做些什么事情，比如说烧什么香了，什么什么，之类的。

舒：这两个人是专职的吗？就是说，专门就在这个庙里面？

鲍：不是，他们也就是庙会过来。有很多的。（萨满的数目），每个村子可能不一定。就是山西、河北、河南交界地这一块，特别是山西长治市是，这个很普遍。他们在家里边也做这个活动，就是说，看病了，什么的。

E：我想知道，在您做这个田野的时候，您刚才讲到，就是那个锁，开锁，您有没有关注过它在满月做那个小仪式的时候，如果能把它串起来，那就非常有意义了，一个是在给他上锁，然后到13岁以后，给他开锁，他这样的一个从刚一出生满月的一个仪式，然后又到13岁，他这种成长的这个，你有没有关注过？

鲍：这个，我没有观察吧，我只是听他们访谈里边知道这个事实。可能以后还可以继续深入地去做。我觉得，我没有看到过。

E：特别有意思，因为他从一出生的时候，就有一个锁，可能就是有那种真的，戴的那种锁，然后，刚才看的那个，好像是临时的一种锁。

鲍：就是我们锁门的这个锁，一般的、普通的锁。

E：那只是一种形式，是吧。

G：我还是想知道，那女娲奶奶到底是什么样的，您能用语言形容一下吗？

鲍：就说，可能每个人的心目中，都不一样。

大家：哈哈。

G：就是她那个庙里是什么，庙里给的是一个什么样子？

鲍：庙的？

G：你说庙里有很多不同的那个塑像。

鲍：反正很多，可能有几十个，庙里面。

G：就是都是同一个人物吗？

鲍：不是，不是，也有华佗什么的，众神的。

G：哦，那有没有女娲奶奶，庙里？

鲍：好像，他们也不，也不叫，我觉得这个老百姓不叫，他们叫，比如说，这个，他们最标志的建筑，最高处的三阁楼，就是，很特色的，最高的三阁楼吧，就是，这个楼是建在一个石窟上面，三层，然后，他们就说，这个神像，就说，头阁奶奶、二阁奶奶、三阁奶奶，这样的，他们也没有说是女娲。但是，那些，就是有些学者吧，给它取名，什么补天阁了，什么阁、什么阁的。所以不同的文本在建构这个空间，不同的知识体系在建构这个空间。

吴晓黎（以下简称吴）：鲍老师，我想问一下，就觉得，您这个片子，刚才说，您主要是表现香客与奶奶之间的交流，然后我觉得，看完以后，一个很深的印象就是，您对这些，他们这些香客的精神状态，因为通过这些特写镜头，还有包括去掉声音这样子的效果，就是能够的确有很好的呈现。然后，但是，就是从一个如果不是了解，很了解这样的一个崇拜和它的这样子的仪式的人来说，还是有一些不清楚的地方，就是前面那个舒瑜说的空间结构，还有时间的结构，就是时间是一共有几天？然后，就是那些事情是同时进行的了，还是说不同的地方在不同的时间里进行的，这样子。

还有它的那个，就是唱戏的场景很多。那出现说明的只有一个是那个捐戏的十一场那捐戏的。那刚才说的那个，您说的那个有一个其实是神灵附体的那人在场，我看的时候也觉得非常地特别，她就好像有一种个人的交流，因为那个人一边唱，她一边点头，然后他说的那些话好像跟具体的个人是有关系的。那，这个东西，还有这个戏和那个戏台上戏肯定是不一样的。然后，还有第一场，刚开始的时候，有一些唱戏的老人，在那，您给他一个很大的特写的那个老人，唱的声音非常强，那几个人。然后，前面那个布上写着："心诚则灵，有求必应"，那个，他们的这种唱戏的性质，是不是又不同？这里边不同的那个，不同的戏，是都是一个人捐的呢，还是说刚才您说的这个不同。还有那些，像排练节目，那排练节目是什么？是她们组织起来那种活动，还是，还是怎么样的？如果能够加一些字幕说明，是不是会更清楚一些？就是，我是说，您故意就是略去了所有这些背景的介绍，是想刺激，比方说一个从来没有看过的人，是想刺激他们，给了你这样的一下，就像你需要去破解它的那个线索和意义一样，看你从哪个角度来问这些问题呢，是这样子的意思呢？还是？因为如果你要从表达的那个效果上来说，你如果加上一些那个说明，或者是字幕文字的话，可能更清晰一些，对空间、时间，这些不同场景的性质。所以我想知道，您这样一个片子，您这样的处理方式是怎样一个考虑？

鲍：你这个想法，跟有一个，就是我去曼彻斯特大学，去那儿放，有一个教授提到这个问题说，他们以前有个学者，特别有名，叫 Victor Turner，是吧，维克多·特纳，他是那个大学以前的一个教授，也研究那个 pilgrim，就是那个香客、朝圣者，特别有研究。特纳的理论就是把这个朝圣者的研究，分为几个时段，是吧，什么阙限的时间，怎么样。然后有一个进程，就说，开始怎么进入，然后又结束，又以一个新鲜的精神状态回来。但是，我这个片子呢，我觉得，我是把这个打破了，我没有关注这个时间的，这个这个程序，我更多的是，我还是更多地受那个列维·斯特劳斯结构主义的影响。我觉得，就说，表达也好，比如说，那个小的舞蹈团队，或者是大的剧场的演出也好，你把这些个东西，一层一层摞起来的话，我们就可以看到一个老奶奶和香客之间关系的一个结构。在这个结构之下，可以有，可能有复杂的形式，比如说，演出得很正规、规模很大；也可能是很小的，比如说，那几个瞎子，拉二胡的，是吧，他们其实也是，也是庙会就来这儿，作为一个职业演出吧，人家出钱，她就唱这个戏；还有那两个，一个小队，两个女的，两个人在唱那个，老太太跪在那个地方，她们是附近村子的人，就说平时也是干农活吧，一到庙会就来这儿，挣钱吧，就说有人出钱，她就唱戏，这样的；但是，那个大的剧团呢，他们也请，比如说河南省的豫剧团，或者什么更专业的剧团，但必须有很多钱的老板请这个东西。但不管规模大小，这个形式怎么样，它的结构就是说，是愿戏，是表达了香客与老奶奶之间的交流。我可能更关注这个，基本的层面，所以很多东西我就打破掉了，没有太关注具体的时间的程序。不知道我表达清楚了没有，这个意思？

吴：我明白。

I：鲍老师，接着刚才那个问题，就是，这个空间里头的各个点之间，您这几个选择是随机的吗？比如说，那个村子里头的，那个进香的、那个走巷的仪式，还有，或者是唱还愿戏的，或者是那个什么，您选的前后有没有顺序，既然不是考虑时间，或者空间，那就随机的，怎么选的？

鲍：这个呢，其实这个片子的素材本身，我是在 08 年的庙会，还有 09 年，它的庙会是三月份嘛，就农历三月，08 年的庙会和 09 年的庙会我都住在庙里面去，做观察，所以素材本身是两个，两年的都有，但是我把它结构在一个片子里边。

然后就说，其实做这种巡游的村子，据我所知，其实（最早）恢复起来的就这个村子。就说，传统肯定有很多村子在做，但是当时怎么恢复起来呢，恢复的机缘还是旅游局，当地的县旅游局促成的。就是说，旅游局当时为了吸引游客吧，就说，它给一部分钱，让这个村民置备道具，然后恢复巡游这些活动，而且可能他们的这些道具的钱都是旅游局出的，然后让他们在庙会的时候就来那个地方做这个活动，所以这个，恢复这个在村里面巡游，然后到娲皇宫这个活动，是当地旅游局的促动下恢复起来的。但是，另外一个方面就是，他们的话来说，就说，当时一开始是旅游局有支持，但后面旅游局支持力度就很小了，基本上，可能一个人就给两块钱还是三块钱，做这么一个活动。但是他们从信仰的角度，就说，不能放下了，因为他们自己有一个知识体系啊，他们就害怕，就说，做了以后再停下来就不行了，如果没有，一直没有恢复，他们觉得没有问题，一恢复起来就必须连着做。所以有点特别吧，不是太随机的，这个村子的选择是一个有意图的。

然后，这个庙会里边的活动，活动，我还是试图把我感觉到可以分类的各种活动都把它，随机地把它切割下来，这个是，就是，单子，本身是我的意图，就说，要拍这个，拍这个，拍那个，但具体哪个时间去拍，这个是随机的。

J：我实际上，对那个戏剧，就是说有哪些戏特别感兴趣，想知道它是什么样的题目，哈哈，很多的唱词，你怎么选择，你是随机选择的啊，实际上我特别想知道，他们是，他们有哪些演出？然后包括后头那个，那黄梅戏的那一块，又是属于他们这个演出戏里。因为看了以后，这么多的演出，就觉得，它整个这个传统节日恢复起来，也是挺，挺丰富的，这些内容是非常丰富的。哪些人出的钱？她们组织者是些什么样的人，什么样的身份？这些我非常想知道。

鲍：就说，还是有两种，最主流还是，就说有人请，就说有人还愿的人请，请来的，这个比较多。但比如说，黄梅戏，那个是，她们是一个自娱自乐的，但是到那个地方也不是排练啊，是唱给老奶奶的，这个是，这个不是练习啊。但是，我想，它之前，肯定在村子里练过很多遍了，而且每年一到这个时候就来，这样的团队也很多，就说各个村子里边的这种舞蹈队，平时可能就自娱自乐了，然后一到庙会就来，娱乐的同时，最主要是演出给老奶奶看的。

J：那些戏的名字，呵呵？

鲍：那些我没有研究，值得深入去研究。因为我也不懂，不太懂，说实在话，就是戏本身，但需要搞戏剧人类学什么这些东西的人去，要做很长期、很细致的研究吧。我的关注点还是要把这个庙会活动，这个结构把它搞清楚。另外，还有一点，我补充一下，就说，其实，就说，这个结构之下，内容就可能是无限的。我觉得，比如说前几年，他们就有，不仅有愿戏还有还愿电影啊，就是演电影，有一个小伙子跟电影队搭上合同，谁出钱，他就在那儿放个电影，胶片的那种电影。但第二次，09 年去的话，他这个小伙子被他们赶走，而他们自己旅游局就搞了一个小的放映室，放录像。所以这个里面也有利益的一个纠结。

J：就说，这些戏不是专门为那个，就是不是专门为这个庙会的，而是说，他们地方上的戏，或者是，老百姓经常就是他们那个，就是说，在那个时候，就来放，就来演戏就行了，是吧，没有特别的选择，他们那个时间要演一些什么特别的戏啊？

鲍：这个我没有太细致地研究，但我觉得，关系不大，最主要是说，我出钱，然后演了一台戏，还愿，给老奶奶看，我觉得这个是最关键的。至于说，它的内容，我觉得其实不是很重要。

K：在你的片子的结构来说，表现在一个空间里头，好多好多片段性的场景，组织成一个片子的结构，那其实也是前面也问到，还是会有，因为您前面谈到，目的上说，你可能并不想有一个空间的结构的线索，或者是时间上的线索来编织这些片段的情景也好，或者什么，整合在一块。那，因为这种整合方式，就是，如果不是带有一定的那个结构，或一个线索去的话，那我会担心，会不会说，导致一个问题，就说，如果，因为前面，或者对这个场景不是很了解的人的话，如果不知道它是一个愿戏的话，因为片子里头也没有拍很多愿戏的情况，会不会导致大家会觉得，欸，不是很理解这种情况。至少我会觉得，这个场景很热闹，但事实上具体发生了什么，或者说发生的一概不清楚，这个片子表现出的那个，这一点。

然后，我还想说，就是，那因为你前面谈到，说你想表达的是奶奶与信众之间的关系。那我想说，那个愿戏也许只是这个关系里头的其中一环或其中一部分，但事实在你的这片段，或影片结构里头，其实大部分的那个场景都是愿戏为主嘛，基本上以愿戏为主，那我不太清楚，您是出于什么考虑的，来这么表现他们之间的关系，以愿戏为主的表现方式？

而且在这愿戏，因为，一般影片表达说，可能它不追求好多好多数量嘛，一般都是追求它的个性化，比方说一两个点来表现你想表达的内容，但是如果这些内容都是重复性的话，我不太清楚您在编排影片中，您想呈现出什么样的一种。因为具体到影片里头，因为包括前面照片的运用里头，好多照片实际上内容是相似的，但实际上不断地出现的时候，我不太清楚，在这个过程中，你意图想表达、传达一个什么信息？

然后还谈道，比如说，比如说没有声音那个，敬香的时候，来表现她的虔诚，那，其实，就是这个意图，我听说了这个意图，如果你说的话，我们大家都能明白，但如果不说的话，都不太明白，你想表达的意思。那我的意思，在这里头有一个，影片的那个，表达者就是您，编辑者的想法和受众之间，有个传达的问题了。那我来讨论，一般影片里头会考虑，比如会用，比如说用一个信徒很虔诚的动作或表情来表现它的虔诚的关系，那如果用声音这种，把它静止掉，只是用动作来呈现的话，那我不太清楚，观众能不能理解您想表达的那个想法，或者不太容易理解。

就说，因为你前面谈到，事实上你想拍一个实验性的东西，看不同文化背景的人对这个东西的一个理解也好，或者怎么说，看法也好。那我说，影视的手段在文学里头，它能做什么？但我是有一点担心，就是，如果我们脱离了整个场景，或者如果没有大量的影片背后的来阐释的话，至少观众能不能理解你想通过影片本身，来，那里头的逻辑来想表达你个人的想法的一些东西。

鲍：对，我也很担心，呵呵。但是，我想到有一个解决补救的方式，就是说，以后我这个最后发表的时候，可能是要跟书合在一块的，所以，如果互文的话，可能会要好一点。但是，我相信，影视人类学很有用的，就是说，我至少可以肯定，就说，这个片子，除了在我们学术圈子里面交流以外，我还可以跟那个，就是庙会里边，我，其实他们，我编辑的时候，心目当中还是有他们的，所以我之所以（加入）更多的人进去，他们能看到自己，我觉得也是我给他们的一个礼物吧，回馈一样的。

K：我感觉，如果在影片结构上，愿戏只是在两者之间的一会儿，或者很重要的一环，可以这么说，事实上我觉得奶奶和信众之间的关系的那种方式，不仅仅是愿戏，我觉得，应该不仅仅是愿戏，但是在你的片子里头在表达它两者的关系，好像大部分是用愿戏，而且重复性好多场景的愿戏来表现这种氛围也好，或者怎么着。那我不太清楚，你为什么，你是出于一个什么样的想法？

鲍：我觉得，愿戏在他们那儿还是特别重要的，而且我在那个空间里边的，待在那个地方的经验就是，随时就被这个声音进入我的耳膜，甚至，通过，它对我影响甚至超过画面，比如说，我离开那地方，我，就这个声音，因为声音特别大嘛，他们搞的喇叭很大，所以整个空间就是被这个，这个旋律浸满，这个感觉。就说，所以我对那个空间的体会就是戏，这个意义上也许是比较主观吧。所以，还是有作者的，这个影片背后。

L：因为我想知道，就是那个鞭炮，放炮的功能是什么。不是有一个炮的场面很大的，很大的一块地，就那个爆竹，它的功能，起了些什么样的作用？

鲍：他们是经常放炮的，就说，巡游的时候也在放炮，到庙里也要放炮。

L：为什么要放？

鲍：我没有问过他们为什么要放炮，但是看了以后，我的一个想法，我的一个理解，就是说，这个，炮这个东西就是，我们中国也是很传统的一个东西，我觉得，这个里面，这个是有个变化，就说，一种释放，就说，从里面放出，本来压抑起来的，有种释放，这个意义上说，由里到外的一个爆发。其实，庙会本身，它是冲破了日常生活的一个，这么一个时间段。而且，怎么说呢，我觉得，这个，我看来，是一个，就是说，人跟看不见的东西的一个交流，通过声音。

L：我就是想知道的这一点，因为我在做，因为我是做彝族的，他们在，最早，它要通知祖先的时候，他们是鸣枪，后来不让用枪了，他们就改换用鞭炮，或者是用烟，放烟告诉祖先，我现在要做什么仪式了，是，它有这样的一个功能。所以我就想，你这个也可能跟奶奶有一个什么，就是，告诉奶奶，我来了，或者是什么，就说，当地人，他们是怎么样认为的，很想知道这个它的功能是什么。

鲍：谢谢你这个问题，下次我去一定问这个问题，你们为什么放炮，哈。

L：对，他们可能会告诉奶奶，我来了，起到一个通知的（作用）。就是在彝族的时候，它会放烟，或者是放炮啊，它也会有这种。这个是很重要的一点，因为它是一种交流嘛。

鲍：而且那个鼓，有些苗族，是吧，通天鼓。

L：是，我这是彝族。

鲍：好像苗族也有嘛。

L：可能有很多民族，它们都是用一种。

鲍：通天嘛，那个声音通天的，所以炮的这个意义，可能是，我想是跟这个，也是一种。

石茂明（以下简称为石）：我听出来，你的意思是，这个片子是作为你的书的一个附属作品，来呈现的。好像有这个意思。而且从刚刚大家的问（题）里边，也感觉好像，好像很多人问的是，这个是什么意思，那个是什么意思。但是，我觉得，实际上，场景不是很清楚，地点、场景那个逻辑关系也不是很清楚，就是说，你的意思是，这个只是书的一个附属品，你不想让它单独有一个发行，或者单独有一个传播。如果要单独传播的话，不用你坐在这里解释的时候，放片子，大家来看，来理解你的意义，不管你想展现什么样的意义，让大家自己来体会，来达到一个结果。我想这个是它独立的传播的基础，否则的话，大家都在问这是什么呀。

鲍：刚才那个老师也说道，就说，我试图表达的意图，我也担心，就说，就是观众能不能接收到。我的试图，把它，还是，虽然最后可能的呈现就是跟书一块，但我希望它是一个独立的东西，也能表达我的意思。但是，我很担心，有几个人能，能这样的。

石：呵呵。

鲍：但是，我是作为一个独立的东西在做这个东西的。

石：还是有这个目的的。

M：我觉得，就算您这个片子吧，跟您的书在一起，先看了您的书，再看这个片子的话，可能还是有很多疑问。我也相信，您不仅仅是想拍一个MV，因为只要您给大家一个必需的常识性的台阶，就能把观众送上一个更好的台阶来理解您这个片子。因为我自己感觉，这个片子里有你现在我通过视听语言能感觉到的更美的空间，更大的想象力，但是我完全被困在这种常识性的台阶之下，影响了我去想。比如说，那个被灵魂附体那一段，如果那个时候，她唱的是爱情，那我什么感觉？如果她唱的是忠孝礼仪、惩奸除恶，那我什么感觉？就是，我可以上升到一个更高层次去理解它的美。这是从接受美学的角度上，它有一个必需的一个常识的量，如果它不仅仅是做一个 MV，就看一个感觉。因为整个片子还是，有一股强大的力量，把人带到一个思考的世界里边的。

鲍：谢谢，谢谢。就是做学术就是，我搞这个影片的矛盾就是说，就是人类学的片子本身，就是在艺术跟学术之间在，在这种张力之下。就说，在学术里要求就是，你要讲清楚，然后你的思想能够传递给别人，这个是学术；但艺术就说，我把我的想法呈现出来，你怎么理解是你的事情。所以这是两种思维，两种呈现，两种表达。那我试图在这个里面，是想找一个中间道路，但不知道找到没有，呵呵。

M：比如说这个中间道啊，就是，如果我能想一想办法的话，比如说第一段，开场的那段戏哈，我们先把这一段举例子，你要是能把它的对白打上的话，它那个对白肯定是戏剧性的，相对于您的那个画面，它肯定是有一个超越生活的诗意，就是说，这个字幕和这个画面本身，它是有分裂性的，它不会太直白。我们看到的，就是从我能理解的那些地方戏的内容，就是忠孝礼仪、惩奸除恶，然后坐在下面的，这些观众，这是两个世界，它本身是有艺术性在里面。但是如果没有这个对白，反而我只能感觉到这两个世界的分裂性变小了。而且，关于就是刚才我听到的就是有一些关于重复性的问题，如果就是说，这些信息量就是能够恰到好处地，就是体现这里和那里有什么不同，我觉得会令观众更有兴趣地看下去。

鲍：但是，我，就是坦白说，我还是有点担心，就是说，做这种影像，就说，你字幕太多的就，其实画面就是，你看的时候画面就受影响。其实，人类学影片，最主流的还是通过说话的叙事把它结构起来，这是最主流的。但是，我觉得，我的一个感觉就是说，这个东西就太靠，过度依赖于语言文字的话，我觉得，我不是在看画面，而是在看那字幕，整个过程是在阅读字幕的一个过程，所以，这个也是一个困境，就是。

N：我觉得，你好像是，害怕文字影响你思想的表述了，但是你就是完全放弃那个语言跟文字，就没有任何字幕，也没有任何解说，就你这个人类学者你在后面了，就没有出现在画面中，这个可能是你一个创新，想，想找一下独特的路线嘛。可是我觉得，就像刚才很多人感受到的，就是给人感觉就是看不懂。而且，我就想问一个问题是，就说，你拍那个，这个影片，你那个受众，就是你的目标，观众是什么样的，是人类学家，还是像那个村子里面的人，还是说。我觉得应该受众不一样的话，应该拍的思路什么的都不一样吧。

鲍：就是，这个里面也有，有问题在里面。就说，首先我想到的是，第一受众还是影视人类学这个圈子里面的人，这个是第一个，这个本来我的职业是这个职业，所以交流对象也是这个圈子，是第一个。然后，这个延伸到就人类学圈了，这是一块。还有一块是当地人，当地人我也考虑的，就是那些香客。所以，我试图就说，还是找一个平衡吧，他们也高兴，然后，学者也有点收获。是这样的。

N：但是这样的中间路线存在吗？呵呵。你这是人类学家，可能你想，像结构化之类的内容，但是一般的老百姓肯定是读不懂那个。

鲍：所以，特别想就是，下一个庙会的时候，我想放在那儿，我想知道，是不是，是什么一个情况。不能想象，是吧。他们看了以后，他们会有一个评价，就像今天大家对这个有个回应一样的。

N：对，可能他们有一个背景，因为他们熟悉这些场景，可能他们读起来还没有人类学家读起来那么费劲的。对于一般的人类学家，没去过那个地方，不了解那种情形的话，读起来，我觉得像我理解起来就比较难。再一个，也有过女娲信仰那些知识背景，但是我觉得还是，尤其是你那没有声音没有什么，只有图片的那种，你说的是跟神灵交流的时候那种，虔诚，在我来看，就觉得那个寂静的时间太长了，给人的压抑感特别强。

鲍：谢谢。

O：另外，我还想一个关于这个内容的，就是您刚才说道，主要是拍的那些香客的活动，那主要是唱戏呐，除此之外还有算命的、算卦的，然后还有那种旅游的、照相的，但是，这两个都只有，各出现了一次。但就是，现在你来看，除了这个，就是戏无所不在之外，那个还有些什么出现频率比较高的活动，你排一下的话，还有哪些？

鲍：算命的多，但是，怎么，算命的，我，其实，他们这上山的盘山道上有很多算命的人，但他们都不给我拍，他们都不愿意拍，不知道什么原因。但我拍的这个只是，他有点特殊，他的身份，他是旅游局的一个工作人员，以前是文物保管所的。所以他这个不叫算命，叫解签，是吧，对。但他在这儿的工作也是只搞了一年，第二年就不在了，所以这个也是。

我见得最多的，其实，第一个是（烧香）磕头，第二个是戏。游客很少，就是那种观光客很少，基本上就，一天我看到就是四五队这样的，很少。然后，就是那个村子的队伍，就是扛着轿子的队伍。

其实，这个片子本身，其实已经就是我的一个创造了。大家去那个地方，肯定是感受不一样的。如果谁看了这个片子去庙会，我觉得，他会觉得不是一个地方。

P：那关于色彩的问题，我不知道是不是这个显示器的问题，还是您的处理，就是感觉好像，首先这个色彩本身特别的。

鲍：曝光过度，是吧？

P：对，然后，还有，因为可能很多戏剧场面，所以显得特别的光鲜，就是你是不是有意地捕捉一些色彩方面的信息？还有色彩是不是有后期的处理？还有一个，就是回归到这个题目的意义本身，就是你能不能再阐释一下，就是，谁或者什么是这个奶奶的荣耀？

鲍：就是，因为这个奶奶的存在，所以有这个片子，有这么多活动；如果没有这个奶奶的话，这些东西都没有灵魂啊，所以我题目取义是这个意思。然后，技术上的处理，就说，那些静止的照片，我都处理过，我都让它强曝光，有点曝光过度的。我的意图，是想表达一种，就是，不是那么真实，但又是真实的一种东西。看上去不真，但其实是真、更真。我觉得，信仰的东西是，应该是这么的一种状态，不是那么实的，应该是虚幻的东西。是有一些小地方，有这么的考虑。

Q：因为前边谈到，你拍摄、剪接的意图的时候，表现的是信仰者与奶奶之间结构关系。但事实上，如果我们把一个信仰的空间或者一个场景结构化以后，出现的是一个共性的东西，也就是说，那个，这个事情事实上是一个特别抽象或者一个共性的东西。那，事实上，很多信仰。就说，影像本来就是想力图表现它有个性化的一个东西嘛，就是，很有个性的，很有特色的一些东西。那如果我们用影像主要擅长或者比较擅长表达的东西的一个手段嘛，去表现一个很抽象或共性的一点东西。那，我不太清楚，这个你是怎么考虑的？因为比如说，只是表现这个东西，那也许好多好多仪式的片子，或者场景的片子，它都会呈现出，比如说那个，比如说那个信众和它所信仰的对象的一些关系嘛，我相信有很多这种类型，它不会来表达这个，那如果我们只是要表达这种共性的东西的话，我不知道你是怎么来想这个问题？

鲍：就是你说的这个特殊性的东西，以前我做片子就是特别关注特殊性的东西。我以前也在一个，这个四川跟云南交界的一个村子里面，做过纳西族东巴教仪式的研究。我就特别关注他们的特殊性的东西，就是说，特别尊重他们的仪式的结构，然后特别，所有的东西，围绕它那个仪式本身，编辑的意图在那个脉络里边还原出来。然后，那个片子呢，我希望就说，不知道（仪式）、要学仪式的人也可能会有用，所以那以前我做片子的一个、一个思想吧。但是，我做了那个以后，我就，其实我自己就很厌倦了，就是做那种片子就是感觉，就是越做越累，自己表达的空间就越来越少。就是，你太关注那些本身的话，你就没法呈现自己。

所以这个片子，其实，对我说，还是，我觉得还是比较偏主观的。就说，我对它的理解，我想表达出来。而且，我的理解，就说，宗教这个东西是普遍性，是一般化的东西。所以我更偏重从一般化的这个维度去呈现这个东西。虽然只发生在涉县，或者发生在中国，发生在那么一个村子，但是我觉得，这是超越的存在跟那个一般信众之间的关系，不会有太多的区别。

杨：怎么样，还有问题吗？

石：在英国放的时候，也是这样的，没有什么语言的帮助的，让他们看的是这样的片子吗？

鲍：是啊。他们的主要印象是，太难了，然后他们就觉得，他们，就说英国人就特别，注重那种传统，就是要，缺乏了理解的语境，就是 Context，所以他们觉得也是特别难理解。也许，我想，如果以后有机会去法国放的话，可能会不会不一样？因为这个思想传统还是不一样。英国人是特别那种，实证主义的这个东西，功能主义的，什么都要搞得很清楚。他们不会有这种，太那种的，想象。我觉得，这个特别有意思，就是说，不同背景的人解读同样一个，这个东西的时候，还是会有自己的发现。

石：对，我就想，就是要，让不同背景的，尤其是哪怕同样是做人类学的人，语言不同，怎么样来理解，或者文化背景不同的人，怎么样理解你里面要表达的东西。如果你不主张弄背景知识的介绍啊，字幕啊，怎么样去理解你这个作品。

鲍：这话把我问住了，呵呵。

石：他们可能，我觉得，中国人应该还好理解一点吧。那像你说那个普遍性的 Universal 的东西，可能他们，他们来理解的时候，会不一样，尤其是这一点。

鲍：可是我自己觉得，不管你是写字也好，还是做音像，其实你的任何一个表达都是个人的表达，然后读者的理解，可能，其实是一个创造过程。我觉得，就说，任何一个读者在还原一个表达的话，要一模一样的，这个很少见的。所以，我更希望就说，人类学的阅读应该是一种创造性的阅读。就说，不一定要，我要表达什么，你就从这个里面把它（发掘）；复制一个我没有意义的嘛。

石：是这样的，要表达你主观上的一些东西，包括你的思想，或者激起读你作品的人的思想。但不能让这个，我觉得，今天感觉到有点不太一样，很多人不是看了作品在思考，它的结构、它的关系，他老在问一些外围的东西，你知道吗，这个实际上我觉得可能会，我不知道是不是大家的观者原因，还是作品的原因，让大家老是外围提问。

鲍：这个不是太特殊的，我在英国放的时候也有这个问题，就是理解不了，就是觉得没有这个语境去理解。我们在这儿，更多是从内容上去，因为是自己的，多少有相关性嘛，跟这个地方。所以还是能理解。至于说，涉及这个电影表达本身，我觉得，可能跟行业还是有关系，因为在座的可能搞这个行当的还是少，是吧，所以这方面的对话少一点。

舒：我觉得，可能鲍老师，可能接下来，可以考虑一下这个问题，就是说，你虽然想表达的是，愿戏这样一个情景来体现这种信众与奶奶的关系。但是，我觉得，你至少要表现出来说，为什么，让所有观众一看，就知道，哦，这场戏是因为奶奶，那个答应了应许了他的愿望，然后他回应给奶奶的一个东西。我觉得，这个东西，就说，通过一个什么样的方式，让大家知道说，是，是愿戏。因为在您说愿戏之前，我们所有人看了都不知道，这个是愿戏。然后，直到您说是愿戏，我们才知道，哦，原来是这样一个过程。

然后，您说到了一个细节，就是说，那个她给她钱，是吧，但是那个细节不是，没有特别突出，也许是，反正那个手法，那个手法不是特写的一个手法吧，我觉得在我看片子的过程当中，我似乎，我觉得我看得还是算认真的啊，我好像没有注意到这个细节。

我觉得，可能是得考虑一下具体怎么通过你的画面，怎么通过你的叙述来表现这个是一个还愿的一个戏。可能是不是会涉及说，他上一次来求，这一次他，就是还愿的这个人，他是怎么来组织这个戏的。我觉得，可能，如果有一些这样的细节，我们大概，会看得懂这个是个愿戏。否则我觉得，还是比较难理解。很可能就以为，就是属于庙会的组织者，然后，组织者来组织的这样一场叫做什么演戏迎神酬神这样的一个东西。根本不能理解出是愿戏，就是还愿的戏。

鲍：对，可能表达得还不是很充分。

舒：很多庙会也有这种戏班，那就是属于庙会主办方它有这样一个作为吧，搞一个活动，而不是信众还愿的一个形式。

杨：好，各位还有什么问题吗？没有的话，我们用热烈的掌声感谢鲍江老师。

鲍：谢谢。最后，刚才那个，因为光线不好，我可能只录音了，以后如果我片子里能用到，能用吗？可以，是吧。就只声音。谢谢你，谢谢大家。

二　在英国曼彻斯特大学格林纳达影视人类学中心

时间：2010年5月12日

地点：英国曼彻斯特大学格林纳达影视人类学中心

主持：保罗·亨利（Paul Henley）

翻译（英翻中）：鲍江

保罗·亨利（以下简称亨利）：明摆着，片中所发生事情的语境，我的意思是，举个例子，我们不能读懂你给出的所有符号。嗯，有一两个字幕，但也算不上字幕。对我们来说，作为西方观众，影片很难读懂。我想，多数中国汉人，来自中国的观众，他们可能知道那个地方的情况，比如说，演出的人物，但对我们来说，影片就显得晦涩，我们，总之，我们没有办法搞懂这个玩笑。另外，我发觉，我觉得困难的是，我并不十分清楚片中的一切是发生在一年里的同一个时间，还是发生在不同的时间点上？这是一个问题。片中的某个点上，我们看到春暖花开的镜头，但在这之前，大约三分之二的篇幅，我看似乎是在第三季。哦，这儿出现一个季节性的表征，于是，你知道，这是春天，但在此之前我们是在其他季节。所以说，即便这类最基本的事实，时间啦，地点啦，对我来说，都非常模糊。最后，我想还有一个问题，就是，我并不确定总体上奶奶究竟是什么角色？我不知道，这是一个庆典呢还是一个哀悼，似乎不像是哀悼，但是，奶奶究竟是一个具体的人还是一些祖宗？诸如此类，都是非常基本的民族志问题，相对于可以进一步探究的细节；影片的细节非常丰富，但对我来说难以理解。当然，我欣赏这部影片，画面的质量、声音、演出，我惊叹于所发生的这一切的复杂性，很显然，投入巨大，时间、金钱、社会资本，总之，投入很多，在大量的演出里，但为什么这样？对我来说并不清楚。所以，也许，你能给我们提供一些语境，我们作为西方人，我想，并没有搞懂的机会。

鲍江（以下简称鲍）：嗯，不仅仅西方人，我想，甚至我自己，在一开始，所有这些东西都一团乱麻，我也不能找到这些活动背后的秩序，但做过田野调查之后呢，也许我应该就这个庙会做点介绍，庙会的时间是在三月初一至十五。

亨利：三月初一至十五?

鲍：每年三月初一至十五，按中国历。我访问了两次，一次在2008年，一次在2009年。这部影片基于这两次访问获得的素材。但影片本身，可以说，基础是我对影视人类学这门学科的一些看法。据我的研究经验，我觉得，可以这么说，我的文字研究多与象征论或象征理论有密切联系。在我看来，象征是，它的意思总是，可以说，十分清楚，它们，每个象征都有十分清楚的所指，或者说不同的意义。但是我想，影片的力量究竟在哪里？学术影片的力量究竟在哪里？我常琢磨这个问题。所以，我尝试，可以说，超越象征世界，尝试用声音和影像来表现。就这部影片来说，对我来说，背后是有一个逻辑秩序的，那就是交流，所有这些香客与超越存在之间的交流。

理查德·韦伯耐（Richard Werbner 以下简称韦伯耐）：与什么，我问一下?

亨利：超越存在。

鲍：奶奶是超越存在。庙会的内容就是交流，香客，影片中各形人物，他们与作为超越存在的奶奶的交流。奶奶是看不见的，我想是这样的，影片中也没有出现她的样子，我想，摄影机也没法捕捉。但我编辑这部影片的逻辑基础是，我对庙会、对奶奶的看法仅仅是我自己的看法，所以我试图做的是，我试图使影片向观众开放，让他们自己阐释。因为，我认为，每位观众都有他自己的文化承载，他可以创造他自己就这部影片的解读。所以，它是，可以说，是一个实验。我不打算把这部影片做成类似论文那样的东西。我想，当我们着手写一篇论文的时候，所有的一切应该都，书写下来，解释清楚，这样知识即可在一个人与另一个人之间传递。但做学术电影，我想，我试图留一个空间，给观众阐释或再阐释。这是这部影片背后的想法。

亨利：这我赞同。对我来说，有个议题，那就是克里弗德·格尔兹（Clifford Geertz)，你熟悉格尔兹的著作吧，他是个人类学家，格尔兹有个著名的比喻，眉目传情与眨眼的分野。在影片里，我能看到眉目传情，我能看到眨眼，但对这些眉目传情和眨眼的语境我所知甚少，我就不能搞懂这交流是什么不是什么。这是我看你的片子的感觉，我并不知道，我看不出来有交流发生，并且对这交流的本质我也知之甚少。我搞不懂，我欣赏不来。这对于我来说是一个问题。但在继续我们关于电影形式的讨论之前，实际上我们已经开始电影形式的问题，我希望，你能否再给我们讲讲民族志语境方面，就是之前我问你的，再给我们多介绍一点？

鲍：这部影片的语境吗？

亨利：不是拍摄方面，而是事件的语境。

鲍：这些事件吗？

亨利：对。这些人是谁？他们在做什么？

鲍：这个部分，实际上我打算通过文章和书来表现。这是我的想法。但我可以说一下。我想它是，这个空间坐落在，可以说，中国北部，一个三省交界地带。这个地方呢，可以说，假如我们把意义删掉，可以说，把它的意义删掉，把它当作一个纯粹的、所谓纯粹空间来看，那里有一些建筑，老建筑。但实际上，这些建筑，这个空间是有它的意义的。可以说，根据我的研究，这个空间的意义有五个维度。一个维度与当地信仰有关，奶奶是当地信仰里的超越存在。另一个维度，它与道有关，道是一种传统宗教。并且，它还与佛、与儒，还有，可以说，与现代性有关。在这五个知识体系里，这个空间各有它的价值。

亨利：这对我们来说过于抽象。他们是谁？他们为什么做这些事？

鲍：在当地信仰里，我刚才说到的，他们造访那里，做这个庙会，并且，可以这么说，向奶奶求个什么，与此同时，他们，可以说，他们向奶奶承诺，如果他的心愿实现了，他会做什么。这是这些活动的逻辑基础。而这些行为呢，可以说，这种交谈不是行动，而是祷告，所以我特意把声音拿掉，这样来尝试表现片中人的客观性。在那一段，单有影像，人在火的后面，没有声音，那是他们发自内心的与奶奶的交流，对他们来说，这才是真的。实际现场其实是非常拥挤、嘈杂的。

亨利：对，它的内涵是真实的。有其他问题吗？有人想问民族志特色方面吗？好的，请。

鲍：我可以拍你吗？

韦伯耐：你可以拍。我可以唱吗？

鲍：嗯，肯定的，哈哈。

韦伯耐：那我唱啦，啦，啦，啦，荡起船桨。这是我唯一知道的中国诗。但可能我更从形式方面看这部影片，较之于民族志的内容。自我们曼彻斯特的同事维克多·特纳（Victor Turner）以来，朝圣研究领域有巨大的发展，特纳在这个领域的工作曾经引起过轰动。在一篇论文中，后来在一本关于朝圣的书里，他的兴趣落在这个中心上，即到远方去，历经长长的旅程，接着发现某种超越的东西，然后带着它回来，诸如此类。并且，我能理解，要是我们关注朝圣研究的发展，有非常重要的一点，就是说，认识到单一地方可能具有丰富的多样性。我想，约翰·伊迪埃纳（John Edian）和麦克·塞纳（Mike Sanno）正角逐于这个秘密，试图把它澄清，看那些论文的话，非常契合于你刚刚讲到的，即那儿的多样性。但是，如果我可以承认说，是的，我落脚于这样的一个位置，观看一部影片，可以有许多的方式，诸如此类。但我发现难点是，关于朝圣的大量论据牵扯到情感转化，有一个运动贯穿其中，从开始到进入一个“之间”（in - between）空间，然后呢，通过并成为某种别样的东西；有人用熵（liminal）的观念展开工作。但他们持某种运动的观点，它具有自己的流程形式，形式化的流程。现在我觉得，看这部影片，刚好与那种民族志的或者说一般化的比较观点相对峙，因为我想，这部影片是反线性的，走的是某种绝对化的路径，它并不追随相互关联的事物。我希望我能够反形式，但我想，正如我看到的，像坐我背后的川濑慈（Itsushi Kawase 以下简称川濑），他就会高兴看到这个，因为他的兴趣是提问，按爵士乐的形式这一类。正好反过来，这里一个片段，接着另一个片段，再一个片段，每个片段都令人眼花缭乱；这是这个事实，那是那个事实。我开始想知道这是不是刻意为之？如果你视留白为一种精彩的譬喻分析，那么你又如何能够以编年的方式迫近历史？编年就是说，一件事发生了，接着又发生另一件事，而我们要做的就是把点点滴滴记录下来。或者你可以通过观点迫近历史，迫近历史中它的叙事。我想知道这里的方式是你的鉴赏力的作品，还是一部民族志影片？影片里没有任何流程形式，或者什么，也许我搞错了。

鲍：我应该说，这部影片是主观的，我想，非常主观，并不是那么客观，我把所有这些内容整合于我的逻辑秩序，整合起各种素材。所以，我把事件本身线性的、时间的线索就放一边了。我试图表现的是我对庙会的理解。我想，影片是比较结构化的。

某先生（以下简称某）：叙事为何？

韦伯耐：编辑为何？我不用一般意义上的叙事，即开始、中间和后来。

某：聚集起这些事件，这背后的叙事是什么？

韦伯耐：对，是什么来推动的？我的意思是，你说主观性的，这是可以的，因为你说，我是主观的，在我主观里有个逻辑。

某：逻辑何在？

鲍：好。这么说吧，我的叙事是，影片中所有的行为，是一种与超出人们视野的奶奶的交流，就是说，所有的活动都是交流。你们注意到那个演出队吧，有人付钱，请演出队为奶奶演出。

亨利：你怎么注意到呢？你怎么觉得我们知道呢？

鲍：这是我的阐释。

亨利：你说的对上我的理解了。先我纳闷于这些演出怎么跟宗教事件混在一起。这些演出似乎是世俗的东西，关于政治史或者其他。有一段是男人与女人间的游戏，也许她忠贞于他。是有一些游戏在进行，但搞不懂。

某：似乎就像一个使用文本的定义，而不是展现什么。

亨利：但我不知道为什么，你给我领会的东西太少，我就区分不开是眉目传情还是眨眼，我也不能看出来与奶奶的活跃交流，或者他们释放压力的娱乐形式，没有压力，就只挂所有这些档发出的声响。

马克·沃尔森克罗福德（Mark Woolstencroft 以下简称沃尔森克罗福德）：你尝试做的，是让人们思考，按你说的，你不要给出一个答案，我不确定是不是这样？

亨利：我们怎么可能知道呢？

沃尔森克罗福德：那个女士付钱的时候，我搞懂了。似乎就是，他们是在给那个独立存在体表演，我搞懂了，但我也不知道是怎么搞懂的，但我确实搞明白了，即使我不懂这个语言，不知道，也许我有点儿与众不同。那就是我对那件事的解读，我知道的，但可能还有其他人也知道。我的问题是，为什么我们要被放在一边，不给我们做出这些阐释呢？

凯罗莱纳·克雷奥（Carolina Corral 以下简称克雷奥）：非常有意思。我想问你，当你把这部影片给不同的观众看时，他们从中得到什么，因为即使在这里，大家对中国文化的知识也不一样，语言啦，或者，譬如，在座的教授，他们就仪式方面可能知道得更多。对我来说，从未涉猎过中国文化，所以我能解读的就很少、很少，假如我多一些了解的话，这些影像在我头脑里会多产生一些意义。但不管怎么说，我解读不了太多，所以我想知道其他观众的解读，像中国观众，或者说在中国的观众，而不是其他的西方观众。我不大肯定，或许这就是你尝试做的，就是说，捕捉没有背景知识的观众，他们从这部影片中得到什么。

鲍：我觉得，我有个理解中国经典民族志影片的经验，这些影片制作于20世纪50年代，受国家意识形态的影响非常大，我看这些影片的时候，我有一个非常强的感觉，就是说，可惜看不到这批影片的毛片素材，如果能找到原始素材的话，我会更喜欢，因为凭借它们，对那个时代、对影片里的人，我会知道得更多。这个经验推动了我的思考，就是说，我自己是对那个庙会做了研究，花了许多时间，并且我找到了我理解那些活动的逻辑秩序。但是，我并不肯定说，那是对所有那些活动的唯一解读。所以，一方面我试图表现我的所知，但另一方面我想这并非唯一的解读方式。所以，我想到，就是说，就这个项目的音像表现来说，它会由两个部分组成，一个部分是这部影片，可以说，或许它表现得并不清晰；另一部分是对话，依赖于语词的对话，大约有十个、十二个访谈对话，我与活动主体的对话，每个对话大约持续一个小时，这是另一个部分，另一种交流。这部影片呢，是我对那些活动的理解。当然，这不是理解那个田野点的唯一途径。

韦伯耐：她的问题是，让我重复这个问题，可能有助于你回答。问题是，如果你让我们了解其他观众的反应，我们可能就会加入更多可供你诠释的语境，所以她问到的是，你在其他地方放这个片子时，其他观众对它的解读。我们跳了一步，我们想知道一点来自其他观众的反馈。这是她想问你的。

鲍：对不起，我误解了。实际上，这是我第一次拍摄观众的观点，这是第一次。但这部影片我给中国的几个同事看过，他们也有类似的反应，他们说道，他们不能读懂它。这是通常的反应，对这部影片的通常反馈。

韦伯耐：哈哈，这让你担心吗？

鲍：我不担心。

韦伯耐：不担心？

亨利：有其他问题吗？

川濑：探索不同的影片接纳于不同的文化背景，你也给日本观众放过这部影片，最近。

鲍：是的。

川濑：接着，现在呢，在英格兰放映，在不同地方放映。

鲍：对，对，我在京都放映过。

川濑：所以，我有这样一种推测，你试图把我们的反应纳入你的项目，然后从整体上完成这个电影项目，你的研究成果不单是这部影片，还包括在不同点上的反应。所以，我想知道你的初衷是什么？

鲍：嗯，这个问题非常好。我在思考学者，或者人类学家的角色，一个文化人类学家或者影视人类学家，他应该是怎样的身份。我想到，在经典世界里，文化人类学家常常是作为两种文化之间的中介，他是他者权威、具体他者的权威，所以他的话就是关于具体他者的全部知识。我想在这个阶段，再也没有人类学家能承担如此权威的角色。但我想，从根上说，文化人类学这种文化，我欣赏它的开放性，所以，我把我的研究、把我自己放在这样的基础上，即跨文化交流的中介。

亨利：对我来说，似乎还有另外一个维度，动静交错的效果有限，因为我们不懂他们说的话。如果你访谈他们的话，我们就有可能搞懂这一切，当然那是两个事物之间的另一种“间介”（inter-media）。如果我们不懂他们做的事，是否我们可以让他们谈论，而这些谈论是你推动、激活的，如果我们能听到这样的谈话，我们就能够与具体香客联系起来，搞懂他们的动机，搞懂他们渴望获得怎样的一种交流。把这样的谈论抛给其他香客，这不同于你的访谈，至少，会给出对他们的动机的理解。因为沉默，就你的操作，它的问题是，我们把他们当作表演看，我们只有一个维度上的交流，某种视觉维度，我们搞不懂他们的所作所为，我们视其为景象。所以，在我看来，这削弱了你这个项目的基础，即如正式交流那般行事，实际上，你远未容许我们把他们当作人并与之接合，你鼓励我们把他们当作景象。所以，我有疑问。我赞同你的项目，也赞同你不要占据权威立场的伦理位置，但在我看来，影片似乎出卖了你，你正是在那样的位置，因为通过私密化他们的言说，你鼓励我们把他们当作他者看，所以我感觉在你的方法论上存在自相矛盾。

鲍：好的，谢谢你。

亨利：也许你可以细想一下这个。还有其他观点吗？好的，请。

陈蒙（以下简称陈）：我来晚了，作为中国汉人，对我来说，片子不难理解，我知道在发生什么，但听了所有这些讨论，我认识到，我看到一些东西，我看到寂静与音响的对立，大量的音响，有时候甚至可以说是噪音；并且，我还认识到，当这个纪录，当这部影片在西方语境里放映时，那些噪音和音响，它与建构起来的寂静相并立。但从我作为中国汉人的角度看，我不清楚，在中国汉人语境里，在汉人观众中，会是怎样的反应。对我来说，影片更像是，对，当它被带入一个完全是国外的语境里，它是他者的建构，成为某种类似神话的东西，就那里所发生的一切。不管怎样，如果要解释的话，那是一种非常类似于，也许并不合适，但影片确实让我联想到圣母中心（Saint Mother Center），你可以看到人们抬着圣母玛丽和基督的画像。这儿的奶奶，让我觉得新奇的是，我第一次知道女娲被当作奶奶，作为一位女士，尽管在影片中看不到她，但在汉人中，女娲通常是年轻貌美的女士形象。她被许多人认为是，许多汉人认为，她捏泥人创造人类，实际上她创造了许多小人偶，后来他们变成真人了。大致是这样。所以，她更像一位女神，你可以向她祈愿，她会让你的心愿成真，梦想变成现实。

亨利：我想，这里你所提出的是非常有意思的一点。因为，也许格雷厄姆（Graham）[①]，也许格雷厄姆可能，对不起，鲍江，根据它的其余部分，如何，我们西方人是如何无知，我们对这些几乎一无所知，看得出，你跟我讲的，令人着迷，现在我可以回味，思考这部影片，现在这部影片对我有了更多的意义。但是我看不出来，在这部影片中，以什么形式，前面、中间或者哪个地方，容许我有对现有这一点的欣赏。我们都知道影片的巨大悖论是，语境，像洋葱皮那样的层层语境，你知道，那是一层又一层，一层又一层，没完的，这也是人类学家常常纠结的议题，影片相关的语境有多大，这得定下来，假如我们把语境扩展开，我们发现我们没有影片，它是文本化的。

鲍：对。

亨利：所以说，这是一个问题，但不管怎样，我觉得，我们不能因为它是一个问题，就放弃它，说，好了，大家伙，任由你们语境化了；这意味着，反民族志，并且反人类学的观点。并且，同样的道理，我们可以倒过个来想象，透过西方香客的某种基督教类型了解一切地方，我们假设，基督教被带到某个岛屿，一个从未听说过的地方，并且，（我们岛民）看到一个人钉在一块木头上的图像，我们琢磨这宗教到底是什么东西？之后，我们被告之说：实际上一切皆爱，神是爱。那（我们岛民）会彻底惊呆的。所以，我想，我们就处在类似岛民遭遇基督教时候的位置。尽管我自己去过中国一

① 鲍江的英语名字。

两次，有一点点知识，但我离这种位置遥远，所以我依赖于我通常的反应，犹如那些原住民看到一个钉在一块木头上的人。我不敢肯定，对我所说的诠释，我在犯类似的疏忽，但我觉得非常有意思。孔先生，你同意吗？

孔建勋（以下简称孔）：抱歉，我不是汉人，所以我领会的不比你多。

亨利：对。

韦伯耐：你不用抱歉。我能问另外一个事吗？就是说，那就是，在辩论的时候，有时候你会用所谓的魔鬼修辞，就是说，好比我是魔鬼，我用你的观点，替代我的观点，然后把论点推向极致。就说，现在我是你，你是我，好吧，那我说，是的，我用了两个，可能三个，我不大确定，两三个字幕，它们是字幕，也翻译出来了，其中一个是，奶奶接受这，有某个陈述。

某：与其说翻译，不如说是信息。

韦伯耐：它们是信息标题，给出一点信息，现在问题是，对我来说，正如你现在，我要辩护。你对我说，这是一个彻底的呈现，影像和其他等，让每个观众选择、解读，对事实做出反应，而不是由你自己来给定什么。那么，我插入了一些信息，几个观点。那你怎么选择这样子做呢？你怎么为你自己、我这样子做辩护呢？对我来说，这似乎有悖于你做这个片子的初衷，你应该是纯粹的呀。

鲍：不。按我理解，不存在你说的这些。这是平衡，实际上是一个平衡。一方面，我试图表现基本的语境水平，而不是我在那里看到的一切，就只这些活动的基本框架，这是一个方面。另一个方面，我试图不说一个词，没有一个词、没有一个字幕。这是一个平衡的结果，我想，我是想说什么，但我又想紧闭我的嘴。哈哈。

亨利：我猜到平衡的问题，但我们都看到这一点。

克雷奥：也许还有一个例子。你叫什么名字呢？

陈：蒙。

克雷奥：蒙。也许蒙得到了你想通过影片给出的结果，她能诠释它，因为她有一些语境，所以她捕捉到你想带给我们的那个人物，她就你的影片能有自己的看法，因为她了解这个神是什么，但我来自墨西哥，那里有成千上万的原住民群体，如果做一部关于其中一个原住民群体的影片，墨西哥任何一个原住民群体，然后我给她看这部影片，我不知道她会搞明白多少，带着这个原住民群体的片子四处展映，那么对我的影片的反馈会有所不同，她可能也会像我不了解你拍的人的情形，我不能像她那样诠释这部影片，届时她也不能诠释我的影片，所以，我想，因为我们拥有的语境水平（不同），我们能够解读的就不一样。

鲍：实际上，这部影片我用的中文名字和英文名字并不完全一致，中文片名中有。

陈：奶奶的名字。

鲍：对，奶奶的名字，也正是这个符号让你联想起广阔的神话语境。但实际上，这也只是一种诠释维度。对一些当地人来说，他们就不把奶奶与中国神话里的那个人物连在一起。所以说，我试图给出基本的框架，在普通香客，人类与超越存在之间的基本框架，这种关系是怎样的。我想这是普遍的。

亨利：是的，肯定。

徐菡：我呢，我也不能理解得很好，但我明白你的意思，你试图用影像来呈现语境，但我想，也许你忽略了音响，这部片子的音响方面不是非常好，特别是你使用静音，有一部分是静音，如果你想做一个对比的话，那音响部分就更重要了。也许你知道的，音响带给观众感觉，所以，我想，也许，如果你把音响做得更好一些的话，我们能更好地理解这部影片。

鲍：谢谢你。

亨利：好的，你给我挑战了，我肯定，你的影片给我们提出了非常有意思的问题，包括民族志方面和你可能想知道的影片反馈。我想知道，在“文革”期间庙会有怎样的遭遇，是不是完全被禁止了，还有许多有意思的问题，政治的、经济的、文化的，等等。并且，就作为媒体、作为人类学交流的电影的本质，也激起了各种有意思的问题。所以，我希望大家都赞同，这是一个非常有意思的下午。我们愿意对以这样的方式提出的挑战表示感谢（鼓掌）。

参考文献

中文文献

1. 涉县文献（以编著者名号拼音排序）

范国平：《桑葚红了》，北京：中国文史出版社，2007。

（清）嘉庆《涉县志》，影印本。

李亮：《女娲九章》，北京：中国文史出版社，2004。

马乃廷编著《涉县史志纵横》，北京：方志出版社，2004。

马乃廷：《涉县娲皇宫摩崖刻经是北魏产物》，载《邯郸日报》2008年9月13日。

涉县文物旅游局编《女娲文化与摩崖刻经学术报告会论文集》（内部资料），2005。

涉县文物旅游事业管理局，《涉县文物旅游局景区规章制度汇编》，2007。

史安昌主编《涉县名胜》（内部资料），2003。

王会江、杨振国、李亮主编《涉县风物》（内部资料），2003。

2. 古籍文献（以原著年代排序）

（先秦）老子：《老子道德经注校释》，（魏）王弼注，楼宇烈校释，北京：中华书局，2008。

〔印〕佛陀：《金刚经》，（后秦）鸠摩罗什译，王月清注译，南京：凤凰出版社，2010。
（唐）玄奘、辩机原著《大唐西域记校注》，季羡林等校注，北京：中华书局，2000。
（唐）慧能：《坛经校释》，郭朋校释，北京：中华书局，1983。
〔意〕马可·波罗（Marco Polo）：《马可波罗行纪》，冯承均译，上海：上海书店出版社，2001。
（明）许仲琳：《封神演义》，郭月利校点，郑州：中州古籍出版社，2009。
（明）徐宏祖：《徐霞客游记》，褚绍唐、吴应寿整理，上海：上海古籍出版社，1987。

3. 人类学文献（以编著者名号拼音排序）

艾菊红：《水之意蕴：傣族水文化研究》，北京：中国社会科学出版社，2010。
〔英〕埃文斯－普理查德：《努尔人：对尼罗河畔一个人群的生活方式和政治制度的描述》，褚建芳、阎书昌、赵旭东译，北京：华夏出版社，2002。
鲍江：《象征的来历：叶青村纳西族东巴教仪式研究》，北京：民族出版社，2008。
费孝通：《从实求知录》，北京：北京大学出版社，1998。
郭净：《雪山之书》，昆明：云南人民出版社，2012。
〔美〕克利福德·吉尔兹：《地方性知识：阐释人类学论文集》，王海龙、张家瑄译，北京：中央编译出版社，2000。
〔美〕克利福德·格尔兹：《文化的解释》，纳日必力戈、郭于华、李彬、罗红光、田青等译，王铭铭校，上海：上海人民出版社，1999。
〔法〕列维－斯特劳斯：《图腾制度》，渠东译，上海：上海人民出版社，2002。
〔美〕理查德·G·福克斯主编《重新把握人类学》，和少英、何昌邑等译，昆明：云南大学出版社，1994。
李成武：《克木人：中国西南边疆一个跨境族群》，北京：中央民族大学出版社，2006。
李荣荣：《美国的社会与个人：加州悠然城社会生活的民族志》，北京：北京大学出版社，2011。

李霞：《娘家与婆家：华北农村妇女的生活空间和后台权力》，北京：社会科学文献出版社，2010。

林耀华：《金翼：中国家族制度的社会学研究》，庄孔韶、林宗成译，北京：三联书店，2000。

〔美〕麦克尔·赫兹菲尔德：《什么是人类常识：社会和文化领域中的人类学理论实践》，刘珩、石毅、李昌银译，北京：华夏出版社，2005。

〔英〕马林诺夫斯基：《文化论》，费孝通等译，北京：中国民间文艺出版社，1987。

〔法〕马塞尔·莫斯：《礼物》，汲喆译，上海：上海人民出版社，2002。

〔美〕马歇尔·萨林斯：《甜蜜的悲哀》，王铭铭、胡宗泽译，北京：生活·读书·新知三联书店，2000。

〔美〕乔治·E·马尔库斯、米开尔·M·J·费彻尔：《作为文化批评的人类学：一个人文学科的实验时代》，王铭铭、蓝达居译，北京：生活·读书·新知三联书店，1998。

石茂明：《跨国苗族研究：民族与国家的边界》，北京：民族出版社，2004。

宋蜀华：《中国民族学理论探索与实践》，北京：中央民族大学出版社，1999。

王铭铭：《人生史与人类学》，北京：生活·读书·新知三联书店，2010。

王铭铭主编《中国人类学评论》（第一辑），北京：世界图书出版公司北京公司，2007。

〔美〕维克多·特纳：《戏剧、场景及隐喻：人类社会的象征性行为》，刘珩、石毅译，北京：民族出版社，2007。

肖亮中：《车轴：一个遥远村落的新民族志》，南宁：广西人民出版社，2004。

〔美〕詹姆斯-克利福德、乔治-E. 马库斯编《写文化：民族志的诗学与政治学》，高丙中、吴晓黎、李霞等译，北京：商务印书馆，2006。

赵丙祥：《心有旁骛：历史人类学五论》，北京：民族出版社，2008。

4. 其他现代学科文献（以编著者名号拼音排序）

陈理、苍铭等：《黄姚古镇》，北京：民族出版社，2007。

方国瑜:《论中国历史发展的整体性》，见其《滇史论丛》（第一辑），原载《学术研究》1963年第9期，上海：上海人民出版社，1982。
冯莉:《东巴舞蹈传人：习阿牛 阿明东奇》，北京：民族出版社，2007。
复旦大学文史研究院编《“民间”何在 谁之“民间”》，北京：中华书局，2009。
甘满堂:《村庙与公共生活》，北京：社会科学文学出版社，2007。
顾颉刚:《古史辩自序》，石家庄：河北人民出版社，2003。
〔德〕汉斯-格奥尔格·加达默尔：《真理与方法：哲学诠释学的基本特征》，洪汉鼎译，上海：上海译文出版社，1999。
胡锐:《道教宫观文化概论》，成都：巴蜀书社，2008。
户晓辉:《返回爱与自由的生活世界——纯粹民间文学关键词的哲学阐释》，南京：江苏人民出版社，2010。
金岳霖:《论道》，北京：中国人民大学出版社，2005。
〔法〕米歇尔·福柯:《规训与惩罚》，刘北成、杨远婴译，北京：生活·读书·新知三联书店，1999。
〔法〕米歇尔·福柯:《癫疯与文明：理性时代的癫疯史》，刘北成、杨远婴译，北京：三联书店，1999。
牟钟鉴、张践:《中国宗教通史》（修订版），北京：中国社会科学出版社，2007。
钱钟书:《管锥篇》，北京：生活·读书·新知三联书店，2007。
〔法〕让-弗朗索斯·利奥塔尔:《后现代状态：关于知识的报告》，车槿山译，北京：生活·读书·新知三联书店，1997。
任继愈:《任继愈学术论著自选辑》，北京：北京师范大学出版社，1991。
任继愈主编《中国道教史》，北京：中国社会科学出版社，2001。
〔美〕塞缪尔-亨廷顿:《文明冲突与世界秩序的重建》（修订版），周琪、刘绯、张立平、王圆译，北京：新华出版社，2010。
苏国勋、张旅平、夏光:《全球化：文化冲突与共生》，北京：社会科学文学出版社，2006。
唐大潮:《明清之际道教“三教合一”思想论》，北京：宗教文化出版社，2000。
佟洵编著《道教与北京宫观文化》，北京：宗教文化出版社，2008。

汪晖：《如何诠释“中国”及其“现代”》（重印本前言），导论，见其《现代中国思想的兴起》上卷（第一部），北京：生活·读书·新知三联书店，2008。

汪晖：《东西之间的“西藏问题”（外二篇）》，北京：生活·读书·新知三联书店，2011。

中国地方史志协会编《中国地方史志论丛》，北京：中华书局，1984。

5. “破除迷信”专题文献（以出版年代排序）

陈明著、安波曲：《平妖记》，北京：生活·读书·新知三联书店，1951。

〔苏联〕巴维尔金：《宗教迷信及其危害》，周新、周申荣译，北京：生活·读书·新知三联书店，1956。

艾思奇等：《破除迷信，大家学哲学》，北京：中国青年出版社，1958。

作家出版社编辑部编《破除迷信》（大跃进杂文选第一集），北京：作家出版社，1958。

上海人民出版社编《破除封建迷信问答》，上海：上海人民出版社，1963。

朱起：《破除迷信》，沈阳：辽宁人民出版社，1964。

肖鸣、心得、葆元编《讲科学 破迷信》，济南：山东人民出版社，1965。

方兴、士金、伟臻、静玫、林杉：《你知道吗？破除封建迷信（2）》，北京：中国青年出版社，1965。

西江、政瑄、华照编《破除封建迷信》，广州：广东人民出版社，1974。

李洪：《科学和迷信》，天津：天津人民出版社，1980。

中国人民解放军战士出版社编《破除封建迷信》，北京：中国人民解放军战士出版社，1981。

牛欣芳：《鬼神与封建迷信》，石家庄：河北人民出版社，1981。

方兴、士金、伟臻、静玫、林杉：《破除封建迷信问答》，北京：中国青年出版社，1982。

上海人民出版社编《破除封建迷信问答百题》，上海：上海人民出版社，1982。

李传明编著《封建迷信是怎么回事?》，济南：山东人民出版社，1984。

郭正谊、祝永华、王秀乔、张明、陈东云编著《破除迷信100问》，北京：北京出版社，1992。

英文文献

Chris Hann , eds. , 2010. *Religion, Identity, Postsocialism, the Halle Focus Group* 2003 – 2010. Max Planck Institute for Social Anthropology, Halle/Saale.

Claude Levi-Strauss. 1983. *Structural Anthropology*. Vol. 2. Translated by Monique Layton. Chicago: The University of Chicago Press.

Editorial Board. 2010. *Max Planck Institute for Social Anthropology Report* 2008 – 2009. Vol. 1. Max Planck Institute for Social Anthropology, Halle/Saale.

Karl Marx. 1996. " 'Introduction' to the Grundrisse". In *Marx Later Political Writings*. Edited and Translated by Terrell Carver. Cambridge University Press.

Peter Goullart. 2007. *Forgotten Kingdom: Among the Nakhis of Lijiang*. Hong Kong: Caravan Press.

Robert Gardner & Akos Ostor. 2002. *Making Forest of Bliss: Intention, Circumstance, and Chance in Nonfiction Film*. Harvard University Film Archive; Pap/DVD edition.

Sarah Pink. 2006. *The Future of Visual Anthropology: engaging the senses*. London and New York: Routledge.

Takako Yamada. 1999. *An Anthropology of Animism and Shamanism*. Budapest: Akademiai Kiado.

后　记

这本小书即将画上问号。回忆写作过程，有两个突出的特点。一是初稿写得很顺，2010 年 9 月我从北二环搬家到京郊昌平县城，开始着手写，4 个月就写好了。二是改稿过程持续时间长，从 2011 年 1 月到 2012 年 6 月交稿给出版社，前后历时 18 个月。细琢磨这两个特点，写得顺是因为我有话要说，文字自然而然就流淌出来了；改稿持续时间长，那是因为我就这个题目做了比较广泛的交流，吸纳同仁的意见。

我最初接触娲皇宫，是 2008 年参与一项中国社会科学院资助的文化遗产研究课题，女娲祭典是个案之一。那年的娲皇宫三月庙会，打前站进娲皇宫的是中国农业大学教授赵旭东先生和旭东指导的研究生盛燕同学，后来由我接替旭东，与盛燕一道完成调查。这是我从事娲皇宫研究的起点。此后，我申请到中国社会科学院和中国社会科学院社会学研究所的两项资助。2009 年、2011 年庙会期间，我独自借住在娲皇宫广生宫的接待室，从事田野工作。2009 年、2010 年非庙会时间，两次赴涉县从事田野工作。其中一次是独自去的，另一次有韩运筹先生陪同，由他担任摄影师。田野工作时间，前后累计大约 11 周。这几次田野工作，我都带一台 Sony DSR - PD190P 数字摄录一体机和一台卡片式数字照相机。

娲皇宫研究期间，我作为中方主持人参与 Co-reach 中欧合作项目——“文化遗产在中国：变化的路径，变化的任务”。在伦敦和柏林举行的两次工作坊上，我都做了娲皇宫研究的发言。坊间同仁的评议、提问和讨论给我诸多启发。在此向项目欧方主持人英国威斯敏斯特大学教授艾华（Harriet

Evans）女士、德方主持人德国考古研究所教授麦克·瓦格纳（Mayke Wagner）女士，以及项目组同仁凯蒂·希尔（Katie Hill）女士、廖暘女士、麦克·罗兰斯（Mike Rowlands）先生、约翰·博尔德（John Bold）先生、王苍柏先生、乌东·施洛兹泽瓦（Udo Schlotzhauer）先生、罗红光先生、刘铁梁先生、翁乃群先生，以及贝弗丽·巴特勒（Beverley Butler）女士、玛丽娜·斯文森（Marina Svensson）女士、夏露梦（Luisa Elena Mengoni）女士、王斯福（Stephan Feuchtwang）先生等其他所有参与工作坊的同仁，诚致谢意。

伦敦工作坊结束后，我应曼彻斯特大学格林纳达影视人类学中心主任保罗·亨利（Paul Henley）先生邀请，前往曼大放映《女娲奶奶的荣耀》（*Granny Glory*）。放映后的讨论给我诸多启发。我根据当时拍摄的音像，翻译、整理成一个文本，作为本书的一个附录。当时参与讨论的同仁，有的只是一面之交，也没来得及问姓名，所幸有影像并有友人川濑慈先生、徐菡女士协助识别，发言者的大名方得以大体落实。在此向所有参与看片讨论的同仁诚表感谢，尤其感谢保罗、川濑慈、徐菡、凯罗莱纳·克雷奥（Carolina Corral）女士、陈蒙女士、理查德·韦伯耐（Richard Werbner）先生、马克·沃尔森克罗福德（Mark Woolstencroft）先生、孔建勋先生，以及只闻其声不见其人的发言人某先生（当时我一边对话，一边拍摄，顾此失彼，拍漏了你们的影像，请见谅），你们的发言拓展了这本志书的语境。感谢李秀珍女士友情订正英文记录稿。

类似的看片讨论实验在北京也做过一次。当时应中国社会科学院民族学与人类学研究所杨春宇先生的讲座邀请，我也放映了这部影片。遗憾的是当时的光线条件使得录像效果不好，我只记录了讨论的声音。结果，辨识声音主人对我来说几乎成为一个不可能完成的工作，尽管后来有友人吴晓黎女士协助识别，也只识别出熟悉的几个声音。感谢舒瑜女士、吴晓黎女士、石茂明先生，以及其他所有发言人，你们的讨论让我进一步明晰了音像与语词之间的边界，促成我最后以正文和附录的区分与联系，处理这本志书“与娲皇宫密切相关者的对话”和“与学界同仁的对话”之间的关系。希望将来有机会，将本书中因声音与人对不上而暂时以字母代称的人名逐一复原。出于对人类学惯用的匿名处理的反思，我这本小书决定全部采用实名，想不到出于技术原因，反倒把部分人类学同仁的大名给匿名化了，非常惭愧，在此向你们深表歉意。

应日本京都大学川濑慈先生、北京大学中国与世界研究中心陈小囡女士的邀请，我也携带《女娲奶奶的荣耀》（*Granny Glory*）前往这两处，做放映交流。当时我尚未明确记录观众与我的对话的想法，很遗憾。感谢横山广子女士、山田孝子女士、陈小囡女士、川濑慈先生、石仓敏明先生，以及其他所有参与讨论的同仁，是你们的启发，使我逐渐酝酿成型“电影＋讨论”这种人类学写文化体裁。《女娲奶奶的荣耀》（*Granny Glory*）有幸入围2010年哥廷根国际民族志电影节，在此向评委会诚表谢意，谢谢你们对这部略显另类的影片的认可。

在我就职的中国社会科学院社会学研究所“人类学沙龙”中，我曾经以图文结合的幻灯片形式做过一次娲皇宫研究的讲座。与会同仁的评议、提问和讨论给我诸多启发。感谢王甘女士、李荣荣女士、罗红光先生、郑少雄先生、刘忠魏先生，以及其他所有参与者。特别感谢博士候选人卜玉梅同学将讲座录音整理成文。

冥冥之中——这是我在娲皇宫从事田野工作的导师陈水旺先生常说的一句话，他用此来解释难以理解的经验。陈水旺先生经历了从20世纪70年代末娲皇宫恢复，变成文物保护单位，到21世纪初旅游业介入娲皇宫的整个过程。老陈你学历不高但热爱学习，可以说是我所接触到的娲皇宫神鬼门、萨满门、现代门综合知识最丰富的一位人物。前阵子，我在北京接到你的电话，说告老回乡了。我听出来你语气中的惆怅，你是舍不得离开娲皇宫的，因为在你，娲皇宫并不止是一个干活挣工资的地方，更是信仰的依托、人情的归宿。你的宿舍正好也在广生宫，庙会期间，我看就是一个香客们公共的歇脚地，有时候你的睡炕直接就被四五个香客给占了，不留一点空隙出来给你过夜。但是你非常享受这类的“礼遇”——“不见外，信任俺”。按现代门，数字化是它的最高级形式。在社会制度设计中，个人化的情感、信仰最是累赘，是现代门倾向于遮蔽的部分，因为没法在群的范畴内通约、量化它们。当然，这种本土与现代门的冲突不局限于娲皇宫，自现代门在西方诞生之日起，这种冲突就逐渐扩散到世界的每一个角落。冲突激化带来社会动荡，圆融得当带来文化的创新与社会的稳定。实际上，老陈早几年已按现代门管理制度办理了退休手续，理当早几年就离开娲皇宫了。各种机缘聚合，你得以多留了几年。说不定什么时候，你又打电话给我，“俺回娲皇宫了”。

谁知道呢，冥冥之中。

除了感谢陈水旺先生，我也感谢你的舅舅程耀峰先生，感谢程先生接受我历时三天的专访，与我分享你的人生，分享你“文化大革命”后筚路蓝缕主持恢复娲皇宫、创建八路军129师纪念馆以及将军岭的经历。程先生口才极好，言谈流光溢彩，并且对中国社会的运行脉络有深入、独到的理解。这本小书中只引用了访谈录像中的只鳞片爪，我会珍藏这份难得的文献，找适当的时机将之公之于众。

感谢石家庄的石华堂先生，谢谢你接受我的访谈，与我分享你作为娲皇宫奶奶顶下村庄的一个普通村民，自20世纪30年代至今的人生经历和对娲皇宫兴衰的记忆。不知道你还记得不记得，我第一次对你做完录像访谈后，想给你一点微薄的劳务报酬，被你斩钉截铁地拒绝。风骨之高，令人感叹。

感谢涉县文化教育体育局文化科的李平义先生、涉县文物旅游局的王凤堂先生，感谢你们在我初来乍到涉县时接受我的录像访谈。从你们丰富、翔实的介绍中，我获得了对娲皇宫最初的概貌性了解。

感谢活跃在娲皇宫的马僮杨清菊女士、常安任先生、王金凤女士、姚乃心女士、牛巧香牛书香姊妹，谢谢你们接受我的录像访谈，与我分享你们的人生，分享你们由普通人到马僮的坎坷、曲折的经历。我明白，人都是自己所习以为常的文化世界的俘虏，只是各人卷入其中的文化世界因为出生、个人经历而有所差异。尽管我不能体会你们神灵附体的体会，但我能从我与我所从事的人类学之间相关性的密度，揣摩得些许个中的滋味。我记得，有一天姚乃心女士对我说，你自己也搞不清楚到底是咋回事，还问我是咋回事。我当时无语以对，现在也近乎无语，因为我对你们内化为身体的世界，切身体会实在太有限。根据我听到、看到的情况，书中我把马僮事务归入“萨满门”这么一个学术范畴。我深知，这并非你问到的神灵附体咋回事的真正回答，只是明确了一个在马僮文化而言是伸展开去、在世间文化万象而言是收缩了的比较范围，为回答这个问题开了一扇门。或许我们之间相通的一个关于神灵的经验是，从2012年七月半开始，我每天早晚烧一炷香。

感谢涉县文物旅游局副局长李军荣先生、工会主席程俊芳女士、娲皇宫管理处副主任王艳茹女士、营销部王凤岐先生、县文化教育体育局文化科长张森林先生，以及涉县本地女娲文化专家史安昌先生、李常荣先生，谢谢你们接受我围绕《女娲奶奶的荣耀》（*Granny Glory*）对话交流的邀请。我在这本小书和随书附赠的光盘中，将你我之间的交流以文字和音像两种形式，与公众分享。为了使你我各自的视野、观点得到比较完整的呈现，我没有对原始音像做过多的剪接加工。希望你们能认可这样的处理方式。我也相信这一点你们会认可。“心诚则灵”，这是娲皇宫香客教给我的最宝贵的知识。我相信，人与神之间的相处之道是这样，人与人之间的相处之道也是这样。

感谢娲皇宫香客程金苗女士、段保恩先生、赵喜田先生、张水亭先生、李合元先生、樊玉田先生、张向陆先生、王树德先生、冯爱如先生、张和平先生，谢谢你们接受我围绕《女娲奶奶的荣耀》（*Granny Glory*）对话交流的邀请。你们的贡献已呈现在文字及光盘里。感谢曲峧村的樊满堂先生、张民旭先生、陈铁旦先生。我相信，较之于我的诠释，通过你们的音容笑貌、通过你们的言谈，读者能更生动地体会娲皇宫文化的质感。

感谢涉县友人江耀堂先生、涉县史学者马乃廷先生，从你们那里我获益良多。

本书书稿完成后，我请中国社会科学院高级研究员户晓辉先生指教。你我之间的讨论给我诸多启发。在此诚致谢意。

感谢浙江大学教授庄孔韶先生、中国社会科学院教授翁乃群先生为本书申请出版资助撰写专家推荐信。感谢中国社会科学院创新工程提供出版资助。感谢社会科学文献出版社编辑童根兴先生、史雪莲女士、秦静花女士为本书问世付出的辛劳。

应该感谢的太多、太多，请容许我在此打住，不再延续这份长长的名单。诚心诚意地向其他所有帮助我成就本书，而我未能逐一列名的友人和机构表示感谢。

2011 年三月十五夜里，我离开娲皇宫。当时老陈送我出来，走到停车场那儿，转身朝娲皇宫奶奶顶，做最后的道别，忽然间，不知从哪儿冒出来的烟花布满了天空，绚烂得令人心醉。那个时候，我隐约有了这个念头，这应该就是这本小书的结尾问号。

鲍　江

2012 年 9 月 18 日

于京郊昌平寓所

图书在版编目（CIP）数据

娲皇宫志：探索一种人类学写文化体裁/鲍江著. —北京：社会科学文献出版社，2013.6
ISBN 978－7－5097－4039－2

Ⅰ.①娲…　Ⅱ.①鲍…　Ⅲ.①文化人类学－研究－中国
Ⅳ.①C912.4

中国版本图书馆 CIP 数据核字（2012）第 289398 号

娲皇宫志
——探索一种人类学写文化体裁

著　　者 / 鲍　江

出 版 人 / 谢寿光
出 版 者 / 社会科学文献出版社
地　　址 / 北京市西城区北三环中路甲 29 号院 3 号楼华龙大厦
邮政编码 / 100029

责任部门 / 社会政法分社（010）59367156
电子信箱 / shekebu@ssap.cn
项目统筹 / 童根兴
责任编辑 / 史雪莲　秦静花
责任校对 / 张　羡
责任印制 / 岳　阳
经　　销 / 社会科学文献出版社市场营销中心（010）59367081　59367089
读者服务 / 读者服务中心（010）59367028

印　　装 / 北京鹏润伟业印刷有限公司
开　　本 / 787mm×1092mm　1/16
印　　张 / 19.25
版　　次 / 2013 年 6 月第 1 版
字　　数 / 322 千字
印　　次 / 2013 年 6 月第 1 次印刷
书　　号 / ISBN 978－7－5097－4039－2
定　　价 / 198.00 元（含家用 DVD）